FASZINATION EISENBAHN

Von den ersten Dampfloks bis zum Transrapid

WHITE STAR VERLAG

护林防火
0315
6444837
6446367

Die Herausgeber bedanken sich bei
Gianfranco Berto von *Tutto Treno* für
seine wertvolle Unterstützung

Text
FRANCO TANEL

Redaktionelle Leitung
VALERIA MANFERTO DE FABIANIS

Redaktionelle Koordination
LAURA ACCOMAZZO
GIORGIO FERRERO

Layout
MARIA CUCCHI

WHITE STAR VERLAG

WS White Star Verlag® ist eine eingetragene Marke von White Star S.r.l.

Piazzale Luigi Cadorna, 6
20123 Mailand, Italien
www.whitestar.it

Aktualisierte Neuausgabe

Übersetzung: Annette Ostlaender, Sylvia Antz
Producing: Roman Bold & Black, Köln

ISBN 978-88-6312-517-7
1 2 3 4 5 6 26 25 24 23 22

Gedruckt in der Türkei

EINLEITUNG

Ein vorbeifahrender Zug ist heutzutage nichts Besonderes mehr. Er wird als normal betrachtet, wie so viele andere Dinge unseres Alltags. Doch vor hundertfünfzig Jahren kamen die Schienenfahrzeuge einem revolutionären Durchbruch gleich. Zum ersten Mal war die Beförderung von Menschen und Waren nicht mehr von Tieren abhängig, die seit jeher Dauer und Modalitäten der Fortbewegung bestimmt hatten. Entfernungen schrumpften plötzlich und das Teufelswerk – als das manchen die Dampflokomotive erschien – machte das Reisen sehr vielen Menschen für wenig Geld möglich. Eine epochale Veränderung in einer Zeit, in der die meisten Menschen ihr ganzes Leben lang nie ihr Dorf verließen. In Europa wäre die industrielle Revolution nicht möglich gewesen ohne ein Eisenbahnsystem, das die produzierten Waren überallhin transportieren konnte; und jenseits des Atlantiks hätten sich die Vereinigten Staaten von Amerika nicht in der bekannten Weise entwickeln können.

Jahr um Jahr breiteten sich Gleise und Lokomotiven bis in den letzten Winkel unseres Planeten aus. Ihre Entwicklung zu beschreiben, ist ein wenig so, als durchliefe man die Geschichte der modernen Zivilisation. Den ersten primitiven Dampflokomotiven folgten schnell immer stärkere und schnellere Modelle nach. Bestaunten die Engländer im Jahre 1825 noch Stephensons Locomotion mit ihren 24 km/h, so erreichten die französischen Crampton-Lokomotiven 1852 – nur 27 Jahre später – bereits 120 km/h. Für die damalige Zeit ein wahres Wunder, waren die Leute doch damals bestenfalls Pferdekutschen, wenn nicht gar Ochsenkarren gewöhnt. Die primitiven Waggons der Anfänge wurden schnell durch eigens entworfene Wagen abgelöst, und zu Beginn des zwanzigsten Jahrhunderts fuhren bereits komfortable internationale Züge auf den Bahnsteigen ein. Auf einem immer feinmaschigeren Netz transportierten Tausende von Güterwaggons Produkte und Waren jeder Art. Es waren Jahre der rapiden Entwicklung, aber auch großer politischer Instabilität. Und als die Konflikte ausbrachen, die die ersten Jahrzehnte des vergangenen Jahrhunderts mit Blut befleckten, erwies sich die Eisenbahn sofort als von großer militärischer und strategischer Bedeutung.

Inzwischen lösten Elektro- und dann Dieseltraktion die Dampfmaschinen ab. Eine Modernisierung, die jedoch die Krise nicht meistern konnte, die plötzlich in den Nachkriegsjahren eintrat. Die Massenmotorisierung mit ihrer flexiblen Organisation und niedrigeren Kosten sowohl im Personen- als auch Güterverkehr stürzte die Eisenbahnen in allen fortschrittlichen Ländern schon bald in eine Krise. Um den immer besorgniserregenderen Defiziten zu begegnen, legten die Eisenbahnverwaltungen Tausende von Streckenkilometern still. Autos, Busse und Lkw, im Verein mit dem niedrigen Kraftstoffpreis, erschienen als die Verkehrsmittel der Zukunft, und die Eisenbahn schien endgültig überwunden, zu einer unbedeutenden Rolle bestimmt. Seit den Achtzigerjahren des zwanzigsten Jahrhunderts hat sich der Trend jedoch umgekehrt. Schon bei der ersten großen Ölkrise 1974 hatte man begriffen, dass ein Verkehrsmodell, das nur auf die Straße setzte, auf lange Sicht unhaltbar war. In den Folgejahren brachte ein neues Bewusstsein für Themen des Umweltschutzes die Eisenbahn wieder ins Spiel. Nach Jahren des Desinteresses begannen die Regierungen wieder, in moderne Eisenbahninfrastrukturen und neue Züge zu investieren. Die Bahn passte sich der Zeit an: Durch die Einführung von Hochgeschwindigkeitszügen mit zunächst 220–250 km/h und nun auch 350 km/h wurde sie auf Mittel- und Langstrecken konkurrenzfähig. Der Nah- und Regionalverkehr wurde mit speziellen Pendlerzügen modernisiert, während der Güterverkehr der Übermacht der Lkw durch immer effizientere intermodale Angebote mit der Kombination von Schiene und Straße zu begegnen sucht.

Ein Umdenken, das sich auch im Tourismus bemerkbar macht: Immer mehr Menschen wählen den Zug für Ausflüge und Reisen aller Art. Und häufig sind die Eisenbahnen nicht nur ein „anderes" Verkehrsmittel, sondern selbst Gegenstand von Kultur- und Freizeitangeboten. Dies bezeugen Hunderte von historischen oder touristischen Bahnen in allen Winkeln der Erde. In beiden Fällen ist die Reise dank des Zugs ein Ereignis, eine geschätzte Erfahrung und nicht nur eine einfache Fortbewegung von einem Ort zum andern. Zwar ist der Prozentsatz der mit der Eisenbahn beförderten Personen und Waren noch nicht sehr hoch, aber diese Transportart erweist sich von Tag zu Tag als immer unverzichtbarer, sowohl wegen eines korrekten Mobilitätsmanagements als auch wegen der weniger stressigen, humaneren Art des Reisens.

Geschichte, Technik, Wirtschaft, Änderungen der Gesellschaft und Sitten spiegeln sich in der Entwicklung der Eisenbahn wider, nicht zuletzt mit tiefen Unterschieden zwischen Ländern und Kontinenten. Eine Welt, die man unmöglich in einem einzigen Band beschreiben kann, die wir aber heraufzubeschwören versuchten, indem wir unsere Aufmerksamkeit auf die grundlegenden Fakten und repräsentativsten Züge konzentrierten. Dieses Buch erhebt also keineswegs den Anspruch, eine vollständige Enzyklopädie zu sein, sondern ist ein spannender Versuch, etwas von der Faszination dieser häufig unbekannten Welt zu vermitteln.

2–3 Ein Güterzug wird von einer Dampflokomotive über eine Brücke der Jitong Railway in Nordchina geführt.

4–5 Indien: eine Dampflok unweit des Taj Mahal in Agra.

7 Die Lokomotive 119 Pride of the Prairie der Union Pacific, Nachbau eines Modells aus dem Jahr 1869, läuft in Promontory/Utah.

8–9 The City of Los Angeles der Union Pacific, der ab 1936 zwischen Chicago und Los Angeles verkehrte, war der bedeutendste Zug dieser Gesellschaft.

10–11 Der japanische Hochgeschwindigkeitszug Shinkansen überquert eine Brücke.

119

CITY OF LOS ANGELES
LA-1

CITY OF LOS ANGELES
LA-5
CITY OF LOS ANGELES
RIVIEW

1830–1880
Die Geburt der Eisenbahn

Die ersten Lokomotiven

14–15 Ein Kohlewagen in einem Bergwerk in Newcastle/Großbritannien zu Beginn des 19. Jahrhunderts. Diese von Pferden gezogenen Wagen liefen auf primitiven Schienen und waren die Vorläufer der modernen Eisenbahnen.

Die Kühe geben keine Milch mehr! Diese Geschwindigkeit ist eine absolute Gefahr für die Menschheit! Teufelswerk! ... Das Auftauchen der ersten Dampflokomotiven und Eisenbahnen in England zu Beginn des neunzehnten Jahrhunderts rief in Stadt und Land Begeisterung und Neugier hervor, weckte aber auch Ängste und alte Vorurteile. Und das konnte auch gar nicht anders sein bei einer Erfindung, die in wenigen Jahren den Personen- und Güterverkehr radikal verändern und wesentlich zur industriellen Revolution beitragen sollte.

Wie die meisten Neuheiten erblickten auch Lokomotive und Eisenbahn nicht von einem Tag zum andern das Licht der Welt, sondern sind die gemeinsame Frucht der – häufig unbekannten – Arbeit vieler Menschen. Durch ein glückliches Zusammenwirken geschichtlicher und wirtschaftlicher Bedingungen, aber auch genialer Männer gipfeln verschiedene Erfahrungen und Entdeckungen und jahrhundertealtes Wissen in einer Erfindung, die dazu bestimmt ist, Geschichte zu machen.

„Die Erfindung der Eisenbahn war von grundlegender Bedeutung für die Durchsetzung der industriellen Revolution.“

Seit der Antike wusste man, dass ein Rad seine Aufgabe besser erfüllte, wenn es auf einer glatten, ebenen Fläche rollen konnte. Daher pflasterten die Römer die Hauptverbindungsstraßen, zunächst in Italien, dann in Europa, mit zwei Reihen Steinplatten im Abstand einer Wagenbreite. Und kurioserweise stellte man fest, dass die Wagenspuren, die sich mit der Zeit in den Stein gruben und wie sie in den Straßen der Ruinen von Pompeji gemessen wurden, nur einen halben Zentimeter schmaler sind als die Normalspur der Eisenbahn, also der Abstand zwischen den Schienenköpfen eines Gleises. Im achtzehnten Jahrhundert transportierten die elsässischen Bergleute von Leberthal die gerade abgebaute Kohle auf Wägelchen mit angeflanschten Rädern, die auf Holzgleisen liefen. Diese technische Notlösung zur Erleichterung der furchtbaren Knochenarbeit in den Minen fand in den folgenden Jahrzehnten rasche Verbreitung, vor allem in England, sodass Roger North die neue Technik bereits 1676 mit großem Detailreichtum beschrieb und betonte, dass ein einziges Pferd in der Lage sei, vier oder fünf Waggons mit jeweils fast einer Tonne Gewicht zu ziehen. Dieses Ergebnis war möglich, weil die für die Bewegung eines Fahrzeugs notwendige Antriebskraft sich proportional zu der Abnahme der Reibung zwischen Rad und Untergrund verhält. Und die Gleise mit ihrer vollkommen glatten, gleichmäßigen Lauffläche erfüllten ihren Zweck hervorragend.

15 oben Schon 1700 kamen in den Minen Wagen auf primitiven Holzschienen zum Einsatz, wie man auf diesem Stich aus der damaligen Zeit sehen kann, der die verschiedenen Arbeitsvorgänge des Kohleabbaus zeigt.

16-17 oben und 16-17 unten Mitte des 19. Jahrhunderts verkehrte in Frankreich zwischen Lyon und Saint-Etienne die Pferdebahn, die sowohl Personen als auch Güter beförderte und deren Wagen ihre Abstammung von Pferdekutschen beziehungsweise Bergwerksloren nicht leugnen können.

Als die Stahlindustrie sich zu entwickeln begann, war es nur natürlich, die Holzschienen durch Metallgleise – zunächst aus Guss, dann aus Eisen – zu ersetzen. 1776 wurde in Sheffield eine Schiene mit einem L-Profil entwickelt: Auf der waagrechten Fläche liefen die Wagenräder, die durch den senkrechten Flansch auf dem Gleis gehalten wurden.

Vielleicht war die Tatsache, dass die ersten Schienen für die normalerweise benutzten Waggons gebaut wurden, ausschlaggebend dafür, dass man die Spurbreite dieser Fahrzeuge als normalen Abstand zwischen den Schienen nahm: vier Fuß achteinhalb Zoll, gleich 1435 mm. Dies wurde die „Normalspur" der englischen Eisenbahn und dann der meisten Schienenwege weltweit. Die späteren Schienen erhielten nach und nach das pilzförmige Profil, das wir heute alle kennen (wahrscheinlich wurden sie erstmals 1789 von William Jessop im Bergwerk Loughborough hergestellt). Aufgrund der Theorien über pferdegezogene

16 Mitte und 17 Mitte
So bildete der englische Maler William Francis Freelove Mitte des 19. Jahrhunderts zwei Wagen der Pferdebahn ab: eine Art Biga, offensichtlich für einen oder höchstens zwei Fahrgäste, und mehrere Waggons für den Viehtransport.

Wagen entwickelte sich innerhalb der Bergwerke ein Transportsystem, das sich später von den Zechen zu den Häfen ausbreitete.

1803 war ein bedeutendes Jahr: Am 24. Juli wurde die Surrey Iron Railway eingeweiht, die erste öffentliche Eisenbahn der Welt mit einer Konzession des Parlaments. Der Vertrag war am 1. Mai 1801 mit der Croydon, Merstham and Godston Railway unterzeichnet worden und genehmigte den Bau einer von Tieren gezogenen Eisenbahn zwischen Wandsworth Wharf-on-Thames und Croydon. Der Betrieb war ausschließlich für den Güterverkehr gedacht, aber bei dem, was wir heute einen Probelauf nennen würden, war ein einziges Pferd in der Lage, über die zehn Kilometer lange Strecke einen Verband mit einem Gewicht von gut 55 Tonnen zu ziehen, auf dem zudem noch fünfzig Personen Platz genommen hatten. Nebenbei bemerkt berichten die Zeitungen nichts darüber, in welchem Zustand sich das arme Tier nach dem Test befand.

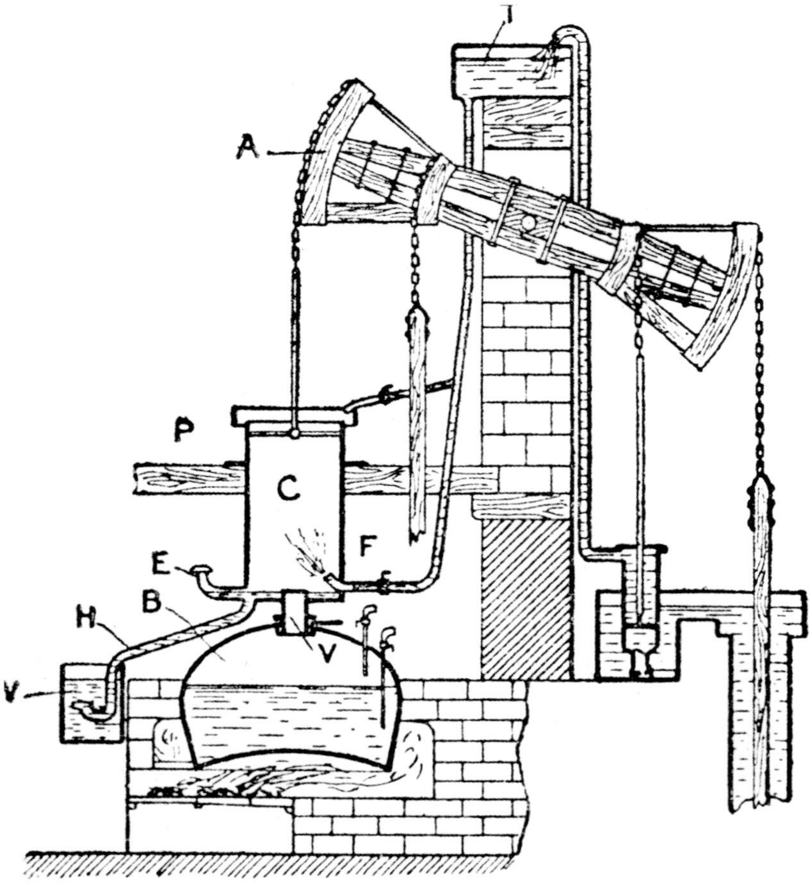

18 oben *Diese zeitgenössische Zeichnung illustriert das Funktionsprinzip von Thomas Newcomens Dampfmaschine: Durch die Hin- und Herbewegung des Kolbens wurde das Wasser aus den Minenschächten gepumpt.*

Es war unvermeidlich, dass jemand in dieser Begeisterung für Neuerungen, Erfindungen und Experimente auf den Gedanken kam, Watts Dampfmaschine zu benutzen, um einen anderen alten Traum der Menschen zu verwirklichen: unbelebten Dingen einen selbstständigen Antrieb zu verleihen. Und so kam es, dass der Franzose Nicolas Joseph Cugnot 1769 eine durch einen Dampfkessel angetriebene „Blechbüchse" baute – heute, in unseren Augen, mag sie uns als solche erscheinen, aber damals musste sie als Wunder der Technik gelten.
Sein fardier a vapeur war mit einem kugelförmigen Kupferkessel ausgerüstet, unter dem zwei direkt auf die Räder wirkende Zylinder arbeiteten. Das Vehikel hatte drei Räder und war so schwer zu steuern, dass es an dem Tag, als es der Öffentlichkeit vorgestellt werden sollte, ausbrach und gegen eine Mauer krachte und damit auch jeglichen Wunschvorstellungen seines unglückseligen Erfinders von Ruhm und Ehre ein Ende setzte.

Bisher haben wir gesehen, wie es zur Entstehung der Eisenbahn kam. Doch es wäre keine revolutionäre Erfindung, wenn man nicht einen Weg gefunden hätte, den „tierischen" Antrieb zu ersetzen. Und hier müssen wir einen Schritt zurück machen. Zu Beginn des achtzehnten Jahrhunderts baute Thomas Newcomen, unter Anwendung der Studien des Franzosen Papin über die Umwandlung der in Dampf enthaltenen Energie in mechanische Arbeit, die erste echte Dampfmaschine, die in der Hauptsache aus einem Kessel, einem Zylinder, einem Kolben und einem Kipphebel bestand. Der in dem Kessel erzeugte Dampf hob den Kolben im Zylinder, der, von einem kalten Wasserstrahl getroffen, wieder in seine Ausgangsposition zurückkehrte und so das Kippen des Hebels bewirkte. Diese rudimentäre Maschine fand sofort eine praktische Anwendung in den Bergwerken, wo sie zum Abpumpen des in den Stollen stehenden Wassers eingesetzt wurde. Und das war ein Glück, denn im Unterschied zu so vielen ungenutzt gebliebenen Erfindungen begünstigte dieser praktische Einsatz eine gewisse Verbreitung.
Und so erhielt James Watt 1765 den Auftrag, ein Exemplar zu restaurieren, das im Museum der Universität Glasgow in Schottland aufbewahrt wurde. Watt beschränkte sich nicht darauf, Newcomens Maschinerie wieder in einen funktionstüchtigen Zustand zu versetzen, sondern entwickelte – im Laufe von vier Jahren – einen sehr viel effizienteren und wirtschaftlicheren Prototyp, der bei gleichem Brennstoffverbrauch die vierfache Arbeit leisten konnte. Aus den Bergwerken heraus verbreitete sich Watts Dampfmaschine rasch in vielen Fabriken in ganz England und trug wesentlich zu den Anfängen dessen bei, was später die Industrielle Revolution genannt werden sollte.

18–19 Ein schöner Stich aus jener Zeit zeigt Details der Dampfmaschine, die Thomas Newcomen 1717 in Großbritannien erfand, um das Wasser aus Stollen und Schächten der Kohlehütten zu pumpen.

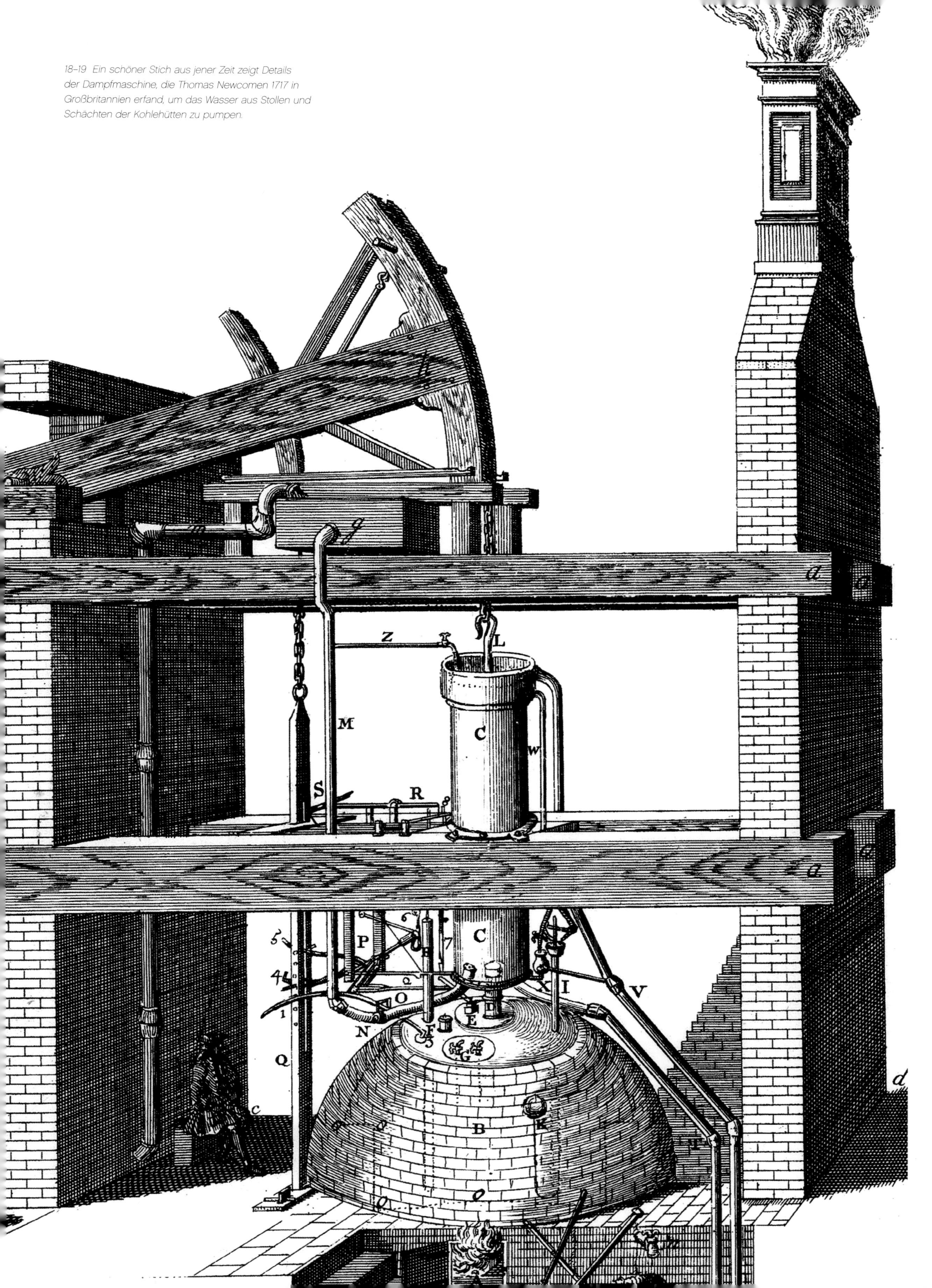

20 und 21 Diese drei Dampfmaschinen wurden Anfang bis Mitte des 18. Jahrhunderts von Newcomen und Watt gebaut; interessant ist (oben) einer der ersten Entwürfe, den Watts fertigstellte, um die Dampfmaschine 1751 für ein Straßenfahrzeug einzusetzen.

22 oben und 22-23 1769 baute der französische Ingenieur Nicolas Joseph Cugnot ein dreirädriges Straßenfahrzeug, das von einem Dampfkessel angetrieben wurde. Obwohl sich das Vehikel nur mit einer Geschwindigkeit von 3 km/h bewegte, ließ es sich nicht steuern und krachte gegen eine Mauer.

„Die Dampfmaschine und ein Fahrzeug zu kombinieren: das war der Startpunkt der Geschichte der Eisenbahn."

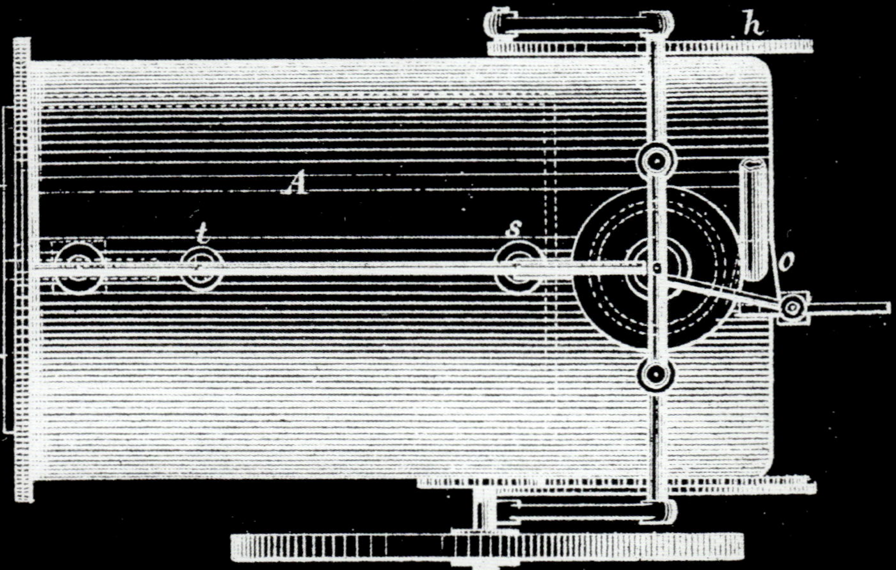
h
A
t
s
o

1876-1269

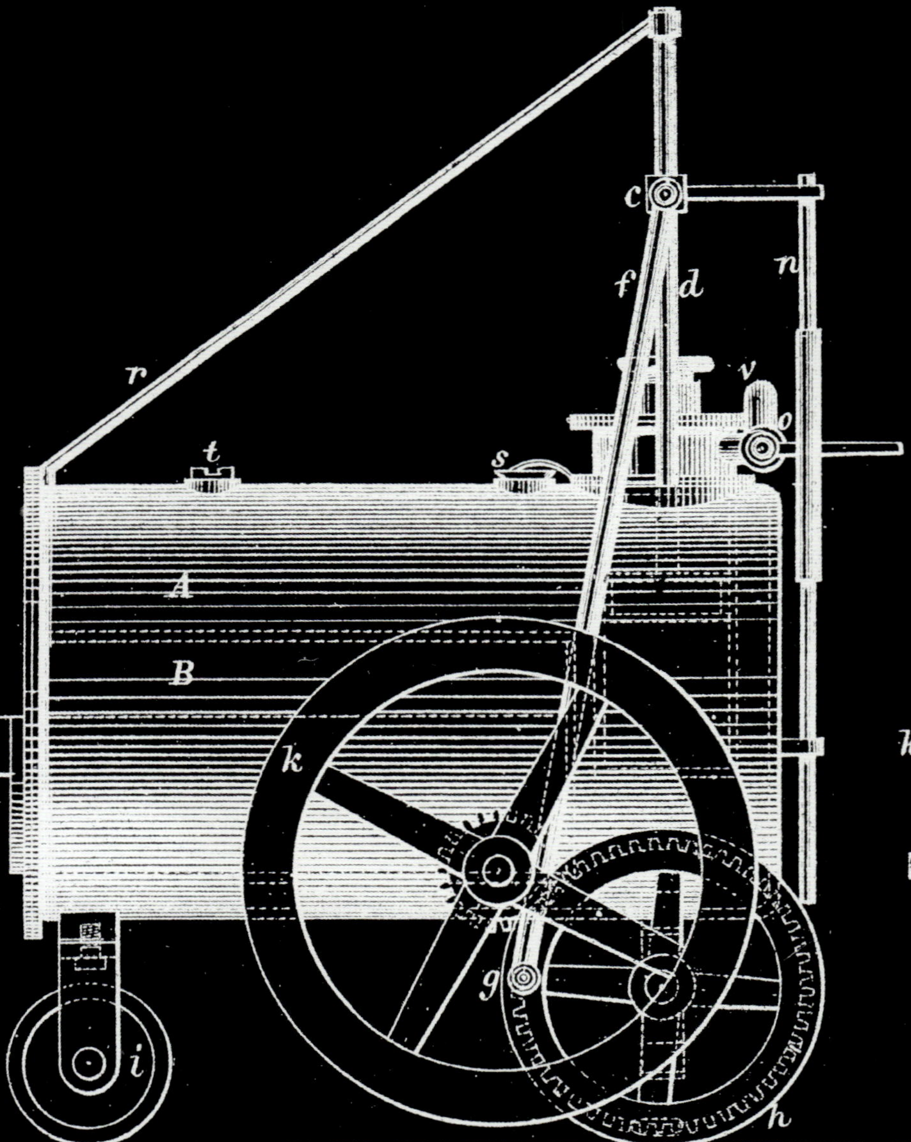
c
f
d
n
r
v
t
s
o
A
B
k
g
i
h

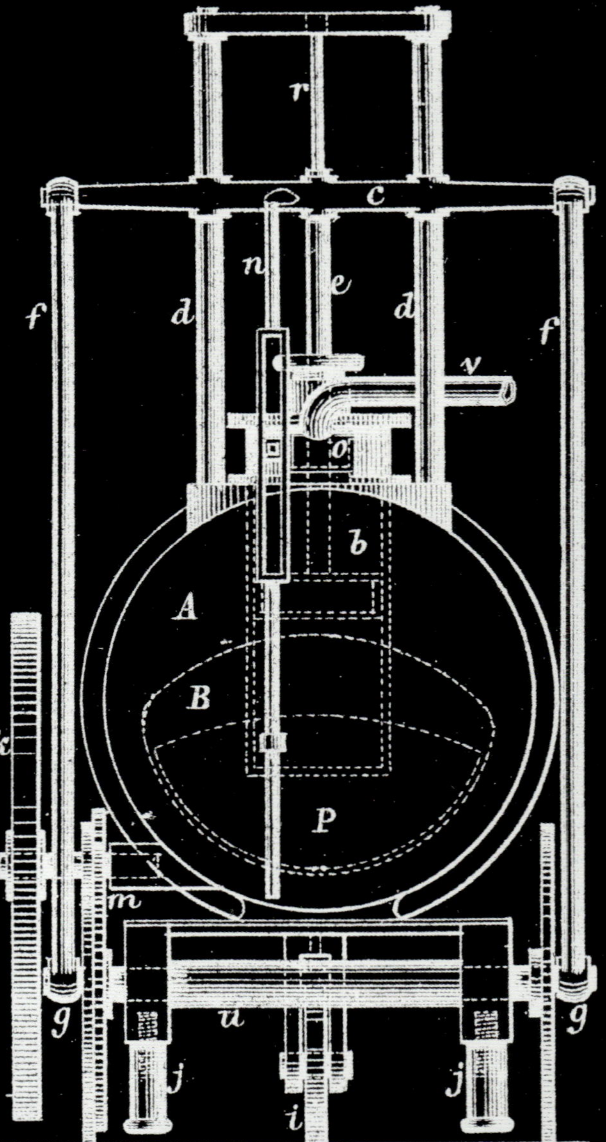
r
c
n
e
f
d
d
f
v
o
b
A
B
k
P
m
g
u
g
j
j
i

24 Anfang des 19. Jahrhunderts entwarf Richard Trevithick mehrere dampfgetriebene Fahrzeuge, wie die Straßenlokomotive Kensington, von der er selbst ein vollkommen funktionstüchtiges Modell in kleinerem Maßstab baute.

25 oben 1812 konstruierte John Blenkinsop diese Lokomotive, die sich dank eines Zahnrads fortbe- wegte, für die Hütten in Middleton in der Nähe von Leeds, wo er als Grubenbetriebsleiter arbeitete. Das Modell im Maßstab 1 : 8 wird im National Railway Museum in York aufbewahrt.

25 unten Die von Blenkinsop erfundene Zahnstangenlokomotive zieht hier einen Konvoi vollbeladener Kohlewaggons. Die Maschine konnte selbst über 100 t schwere Züge bewegen.

Aber nun war die Idee geboren, und 1804, ein paar Monate nachdem die erste öffentliche, von Pferden gezogene Eisenbahn dem Verkehr übergeben worden war – was, wie bereits erwähnt, im Jahre 1803 geschah –, präsentierte Richard Trevithick die erste echte Dampflokomotive. Bereits 1800 hatte er an dem Projekt zu arbeiten begonnen und im Jahr darauf einen Prototyp gebaut, der auf normalen Straßen fahren sollte (die Bewohner der Gegend in Cornwall hatten das Gefährt Capitan Dicks Kaffeekanne getauft). 1803 hatte Trevithick eine Lokomotive für die Eisenhütten von Coalbrookdale in Shropshire entwickelt, aber der Entwurf wurde nie gebaut. Das Fahrzeug muss jedoch dem ziemlich ähnlich gewesen sein, das im Jahr darauf auf der fünfzehn Kilometer langen Strecke in den Eisenhütten von Pennydarren in Wales den regelmäßigen Betrieb aufnahm, wo es unerschütterlich Konvois von 15 Tonnen zog. Trevithicks Maschine besaß einen einzigen großen Zylinder und ein riesiges Handrad, das über eine Reihe von Zahnrädern auf die Räder der linken Seite wirkte, während die rechten Räder frei waren. Der Fahrer stieg nicht an Bord des Fahrzeugs, sondern lenkte es, indem er nebenherlief. Um seine geniale Erfindung in Cornwall bekannter zu machen, beschloss er, sie 1808 nach London zu bringen, und errichtete eine Attraktion in der Nähe des heutigen Euston Square. Dort wurde innerhalb eines Bretterzauns ein Schienenkreis verlegt, auf dem ein neues Modell seiner Lokomotive mit gut 20 km/h herumfuhr, die einen für die Schienen umgebauten Einspänner zog. Die Maschine wurde Catch me who can getauft und für einen Schilling konnte die Öffentlichkeit der Vorführung beiwohnen oder auch eine Runde auf dem Gefährt drehen. Tausende wurden von diesem Wunderwerk der Technik angezogen, aber ein Schienenbruch und die daraus resultierende Entgleisung setzten der Darbietung ein Ende.

Enttäuscht und mittellos gab Trevithick, wahrlich kein Geschäftsmann, seine Forschungen auf, doch es ist nur recht und billig, darauf hinzuweisen, dass er der wahre Vater der Dampflokomotive war, der Erste, der mit Hochdruckdampf arbeitete und die Dampfturbulenz im Schornstein nutzte, um den Zug im Kessel zu erhöhen und den Dampf zurückzugewinnen. In den direkt darauffolgenden Jahren entstanden weitere primitive Dampflokomotiven, die unspektakulär liefen: Matthew Murray und John Blenkinsop bauten ab 1812 für die Middleton Colliery Railway verschiedene Modelle einer Lokomotive, die über ein Zahnrad angetrieben wurde, das auf eine entsprechende Zahnstange zugriff.

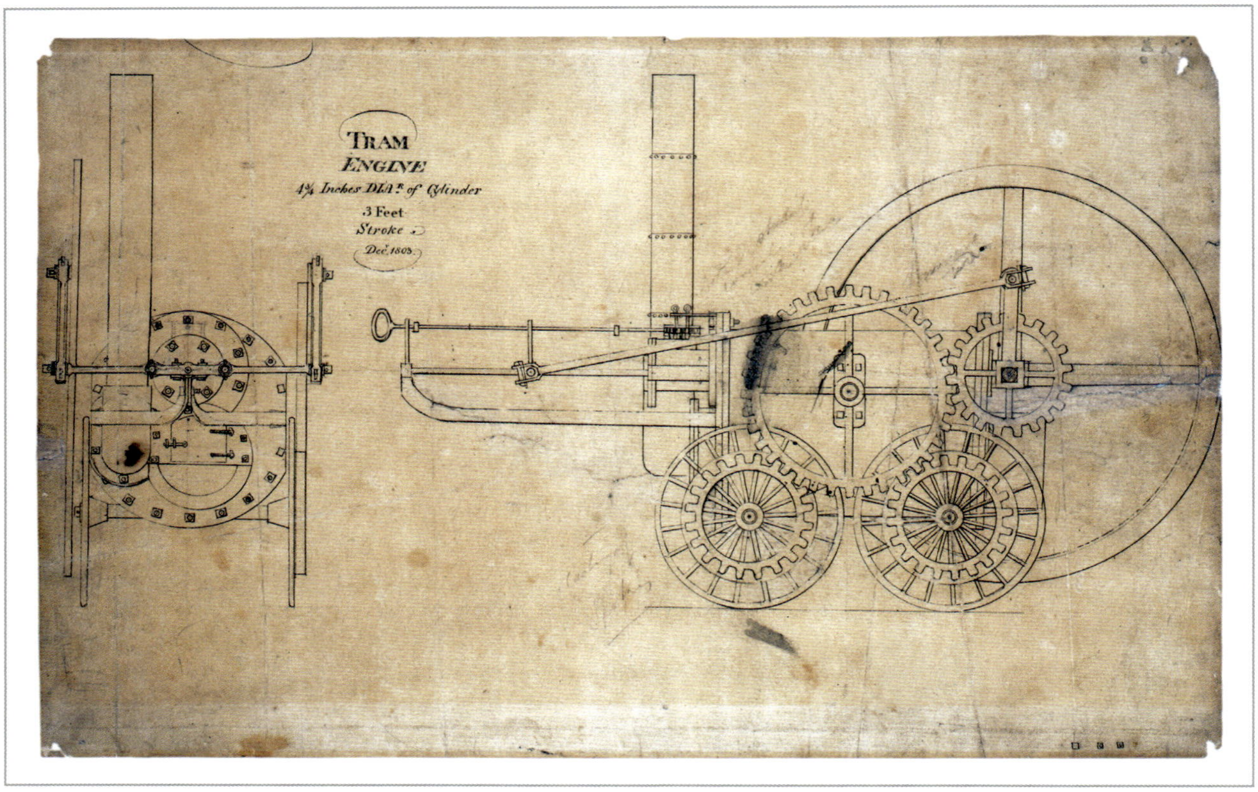

26 oben, unten und 27 oben Drei Originalzeichnungen der ersten Dampflokomotiven, gebaut Anfang des 19. Jahrhunderts von dem walisischen Erfinder Richard Trevithick, der als Erster Hochdruckdampf einsetzte und die technischen Grenzen der damaligen Dampfkessel überwand.

27 unten Die erste Dampflokomotive, die sich auf Gleisen bewegte, wurde von Richard Trevithick für die Eisenbahn von Pennydarren in Wales gebaut. Das Modell entstand nach mehreren Originalzeichnungen Trevithicks aus dem Jahr 1803.

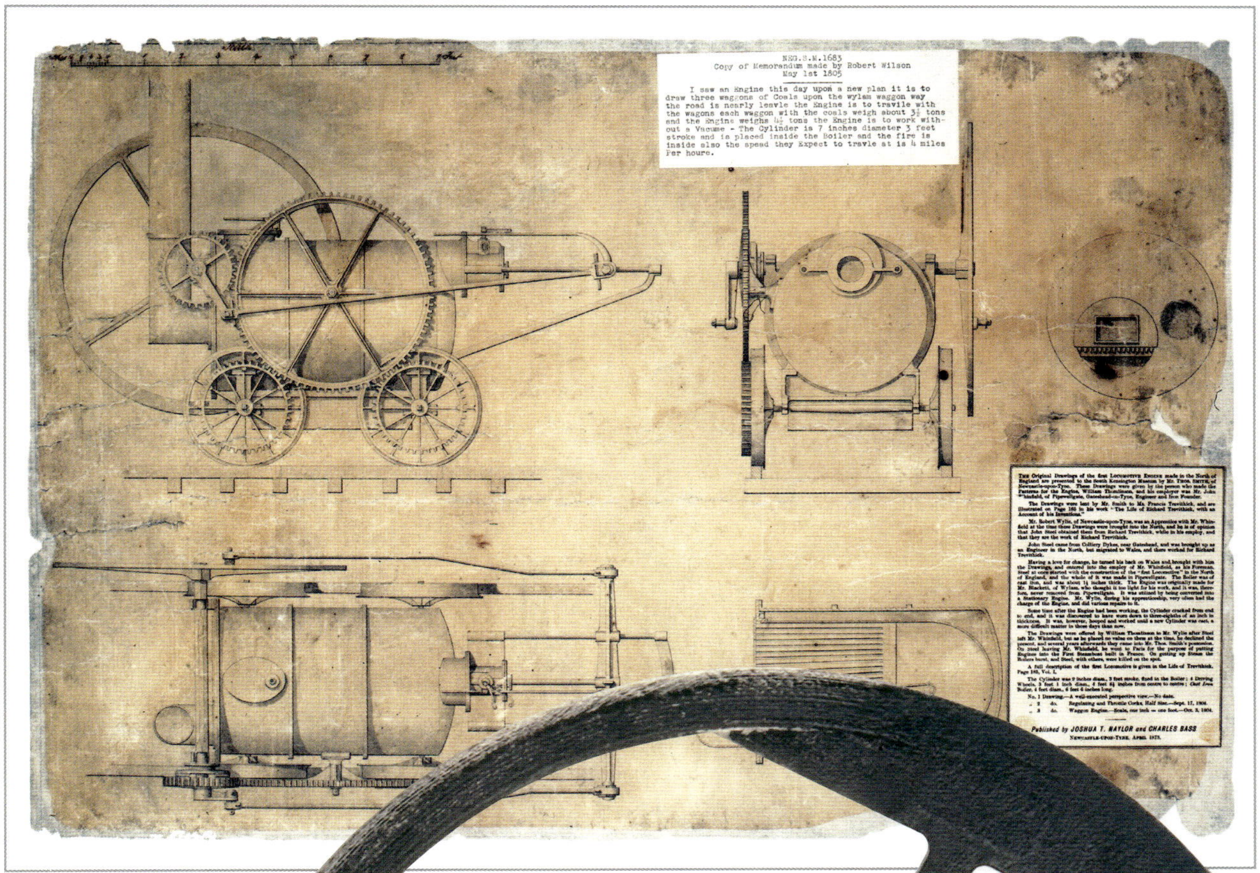
NEG.S.M.1683
Copy of Memorandum made by Robert Wilson
May 1st 1805
I saw an Engine this day upon a new plan it is to draw three waggons of Coals upon the wylam waggon way the road is nearly leavle the Engine is to travile with the wagons each waggon with the coals weigh about 3½ tons and the Engine weighs 4½ tons the Engine is to work without a Vacume - The Cylinder is 7 inches diameter 3 feet stroke and is placed inside the Boiler and the fire is inside also the spead they Expect to travle at is 4 miles Per houre.
Published by JOSHUA T. NAYLOR and CHARLES BASS

28–29 1808 baute Trevithick auf dem Euston Square in London eine Rundstrecke, auf der seine letzte Lokomotive mit dem Beinamen Catch me who can einen Wagen zog, in dem jeder zum Preis von einem Schilling mitfahren konnte.

28 unten Die Zeichnung von Edward Everett Winchell zeigt Richard Trevithick auf dem Führerstand seiner Lokomotive Catch me who can, mit der er die Londoner Bevölkerung auf seinem Rundkurs auf dem Euston Square vier Wochen lang in Erstaunen versetzte.

29 Ein zeitgenössischer Druck zeigt die „mobile" Dampfmaschine Trevithicks Catch me who can und fasst die revolutionären Eigenschaften der Lokomotive mit dem Slogan „Die Maschine ist schneller als ein Pferd" zusammen.

29 unten Im National Railway Museum ist dieser Nachbau der Lokomotive im Maßstab 1 : 1 zu sehen, für die Richard Trevithick 1808 auf dem heutigen Euston Square in London einen spektakulären Rundkurs baute.

THE "PUFFING BILLY" LOCOMOTIVE.

SCALE 1½ INCH: = 1 FOOT.

Side Elevation.

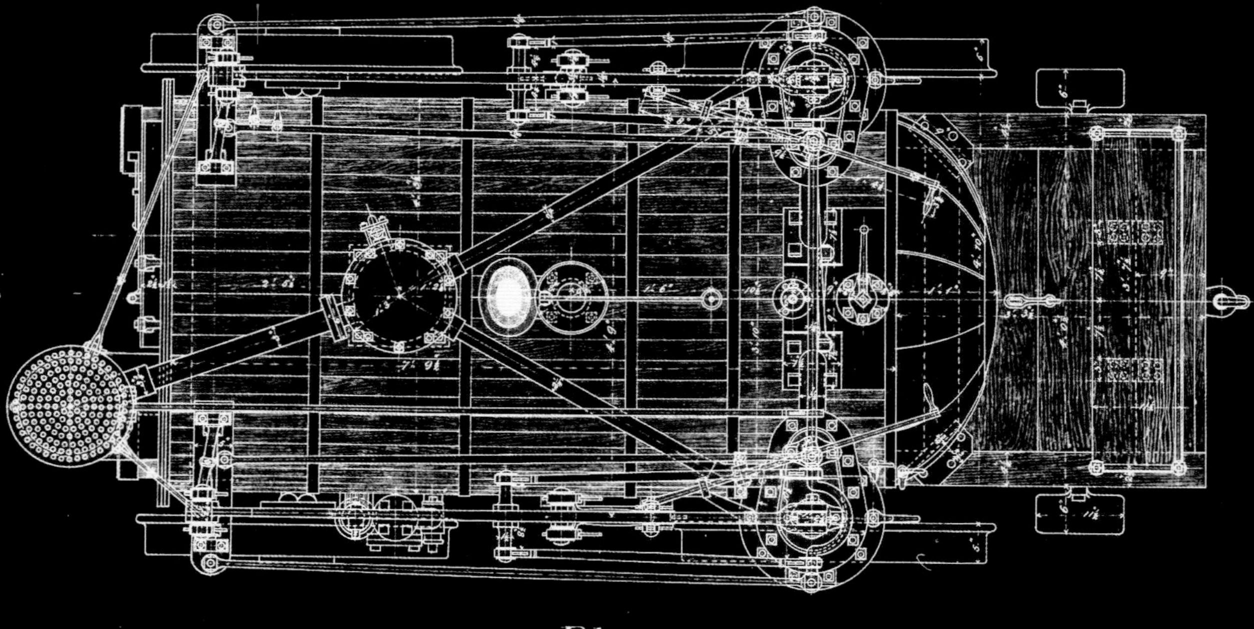

Plan.

Thomas

22nd

Ein Jahr später konstruierten William Hedley und Cristopher Blackett eine Maschine für die Wylam Colliery Railway, die als Puffing Billy, wie sie die Bergleute getauft hatten, in die Geschichte einging. Ihren Spitznamen verdankte sie der Rauch- und Dampfwolke, die mit jedem Kolbenhub aus ihrem Schornstein quoll. Hedley hatte nämlich sofort begriffen, welchen Vorteil der Druckzug im Schornstein der Feuerbüchse brachte, und im Unterschied zu anderen Pionieren war er überzeugt, dass die Zugkraft der Lokomotive auf die Schienen übertragen werden konnte, ohne dass es Zahnräder oder Zahnstangen bedurfte. Ihre – angesichts der Tatsache, dass ein Bild von 1862 (inzwischen war auch die Fotografie erfunden worden) sie noch in Betrieb zeigt – mehr als zufriedenstellende Karriere beendete die Puffing Billy im Wissenschaftsmuseum in London.

30 Die Tafel bezieht sich auf die Lokomotive Puffing Billy, die William Hedley 1813 für die über fünf Meilen lange Eisenbahnstrecke von den Kohlenminen von Wylam zu den Kais am Flussufer von Lemington-on-Tyne baute.

31 Die Puffing Billy von 1813 ist weltweit die älteste, noch existierende Original-Dampflokomotive und wird im Wissenschaftsmuseum in London aufbewahrt. Sie lief bis 1862 im Regelverkehr.

32 oben George Stephenson gilt als Erfinder der modernen Dampflokomotiven. Zusammen mit seiner berühmten Rocket zierte sein Porträt die Zigarettenpäckchen der Marke Bucktrout.

32–33 Die Abbildung zeigt eine der ersten von George Stephenson gebauten Lokomotiven. Die noch sehr archaische Maschine ist der Locomotion sehr ähnlich, mit der die Strecke Stockton–Darlington 1825 eingeweiht wurde.

Und so kommen wir endlich zu George Stephenson, den alle als Erfinder der Dampflokomotive kennen, da praktisch ihm allein die Ehre und der Ruhm dieser außerordentlichen Konstruktion zuteil wurde.

In diesen Jahren – um 1814 – lief die erste von Stephenson gebaute Lokomotive in der Mine von Killingworth, wo sie einen Konvoi von acht Waggons mit dreißig Tonnen Kohle die vier Meilen lange Strecke bergauf zog. Die Lokomotive war auf den Namen Blücher getauft worden, nach dem bedeutenden preußischen General, der auch in England berühmt war. Doch wer war George Stephenson? Von bescheidener Herkunft, lernte er mit 18 Jahren in Abendkursen Lesen und Schreiben. Von Anfang an entwickelte er eine Leidenschaft für die Mechanik, und mit zwanzig Jahren fand er in einer Zeche in Newcastle eine Anstellung als Schmied, wo er in seiner Freizeit viele andere Arbeiten erledigte, um seinen schmalen Lohn aufzubessern. Dort gab es eine Dampfmaschine von Newcomen, die zum Abpumpen des Wassers aus den Stollen eingesetzt wurde und seit einiger Zeit kaputt war. Beeindruckt und fasziniert von dem Funktionsprinzip reparierte der junge Schmied sie in nur fünf Tagen. Es war wie ein Blitz aus heiterem Himmel, der ihn schon bald zu dem genialsten und fähigsten Lokomotivenbauer seiner Zeit machen sollte. Nach der Blücher aus dem Jahr 1814 baute Stephenson weitere, immer perfektere Lokomotiven, die allerdings nur innerhalb von Bergwerken fuhren. Bis der Minenbesitzer Edward Pease eine Regierungslizenz beantragte und erhielt, die 39 Kilometer lange, mit Pferden betriebene Bahnlinie zwischen Darlington und Stockton-on-Tees mit Dampflokomotiven zu bestücken. Für dieses Unternehmen sammelte man Gelder unter den Mitbürgern und gründete eigens eine Gesellschaft, zu deren technischem Leiter eben jener George Stephenson ernannt wurde.

Am 27. September 1825 wohnte eine neugierige, aufmerksame Menge der Abfahrt des ersten Zuges bei, dem aus Sicherheitsgründen ein Mann zu

Pferd vorausritt. Der Konvoi wurde von einer Dampfmaschine gezogen, die Stephenson eigens zu diesem Zweck gebaut und einfach Locomotion getauft hatte: die Stammmutter einer neuen Baureihe. Die Fahrt verlief erfolgreich und die persönlich von ihrem Erfinder gesteuerte Locomotion zog mit einer Durchschnittsgeschwindigkeit von 10 km/h 33 kleine Waggons mit Kohle und Mehl und einige Hundert Personen, die begeistert auf den Zug geklettert waren. Wie die damalige Zeitung berichtet, hatte der Zug ein Gesamtgewicht von 90 t und erreichte eine Höchstgeschwindigkeit von 24 km/h.

Eine neue Ära hatte begonnen: das Zeitalter der Eisenbahnreisen. An dieser Stelle sei die kleine Locomotion, wenn auch nur kurz, beschrieben: Sie wog gerade mal acht Tonnen und hatte ein 0-2-0 Fahrgestell. Mit dieser Ziffernfolge wird die Abfolge von Trag- und Treibachsen, vorne an der Lokomotive beginnend, angegeben: 0 bedeutet also, dass keine Laufachsen vorhanden sind, 2 die Anzahl der Treibachsen, die durch den Dampf über Pleuelstangen bewegt werden, 0 wiederum das Fehlen der hinteren Laufachsen. Der Motor besaß zwei 241 x 610 mm große Innenzylinder, und der Höchstdruck im Kessel betrug nur 1,76 kg/cm². Alles in allem handelte es sich um eine Lokomotive, die teilweise auf schon damals überholte technische Lösungen zurückgriff: Die Zylinder waren noch senkrecht angeordnet und der Kessel noch nicht röhrenförmig. Diese Neuerungen führte Stephenson erst ein paar Jahre später mit der Rocket ein.

Trotz des großen Anfangserfolgs blieb der Betrieb auf der Strecke Stockton–Darlington im Wesentlichen auf den Güterverkehr beschränkt. In der Öffentlichkeit hielt sich immer noch die – ehrlich gesagt zu jener Zeit nicht unbegründete – Angst, die Lokomotive könnte explodieren, und in den Folgejahren wurde die Personenbeförderung noch durch pferdegezogene Wagen sichergestellt. Die Locomotion versah ihrerseits bis 1846 ihren Dienst. Trotz allem sollte die Organisation der Eisenbahngesellschaft Stockton & Darlington zum Modell für alle Eisenbahnen auf der ganzen Welt werden. Die Gesellschaftsstruktur wurde in drei Bereiche aufgeteilt: Gleise und feste Anlagen, Lokomotiven und Fahrzeuge, Verkehr, und innerhalb eines jeden Bereichs legte eine starre Hierarchie Aufgaben und Verantwortlichkeiten jedes einzelnen Angestellten fest.

34-35 Diese hervorragende Zeichnung, um 1820, zeigt eine gemeinsame Studie von George Stephenson und William Losh, dem Eigentümer der Eisenwerke von Newcastle, zu einer Dampflokomotive mit senkrecht angeordneten Zylindern und Kipphebeln.

DESIGN of
LOCOM

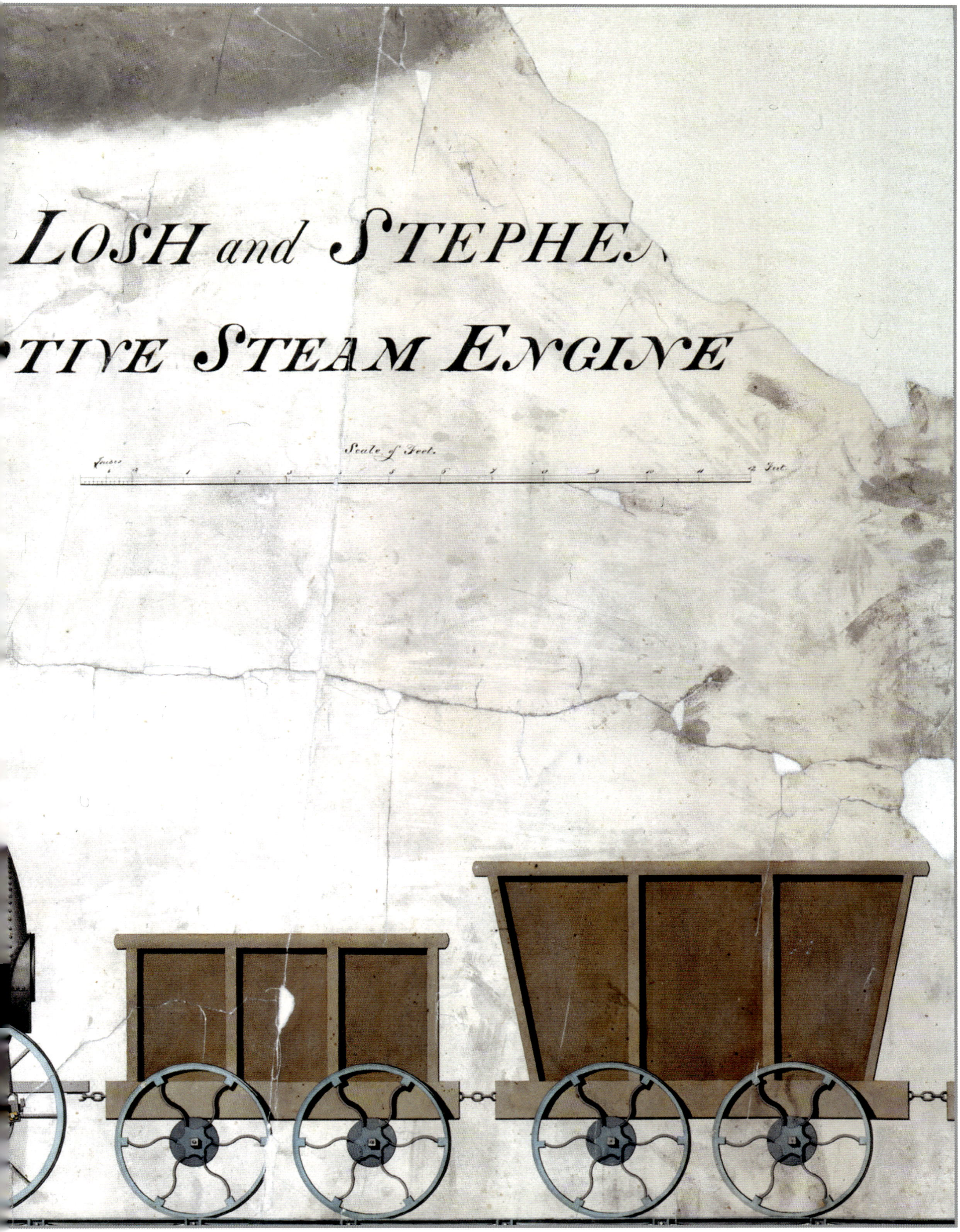
LOSH and STEPHE
TIVE STEAM ENGINE
Scale of Feet.

PIONEER OF THE RAILWAY SYSTEM.

BORN JUNE 9TH. 1781. DIED AUG. 12TH. 1848.

Geo. Stephenson

THE "ROCKET" BUILT BY R. STEPHENSON & CO. FOR THE LIVERPOOL & MANCHESTER RAILWAY IN 1829.

THE "ROYAL GEORGE" BUILT BY T. HACKWORTH IN 1827. THE FIRST ENGINE WITH THE STEAM BLAST.

Stockton & Darlington

Railway.

The Company's

COACH

CALLED THE

EXPERIMENT,

Which commenced Travelling on MONDAY, the 10th of OCTOBER, 1825, will continue to run from *Darlington* to *Stockton*, and from *Stockton* to *Darlington* every Day, [Sunday's excepted] setting off from the DEPOT at each place, at the times specified as under, (*viz.*):—

ON MONDAY,

From Stockton at half-past 7 in the Morning, and will reach Darlington about half-past 9; the Coach will set off from the latter place on its return at 3 in the Afternoon, and reach Stockton about 5.

TUESDAY,

From Stockton at 3 in the Afternoon, and will reach Darlington about 5.

On the following Days, viz.:—

WEDNESDAY, THURSDAY & FRIDAY,

From Darlington at half-past 7 in the Morning, and will reach Stockton about half-past 9; the Coach will set off from the latter place on its return at 3 in the Afternoon, and reach Darlington about 5.

SATURDAY,

From Darlington at 1 in the Afternoon, and will reach Stockton about 3.

Passengers to pay 1s. each, and will be allowed a Package of not exceeding 14lb. all above that weight to pay at the rate of 2d. per Stone extra. Carriage of small Parcels 3d. each. The Company will not be accountable for Parcels of above £5. Value, unless paid for as such.

Mr RICHARD PICKERSGILL at his Office in Commercial Street, Darlington, and Mr TULLY at Stockton, will for the present receive any Parcels and Book Passengers.

THE FIRST RAILWAY TIME BILL,
OCTOBER 10TH. 1825

THE FIRST LOCOMOTIVE ENGINE EMPLOYED ON A PUBLIC RAILWAY.
THIS ENGINE WAS BUILT BY GEO. STEPHENSON IN 1825, AND CONTINUED TO RUN ON THE STOCKTON & DARLINGTON RAILWAY UNTIL 1850.

OPENING OF THE FIRST PUBLIC RAILWAY THE STOCKTON & DARLINGTON.
SEPTEMBER 27TH. 1825.

PIONEER OF THE RAILWAY SYSTEM.

BORN JUNE 22ND. 1799. DIED FEB. 8TH. 1872.

E. Pease

THE "EXPERIMENT"
FIRST RAILWAY PASSENGER COACH 1825.

THE FIRST RAILWAY SUSPENSION BRIDGE
ERECTED OVER THE RIVER TEES IN 1830.

Published by the Proprietors
E. D. WALKER & WILSON, DARLINGTON

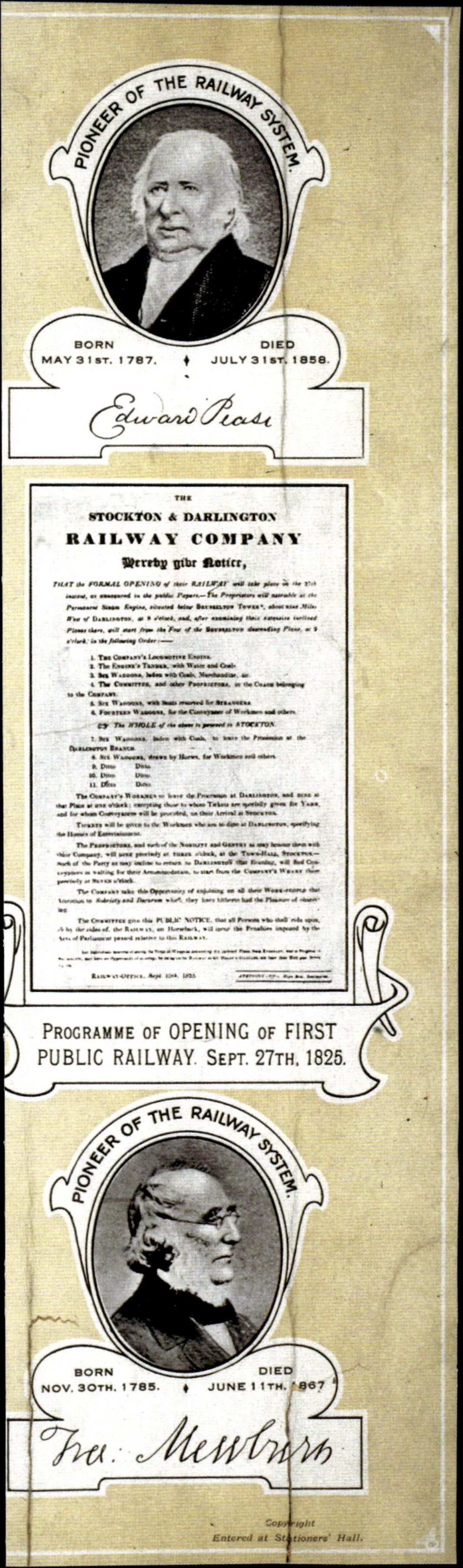

36–37 Zur Eröffnungsfeier der Stockton & Darlington Railway wurde 1825 auch dieser detaillierte Druck herausgebracht, der unter anderem drei der ersten Lokomotiven zeigt: in der Mitte die Locomotion, oben die Rocket und die Royal George.

37 rechts Ein Farbdruck von 1830 beschreibt die Inbetriebnahme der ersten Eisenbahnlinie Stockton–Darlington im Jahr 1825. Gut zum Ausdruck kommen die Begeisterung und Neugier der Zuschauer, die bei diesem historischen Ereignis zugegen waren.

38 oben 1829 baute Timothy Burstall die Perseverance, um am Rainhill-Rennen teilzunehmen, aber schon in den ersten fünf Versuchstagen fiel die Lokomotive wegen Schäden aus. Als sie schließlich teilnahm, erreichte sie nur 6 km/h.

38–39 Dieser Druck von 1830 zeigt die Novelty von Braithwaite und Ericsson am Kopf eines Zuges. Einige Fahrgäste reisten in Pferdekutschen, die man einfach auf offene Wagen geladen hatte.

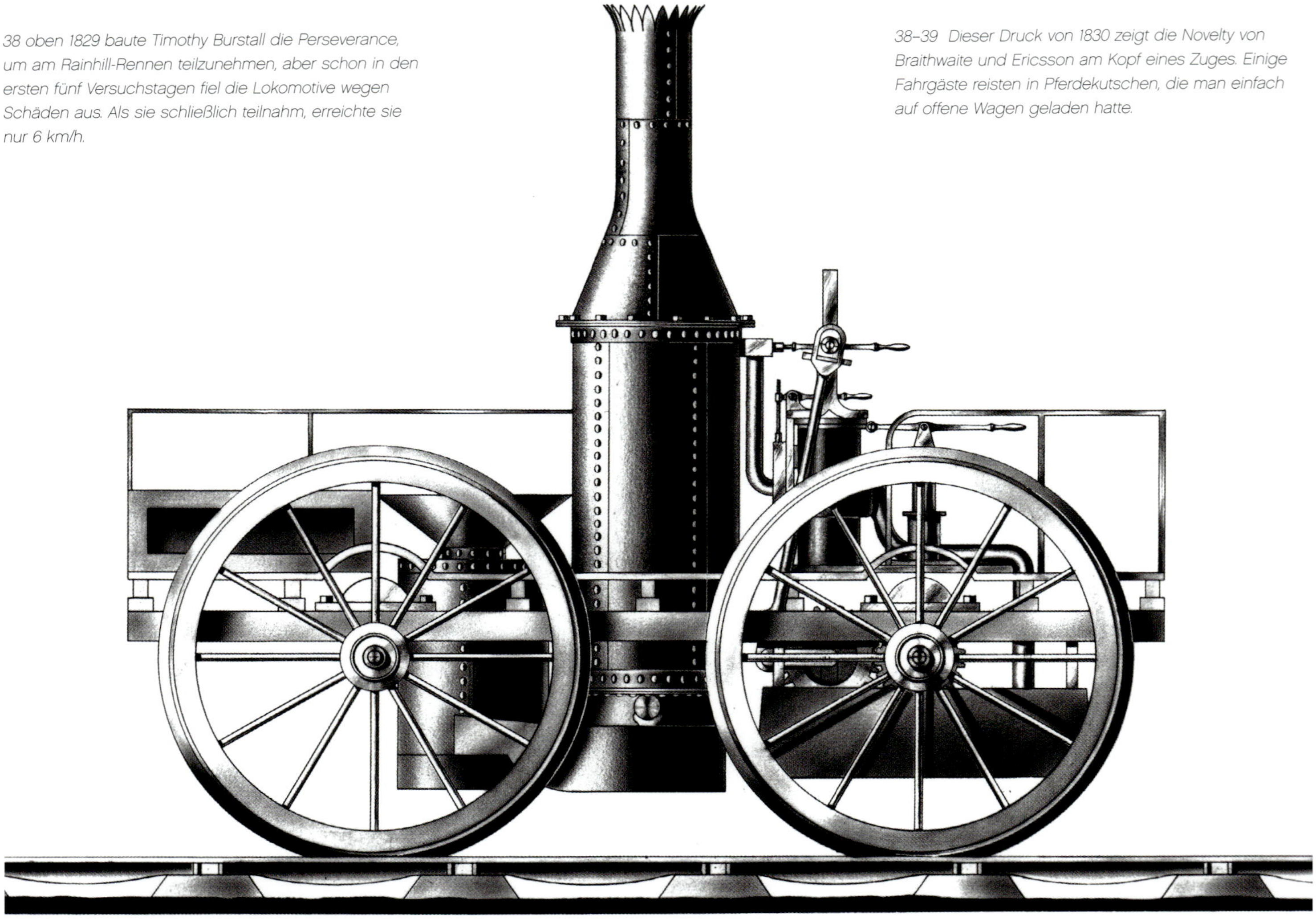

Die erste echte Eisenbahnlinie jedoch, die ausschließlich für den Betrieb mit Dampflokomotiven konzipiert und gebaut wurde, war Liverpool–Manchester aus dem Jahr 1830. Bei dem Bau wurden die archaischen technischen Standards, die für die Bergwerkslinien typisch waren, aufgegeben und eine möglichst eben verlaufende Strecke mitsamt Bahndämmen und Brücken geplant. In jenen Jahren standen nicht alle dem Einsatz von Dampflokomotiven wohlwollend gegenüber, zum Teil wegen der technischen Fehler, mit denen sie noch behaftet waren, zum Teil aus wirtschaftlichen Gründen: Einige Berufsstände fürchteten nämlich, ihre Arbeit zu verlieren. Man brauchte nur an die Fährleute zu denken oder an die Fuhrleute und Postkutscher. Um die Zuverlässigkeit der Lokomotiven zu demonstrieren, wurde 1829 das berühmte Rainhill-Rennen ausgeschrieben (Prämie für die Siegermaschine: 500 Pfund Sterling).

Die Ausschreibung – es war der erste öffentliche Wettbewerb, mit dem der beste Lieferant von rollendem Material gefunden werden sollte – legte einige wenige Mindestanforderungen fest: Mindestgeschwindigkeit 16 km/h (10 Meilen/Stunde), Zuggewicht 20 t und Höchstgewicht der Lok 6 t. Das Rennen fand am 6. Oktober 1829 direkt in Rainhill, etwa sechs Kilometer von Manchester entfernt, unter Beteiligung von vier Dampflokomotiven und einer von Pferden angetriebenen Lokomotive statt.

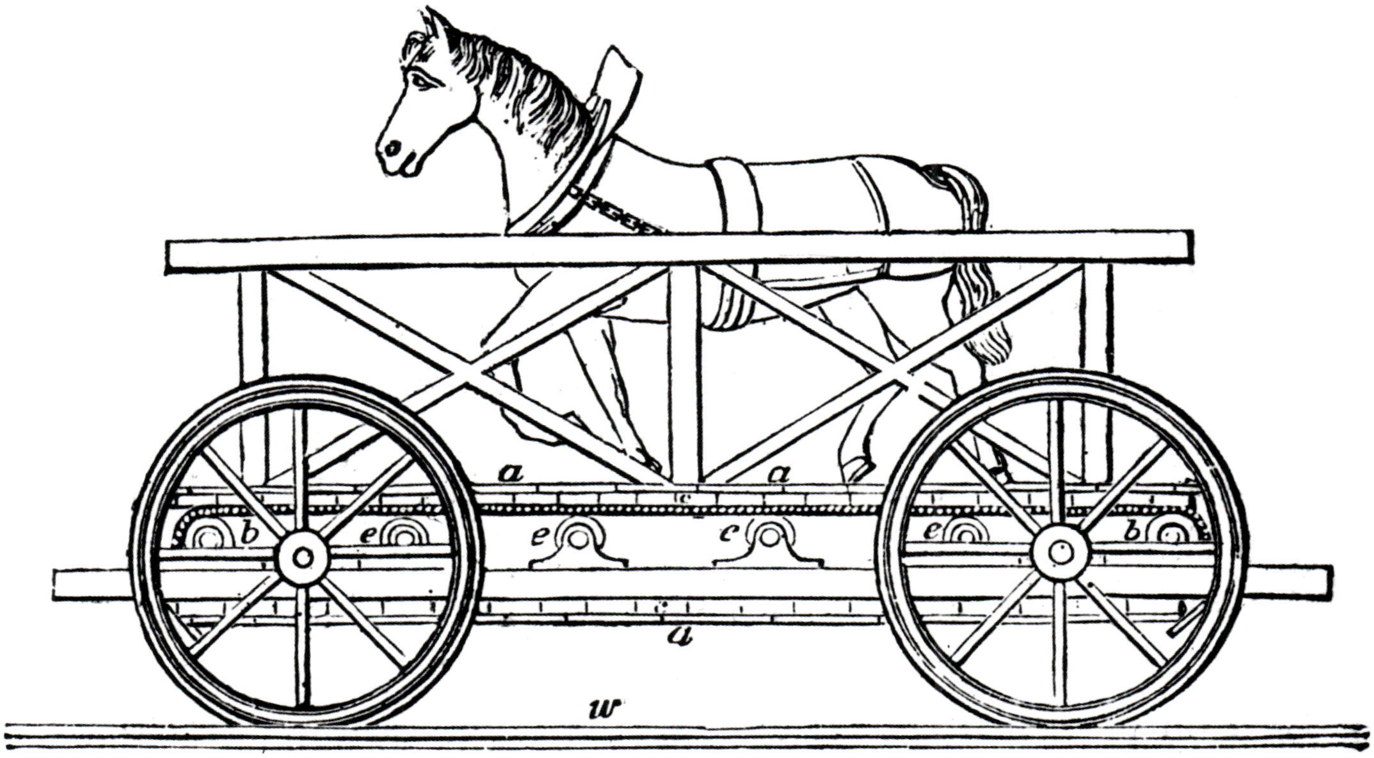

(*Brandreth's Patent Cyclopede.* 1829.)

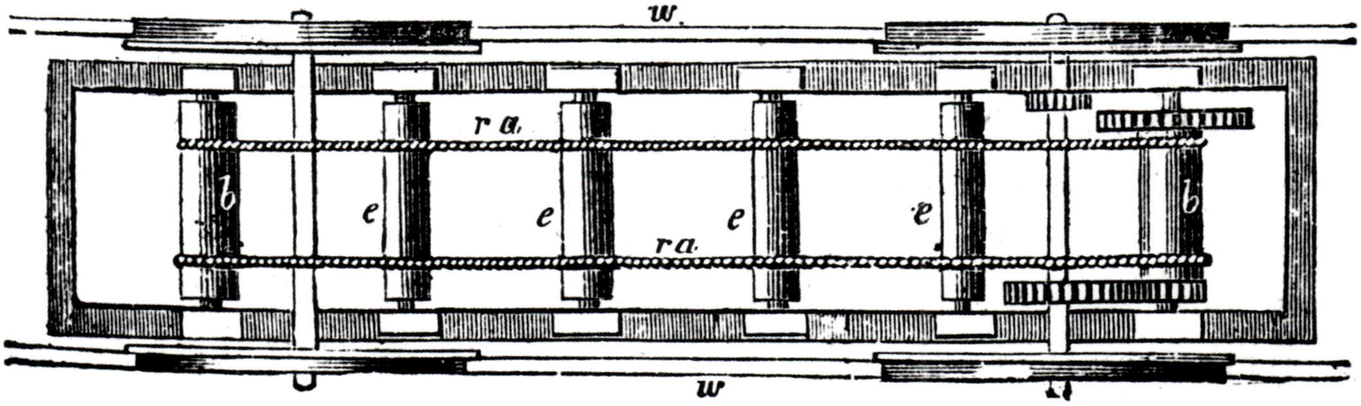

39 oben und Mitte Auch die von einem Pferd bewegte Cycloped von Thomas Shaw Brandreth nahm am Rainhill-Rennen teil, in dem die beste Lokomotive für die Strecke Manchester–Liverpool gefunden werden sollte, aber natürlich unterlag sie den Dampfmaschinen.

George Stephenson – unterstützt von seinem Sohn Robert – brachte seine neue Erfindung namens Rocket (Rakete) an den Start, John Braithwaite und John Ericsson nahmen mit der Novelty teil, Timothy Hackworth mit der Sans Pareil und Timothy Burstall mit der Perseverance, während Thomas Shaw Brandreth mit seiner Cycloped antreten wollte, einer kuriosen Maschine, die von zwei Pferden angetrieben wurde, die auf einer Art Förderband liefen.

Weder Cycloped noch Perseverance konnten die vorgegebene Geschwindigkeit erreichen, während die Sans Pareil das zulässige Gewicht überstieg. Es kam also zum Wettkampf zwischen Novelty und Rocket, aber obwohl Letztere etwas langsamer war als ihre Konkurrentin, erwies sie sich doch auf lange Sicht als zuverlässiger und gewann das Rennen mit Leichtigkeit.

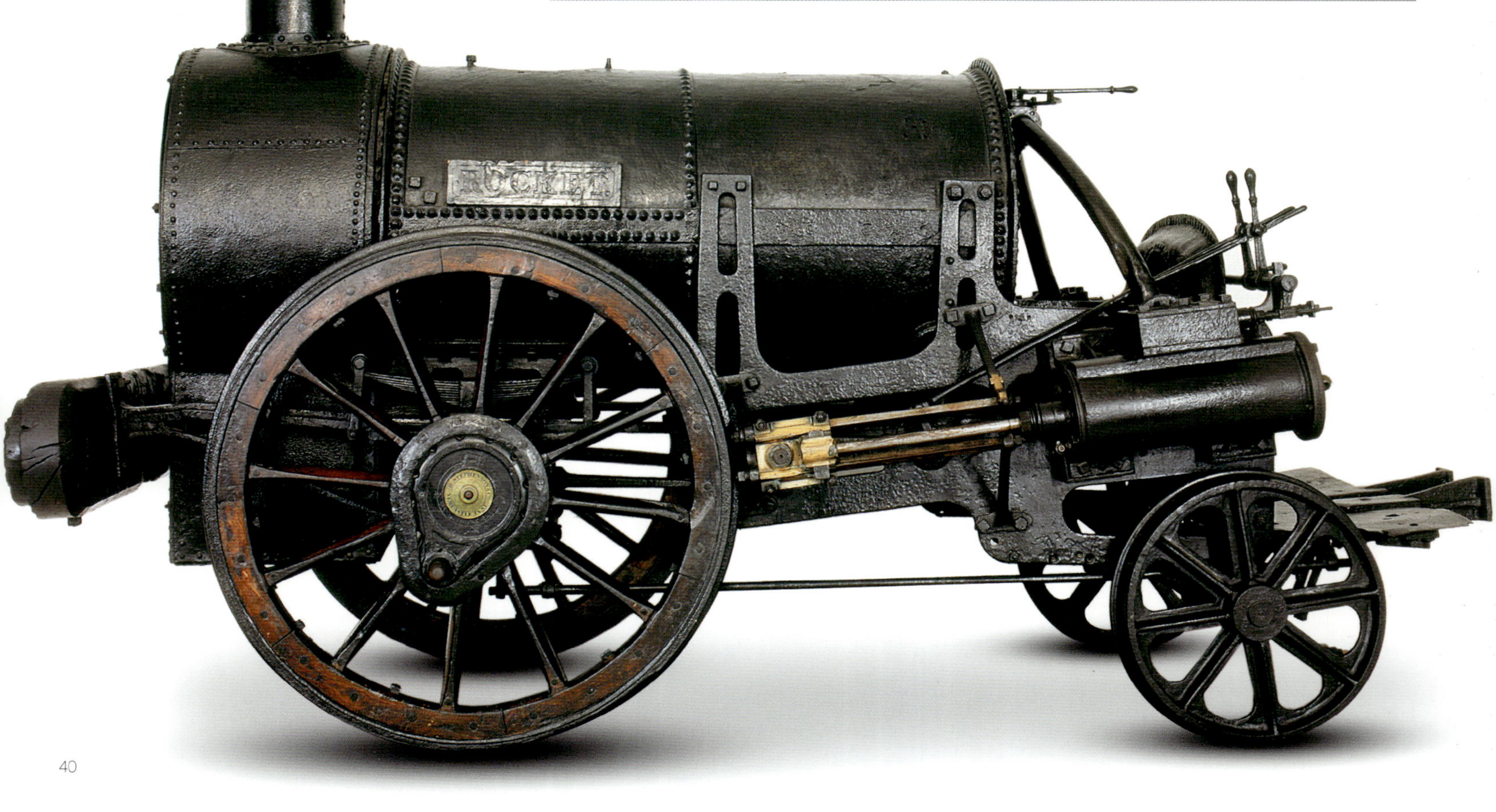

40 oben *Ein Farbdruck jener Zeit zeigt die Dampflokomotive Rocket von George Stephenson, Siegerin des Rainhill-Rennens im Jahr 1829, Gegenstand der Neugier und Bewunderung der Zuschauer.*

40 unten und 41 *Die Original-Rocket von 1829 steht heute im National Railway Museum in York. 1862 konnte dieses Stück Eisenbahngeschichte zwar vor der Verschrottung gerettet werden; allerdings war sie in sehr schlechtem Zustand, und ihr Tender und viele weitere Teile waren leider verloren gegangen.*

ROCKET
R. STEPHENSON & C°

„Die Rocket war die erste wirklich moderne Lokomotive mit Röhrenkessel.“

42–43 Die Rocket von Stephenson auf einer Abbildung des Science Museum zur Veranschaulichung der dritten Modellversion der berühmten Lokomotive. Die Farbwahl basiert auf den damaligen Zeitungsberichten.

43 oben Diese zeitgenössische Zeichnung zeigt die Seiten- und Rückansicht der Rocket, mit der George Stephenson den Wettbewerb um die beste Lokomotive für die neue Eisenbahnlinie Liverpool–Manchester gewann.

ELEVATIONS
OF THE
ROCKET
CONSTRUCTED BY
MESS^RS ROB^T STEPHENSON & CO
NEWCASTLE upon TYNE
JULY 1829.

A First Claſs Train, with the Mail.

A Second Claſs Train for Paſsengers.

A Train of Waggons with Goods &c.

A Train of Carriages with Cattle.

Die Rocket wurde die wahre Urmutter aller Dampflokomotiven, da sie schon damals sämtliche grundlegenden Funktionselemente besaß: den röhrenförmigen Kessel, den durch den Dampfausstoß ausgelösten Druckzug, die Dampfverteilung auf die Zylinder durch ein Exzenterscheibensystem.

Desgleichen wurde die Linie Liverpool–Manchester, die ein Jahr nach dem Rennen von Rainhill am 15. September 1830 eingeweiht wurde, zum Prototyp der modernen Eisenbahnverbindungen. Man hatte die Stephensons ebenfalls mit der Planung der Strecke beauftragt, die für die damalige Zeit äußerst moderne Lösungen aufwies: große Bahnhöfe, 63 Brücken und Viadukte, Steigungen unter 3 Promille und ein gut drei Kilometer langer Tunnel. Leider wurde der Einweihungstag von einem tödlichen Unfall überschattet, für den die Zeitungen der Eisenbahn die Schuld gaben: Vor lauter Begeisterung überquerte der Abgeordnete William Huskisson die Gleise gerade in dem Augenblick, als die Rocket einfuhr, und wurde fatalerweise mitgerissen.

In nur einem Betriebsjahr wuchs der Personenverkehr zehnmal stärker, als von den Konstrukteuren vorhergesagt, und brachte einen Gewinn von 14 000 Pfund Sterling. Jegliche Unschlüssigkeit verschwand, und in nur vier Jahren wurde die stolze Zahl von 33 Eisenbahngesellschaften gegründet. Bereits 1844 erreichten die Bahnlinien eine Länge von fast 4000 km und schon 1846 waren es über 8000 km. Ende der Achtzigerjahre maß die Streckenlänge in ganz Großbritannien etwa 30 000 km.

44–45 Dieser Druck von 1834 zeigt vier Züge der Linie Liverpool–Manchester mit ihren Lokomotiven; von oben nach unten: Liverpool, Fury, North Star und Jupiter. Damals wurde jede Lokomotive auf einen eigenen Namen getauft.

45 Am Moorish Arc bestaunt eine neugierige Menge die Einweihung der neuen Eisenbahnlinie Liverpool–Manchester, der ersten der Welt, die zwei große Städte verbindet. Dieser Farbdruck erschien am 1. Januar 1831.

Die ersten Eisenbahnen der Welt

46–47 Am 7. Dezember 1835 führte die Adler den Einweihungszug der ersten Eisenbahn Deutschlands über die Strecke Nürnberg–Fürth. Eine feiernde Menge wohnte dem Ereignis bei. Auch die Adler war in Newcastle von Stephenson gebaut worden.

47 oben Die Inbetriebnahme neuer Eisenbahnlinien war ein Ereignis, das in ganz Europa mit der Herausgabe von Artikeln, Büchern, Stichen und Drucken gefeiert wurde, wie dieses Blatt anlässlich der Jungfernfahrt von Rouen nach Dieppe.

Der Erfolg der Eisenbahnen in Großbritannien überschritt bald den Ärmelkanal und verbreitete sich sowohl auf dem Kontinent als auch in der Neuen Welt. Es würde Dutzende von Seiten füllen, wollte man all das berichten, was sich in Sachen Eisenbahn in den einzelnen Ländern tat. Daher beschränken wir uns auf die wichtigsten Ereignisse dieser Pionierjahre.

Das erste Land, das auf dem europäischen Kontinent eine Eisenbahn baute, war Belgien: Am 5. Mai 1835 wurde die 23 km lange Strecke Brüssel–Malines eröffnet, mit deren Planung man schon 1832 begonnen hatte. Sehr interessant ist die Tatsache, dass die Linie durch ein entsprechendes Gesetz aus dem Jahre 1834 staatlich gefördert, finanziert und betrieben wurde – im Gegensatz zu Großbritannien, wo der Eisenbahnbetrieb vollkommen in der Hand privater Eisenbahngesellschaften lag. Von Anfang an entwickelten sich also zwei Denkrichtungen: auf der einen Seite die freie und auf der anderen die staatliche Wirtschaft. Zwei Organisationsmodelle, die in den folgenden Jahrzehnten alternativ auf die Eisenbahnnetze in fast jedem europäischen Staat Anwendung finden sollten. In Belgien wurde in jenen Jahren die Cockerill gegründet, die innerhalb kurzer Zeit zu einer der bedeutendsten europäischen Dampflokomotivenfabriken heranwuchs.

48 oben und 48–49 Die von William Buddicom seit 1843 entworfenen Buddicom-Lokomotiven wurden in den Crewe-Werken in Newcastle gebaut und in alle europäischen Länder exportiert.

48 Mitte, unten und 49 unten Die Crampton wurde ab 1846 in Frankreich gebaut und durch die erreichte Geschwindigkeit von über 120 km/h berühmt. Merkmale der Crampton waren der niedrige Kessel, große Laufräder und nur eine Treibachse hinter der Feuerbüchse.

Ebenfalls im Jahre 1835 wurde im Königreich Bayern (Deutschland wurde erst 1871 vereint) am 7. Dezember die erste, nur 6,4 km lange Eisenbahnlinie zwischen Fürth und Nürnberg eingeweiht, die zu Ehren von König Ludwig I. Ludwigsbahn genannt wurde. Der Einweihungszug wurde von der von Stephenson gebauten Adler gezogen, die in den Folgejahren in ganz Deutschland berühmt werden sollte.

In den deutschen Staaten jener Zeit stieß die Eisenbahn auf Interesse und Aufmerksamkeit: 1837 wurde in Sachsen die Strecke Dresden–Leipzig dem Verkehr übergeben und 1838 in Preußen die Linie Berlin–Potsdam. Preußen war auch das Land, das zuerst die strategische Bedeutung der Eisenbahn für militärische Zwecke erkannte und zum Kern jenes äußerst effizienten deutschen Eisenbahnnetzes wurde, das bis zum Zweiten Weltkrieg in Europa beispielhaft war. 1837 wurde in Berlin eine der berühmtesten Lokomotivenfabriken der Welt gegründet, die Borsig-Werke, die sich schon bald auf dem ganzen Kontinent behaupteten.

In Frankreich geht die erste Eisenbahnstrecke dagegen auf das Jahr 1837 zurück, als Paris–Rouen dem Verkehr übergeben wurde, doch die Begeisterung für das neue Verkehrsmittel hielt sich in Grenzen. So begann erst in den darauffolgenden Jahren, nicht zuletzt dank eines entsprechenden Gesetzes aus dem Jahr 1842, ein Eisenbahnnetz Gestalt anzunehmen, das sich von Anfang an strahlenförmig von der Hauptstadt aus erstreckte.

170
NORD

CRAMPTON
122

137
NORD
N°137

50 Auf diesem Gemälde von Salvatore Fergola fährt der Einweihungszug der Linie Neapel–Portici, mit dem Golf von Neapel im Hintergrund, in den Bahnhof von Granatello ein. Die Lokomotive Vesuvio war ein Patent englischer Bauart.

In Italien fuhr der erste Zug im Königreich beider Sizilien. Am 3. Oktober 1839 zog die Lokomotive Vesuvio den ersten Zug die 7,25 km bis nach Portici (damals Granatello): Die Strecke war das erste Teilstück der Linie, die mit einer Abzweigung von Torre Annunziata nach Castellammare über eine Gesamtlänge von etwa 40 km bis nach Nocera gehen sollte. 1840 wurden im damaligen Lombardei-Venetien die Strecken Mailand–Monza und 1842 Padua–Mestre als erstes Teilstück der Linie Mailand–Venedig eingeweiht. 1844 folgten Pisa–Livorno im Großherzogtum Toskana und 1848 Turin–Moncalieri. Man darf natürlich nicht vergessen, dass in jenen Jahren die Einheit Italiens noch weit entfernt und die Halbinsel in viele kleine Staaten aufgeteilt war, die ihre jeweiligen Streckennetze nach eigenen oder höchstens regionalen Kriterien bauten.

50–51 So sah der Maler Salvatore Fergola den Jungfernzug der Linie Neapel–Portici, die 1839 als erste in Italien gebaut wurde. Bei der Lokomotive handelt es sich um die Vesuvio, auch wenn sie in der Folge mit ihrer Zwillingsschwester Bayard verwechselt wurde.

Eine Ausnahme bildete das Königreich Sardinien dank der Weitsichtigkeit des Grafen von Cavour, Camillo Benso, der als Regierungschef die Vorstellung hatte, ab Mitte des 19. Jahrhunderts ein organisches Netz auf der gesamten italienischen Halbinsel zu haben, und begriffen hatte, dass entsprechende Anschlüsse an die anderen nationalen Netze unbedingt notwendig waren. Nach 1861, dem Jahr der Einigung Italiens, machte man sich an das schwierige Werk, die verschiedenen nationalen Teilstücke miteinander zu verbinden und anzupassen, und schuf die drei nationalen Nord-Süd-Magistralen, die noch heute das Gerüst des italienischen Netzes bilden: Florenz–Rom, die Ferrovia Adriatica (Adriatische Eisenbahn) und die Ferrovia Tirrenica (Tyrrhenische Eisenbahn).

Auch die Zahl der Eisenbahngesellschaften schrumpfte immer mehr, sodass es 1885 nur noch zwei Netze gab, das Rete Adriatica und das Rete Mediterranea, die sich die gesamte Halbinsel der Länge nach teilten. Die beiden Gesellschaften – zu denen, um genau zu sein, noch die sizilianische Betriebsgesellschaft Rete Sicula und die Königlich Sardischen Eisenbahnen (Ferrovie Reali Sarde) hinzukamen – sollten die italienische Eisenbahn bis 1905 betreiben, dem Jahr, in dem die Regierung beschloss, das gesamte Netz zu verstaatlichen und die italienischen Staatsbahnen Ferrovie dello Stato (FS) gegründet wurden.

„Die neuen Eisenbahnlinien wurden rasch zum Zeichen des Fortschritts in ganz Europa."

52 oben Ein zeitgenössischer Druck zeigt den kaiserlichen Zug mit Kaiser Ferdinand I. im Jahr 1839 anlässlich der Fertigstellung der Nordbahn, der von dem Bankier Rothschild gebauten und finanzierten Eisenbahn, die zwischen Wien und Brünn verkehrte.

52-53 Diese Farblithografie zeigt die Einweihung der Strecke Barcelona–Mataró am 28. Oktober 1848. Kurioserweise sitzen zwei Eisenbahner auf den Wagendächern „auf dem Bock", als würden sie noch mit der Kutsche reisen.

Im nahe gelegenen Österreich (damals Teil des österreichischen Kaiserreichs) debütierte die Eisenbahn 1837 auf der Strecke Floridsdorf–Deutsch-Wagram, für deren Errichtung und Betrieb Salomon Rothschild die Konzession erhalten hatte. Doch erst 1848 wurde mit dem Bau der berühmten Semmering-Linie begonnen, die Wien mit Triest verbinden sollte, seinerzeit dem bedeutendsten Hafen des Kaiserreichs. Das Projekt wurde in nur fünf Jahren vollendet und war für die damalige Zeit ein gewaltiges Werk – mit einem 1223 m langen Tunnel und zahlreichen Brücken und Viadukten beiderseits der Alpen.

Zur gleichen Zeit entwickelte sich die Eisenbahn weiter im Osten, in Russland. Die erste Teilstrecke von etwa 50 km verband Sankt Peterburg mit Pawlowsk und hatte ein besonderes Merkmal: Die Spurweite, also der Abstand zwischen den beiden Schienen, war breiter als üblich, und zwar 1827 mm statt 1435 mm. Experimente mit breiteren Gleisen hatte man auch in anderen europäischen Ländern gemacht, und in Großbritannien hatte sich sogar ein recht gutes Breitspurnetz entwickelt, bevor ein Regierungserlass die Normalspur auf 1435 mm festsetzte. Der Vorteil lag darin, dass man Lokomotiven mit größerer Feuerbüchse und Kessel bauen konnte, die somit stärker und schneller waren. Breitere Gleise bedeuteten wiederum größere Kurvenradien, aber auch größere Brücken und Galerien mit höheren Baukosten. Die Wahl der Breitspur in jenen Jahren wurde auch durch militärische Gründe beeinflusst. Man hatte sehr rasch begriffen, dass die Eisenbahn ein hervorragender Verbündeter bei kriegerischen Operationen sein würde, da sie Truppen- und Materialbewegungen mit bisher undenkbarer Geschwindigkeit erlaubte. Der Anschluss des eigenen Schienennetzes an das anderer Länder wurde also sowohl als Vorteil für den Personen- und Güterverkehr betrachtet als auch als Gefahr in Zeiten des Krieges. Auf diesen Schienen würde der Feind schnell in das Land vordringen und es besetzen können.

Das zaristische Russland optierte also für eine breitere Spur als die europäische und entschied sich beim Bau der 653 km langen Strecke Moskau–Sankt Petersburg, die 1851 fertiggestellt wurde, für 1524 mm. Breiter als der Standard, sodass eine automatische Verbindung mit den europäischen Linien verhindert wurde, aber nicht zu breit, um den Fahrzeugverkehr zu blockieren, da die Achsen an bestimmten Grenzstationen ausgetauscht werden konnten. Die 1524 mm der Linie Moskau–Sankt Petersburg wurden also zum russischen Standard, auch wenn die erste Verbindung zwischen dem Russischen Reich und Westeuropa, die Linie Warschau–Wien, zwischen 1839 und 1848 mit Normalspur genehmigt und gebaut wurde. Aber in die Geschichte eingehen wird Russland mit dem Bau der großartigen Transsibirischen Eisenbahn, die mit ihren 9288 km zwischen Moskau und Wladiwostok die längste der Welt ist. Ihr Bau (1891–1903) durch wilde, eisige Gebiete, in denen nur ein paar Monate im Jahr gearbeitet werden konnte, war ein legendäres Unternehmen, das Tausenden von Arbeitern das Leben kostete. Doch mehr zur Transsibirischen Eisenbahn in einem der nächsten Kapitel. In die Schweiz kam die Eisenbahn dagegen erst später, 1847 mit der Eröffnung der etwa 30 km langen Strecke zwischen Baden und Zürich: eine Verzögerung, die den Argwohn der Eidgenossen gegenüber Neuerungen und insbesondere dem neuen Transportmittel widerspiegelt. Die Lokomotive, die den ersten Zug führte, war eine deutsche 2-1-0-Maschine, die Limmat. Doch besser als an diesen Namen erinnern sich die Schweizer an den Spitznamen, den die Bahn rasch erhielt: die Spanisch-Brötli-Bahn. Denn die Züge brachten die begehrten Brötchen der Badenser Bäcker in nur dreißig Minuten nach Zürich.

Ein Jahr später, 1848, zog Spanien mit der Eröffnung der Strecke Barcelona–Mataró nach, doch es sollte noch gut zehn Jahre dauern, bis sich ein richtiges Netz entwickelte.

In den USA dagegen ging die Entwicklung der Eisenbahn rasch und stürmisch vonstatten. Das Feuerross/Eiserne Ross spielte eine wesentliche Rolle bei der Geburt der amerikanischen Konföderation, und seine Geschichte verschmilzt mit dem Epos des Westens. Die ersten Dampflokomotiven, die 1829 auf amerikanischen Boden gelangten, waren natürlich in England gebaut und über den Ozean verschifft worden. Sie wurden von der Schifffahrtsgesellschaft Delaware and Hudson nach Pennsylvania importiert, die auch die Konzession erhalten hatte, eine Eisenbahntrasse zwischen Carbondale und Honesdale zu bauen. Der erste Zug im gewerblichen Dienst setzte sich am 9. August 1829 mit der Lokomotive Stourbridge Lion in Bewegung. Aber das Debüt auf provisorischen Gleisen verlief nicht optimal. Das übermäßige Gewicht, das allen Maschinen englischer Bauart eigen war, verursachte den Bruch der Schienen, und der Betrieb wurde eingestellt.

Am 25. August des darauffolgenden Jahres machte die erste Maschine amerikanischer Herkunft ihre ersten Gehversuche auf den Gleisen der Baltimore and Ohio Railroad. Die Tom Thumb, konstruiert von Peter Cooper, war wenig mehr als ein Versuch. Die erste echte Maschine, die in der Lage war, erfolgreich einen Zug mit vier bis fünf Waggons mit einer Geschwindigkeit von circa 40 km/h zu ziehen, war 1831 die Best Friend of Charleston auf den Schienen der South Carolina Railroad. Der erste Zug verließ den Bahnhof von Charleston am 15. Januar dieses Jahres, aber schon zwei Jahre später wurde die Strecke bis Hamburg weitergeführt und erreichte die beachtliche Länge von 218 Kilometern, seinerzeit die längste Eisenbahnlinie der Welt.

54–55 oben Die DeWitt Clinton der Mohawk and Hudson Railroad wurde 1831 als eine der ersten Lokomotiven in den USA im Regelbetrieb eingesetzt. Ab 1853 ging die Linie in die New York Central Railroad ein.

54–55 unten Die Abbildung aus dem Jahr 1877 zeigt die Lokomotive The West Point, die zweite Dampflok, die 1831, ein Jahr nach der Best Friend of Charleston, in den USA von der West Point Foundry Association in New York City gebaut wurde.

56 oben Eine klassische American mit 2-2-0-Achsfolge vor einem Fort während des amerikanischen Bürgerkriegs. Der Krieg hatte bedeutenden Einfluss auf die amerikanische Eisenbahngeschichte.

„Die American-Type-Lokomotiven trugen wesentlich zur Geburt der Vereinigten Staaten bei.“

56 unten Eine Gruppe von Fahrgästen posiert für ein Erinnerungsfoto auf dem Kuhfänger der Lokomotive des ersten Zuges, der die Allegheny Mountains überquerte: Wir schreiben das Jahr 1854, und die Strecke wurde von der privaten Eisenbahngesellschaft Pennsylvania Railroad gebaut.

57 Stolz präsentiert sich der Zugführer dieser Lokomotive der Union Pacific Railroad dem Fotografen. Im Vordergrund ist der Kuhfänger gut zu sehen, der in jenen Jahren unentbehrlich war, um das wild lebende Vieh von den Schienen fernzuhalten.

Der Bau neuer Schienenwege nahm in beeindruckender Weise zu: Bereits 1840 maß das Netz insgesamt 4480 km und nur zwanzig Jahre später, am Vorabend des Bürgerkriegs, hatte es sich mit 49 016 km mehr als verzehnfacht. Diese rasche Entwicklung hatte bedeutende Auswirkungen auf die Fertigung von Lokomotiven und Waggons. Anders als in Europa, wo die Konstrukteure größte Aufmerksamkeit auf die Gleisqualität legten, wurden die neuen Eisenbahnlinien in Nordamerika weniger präzise gebaut, wobei die Schwellen häufig direkt auf dem Boden verlegt wurden, ohne den Untergrund vorzubereiten und ohne ein entsprechendes Gleisbett. Außerdem wurden die Kurven ohne parabolische Übergangsbögen zu den geraden Teilen und ohne Erhöhung der äußeren Schiene geplant. Die Lokomotiven unterlagen daher starken Belastungen, die häufig zu Entgleisungen führten. Bereits 1832 dachten die Konstrukteure darüber nach, wie man Abhilfe schaffen könnte, arbeiteten dabei aber am rollenden Material und nicht am Fahrweg.

John Dervis, damals ein junger Ingenieur, baute die Experiment, die erste Dampflokomotive mit einem vorderen Drehgestell, das in den Hauptrahmen eingehängt war. Das Drehgestell konnte sehr viel freier rollen und die Unregelmäßigkeiten der Gleise aufnehmen als die traditionellen, fest mit dem Rahmen verbundenen Laufachsen, wodurch die Kurvenlage und der Lauf der Lokomotiven verbessert wurde. Wenige Jahre später entstand die erste Dampflokomotive mit einem vorderen Drehgestell mit zwei Lauf- und zwei Treibachsen: Das Fahrgestell 2-2-0, später American Type getauft, wurde zum Standarddesign der amerikanischen Lokomotiven jener Jahrzehnte und ging ins kollektive Bewusstsein ein, das durch Hunderte von Filmen und Bildern über jene Zeit geprägt wurde. Man braucht nur an den berühmten Film „The General" mit Buster Keaton zu denken, um eine genaue Vorstellung dessen zu bekommen, was damals die Eisenbahn auf dem amerikanischen Kontinent bedeutete.

Der American Type wurde in Tausenden von Exemplaren nachgebaut, etwa 25 000 zwischen 1855 und der Jahrhundertwende. Die amerikanischen Eisenbahnen wendeten das vordere Drehgestell praktisch sofort auf Güter- und Personenwagen an, im Gegensatz zu Europa, wo noch lange Zeit Schienenfahrzeuge mit zwei Achsen gebaut wurden. Eine amerikanische Erfindung war auch die automatische Wagenkupplung aus dem Jahr 1893, sehr viel robuster als das Kettenglied mit Schraubenspanner, das noch heute auf dem alten Kontinent verwendet wird. Die Automatikkupplung ermöglichte es, sehr viel schwerere Züge zusammenzustellen, machte die gefährliche Arbeit der Rangierer hinfällig und ersetzte die herkömmlichen Puffer. Amerikanisch ist auch das Druckluftbremssystem, das George Westinghouse 1868 erfand und später fast in der ganzen Welt Verbreitung fand.

58 Die American-Lokomotiven mit Achsfolge 2-2-0 wurden vor allem durch den aufsehenerregenden Buster-Keaton-Film „The General" weltweit bekannt, der 1927 entstand, aber während des Bürgerkriegs spielt.

58–59 In einer der spektakulären Szenen des Films The General lässt der Regisseur und Hauptdarsteller, der amerikanische Schauspieler Buster Keaton, eine große hölzerne Eisenbahnbrücke samt der darauf fahrenden Dampflokomotive einstürzen.

59 unten Der unverwechselbare Buster Keaton in einer der waghalsigen Szenen auf der Dampflokomotive. In dem Film ist Keaton der Protagonist einer langen, spektakulären Verfolgungsjagd zwischen zwei Lokomotiven.

W&ARR

Auch wenn die Entwicklung der Eisenbahnen in Nordamerika stürmisch verlief, so war es paradoxerweise der Ausbruch des Bürgerkrieges im Jahr 1861, der den Bau der ersten Transkontinentalstrecke begünstigte. 1862 unterzeichnete Abraham Lincoln das Dekret, das den Bau genehmigte, getrieben von der Notwendigkeit, die Staaten der Union an Kalifornien und den Westen anzubinden. Den Auftrag für das kolossale Werk erhielten zwei Gesellschaften: die Union Pacific Railroad für die Linie vom Osten bis zur Westgrenze des Staats Nevada und die Central Pacific Railroad für die Strecke von Kalifornien in Richtung Osten.

Der Bau, der sich wegen des Krieges ein paar Jahre verzögerte, wurde im Rekordtempo vorangetrieben, und am 10. Mai 1869 trafen sich die beiden Linien in Promontory Point im Staat Utah, wo das Ereignis mit großem Pomp gefeiert wurde. Zwei American-Type-Loks, die Pride of the Prairie der Union Pacific und die Jupiter der Central Pacific, standen sich Nase an Nase gegenüber: In dem engen Raum zwischen den Kuhfängern der beiden Lokomotiven wurde die Zeremonie mit dem Einschlagen der beiden letzten Nägel, einem goldenen und einem silbernen, in die Schwellen feierlich beendet. Endlich waren die beiden Linien vereint. Die Gesamtstrecke betrug 2865 km. Um den Bau der Linie zu fördern, waren den beiden Eisenbahngesellschaften hohe wirtschaftliche Anreize gewährt worden, wie die kostenlose Abtretung des Landes auf einer Breite von 16 km beiderseits der Bahnlinie und Zahlungen von bis zu 50 000 Dollar für jede Meile verlegten Schienenwegs. An den Arbeiten wirkten wegen des Mangels an einheimischen Arbeitskräften (die nordamerikanischen Ureinwohner betrachteten diese neuen Entwicklungen gewiss nicht mit Wohlgefallen) auch Tausende von chinesischen Arbeitern mit, die eigens in Asien angeworben wurden.

Dieser ersten Transkontinentaleisenbahn folgten später andere, die die Integration der Staaten im Westen begünstigten, gebaut von bekannten Gesellschaften wie der Burlington und der Chicago and North Western, die ebenfalls von der Zentralregierung subventioniert wurden.

Auch in Kanada ging es mit der Entwicklung der Eisenbahnen rasch voran, und zwar genauso wie in den USA ausgehend von der Ostküste in Richtung Westen. Die erste Eisenbahn im öffentlichen Betrieb geht auf das Jahr 1836 zurück, als am 24. Juli die Verbindung zwischen La Prairie und Saint John eingeweiht wurde. Aus dem Jahr 1856 stammt dagegen die Linie zwischen den beiden wichtigsten Städten im Osten, Montreal und Toronto.

60–61 Auf diesem historischen Bild feiern Arbeiter und Eisenbahner die Vereinigung der Linien der Central Pacific und der Union Pacific in Promontory/Utah am 10. Mai 1869. Die erste nordamerikanische transkontinentale Eisenbahnlinie ist fertiggestellt.

62 Der Express Nr. 93 der Canadian Pacific Railway wurde um 1890 von dem Fotografen auf der herrlichen Horseshoe Trestle (hufeisenförmige Holzbrücke) bei Schreiber in Ontario aufgenommen.

62-63 Ein mit Arbeitern vollbeladener Zug hält an einem steilen Hang im Tal des Flusses Fraser in British Columbia. Die Bahnstrecke verläuft praktisch nur über kühne Holz- brücken und durch mühsam in den Fels geschlagene Tunnels.

*„Vor allem in Amerika ebneten
die Transkontinentallinien
den Pionieren den Weg nach Westen.“*

*64-65 Ein Zug der Canadian Pacific Railways 1883 in einer Bahnstation der Linie Winnipeg–Calgary.
Der Zugführer im Vordergrund vor dem Kuhfänger nutzt die Gelegenheit, um die Lokomotive zu schmieren.*

147

Langsamer und schwieriger verlief der Ausbau eines Eisenbahnnetzes in Mittel- und Südamerika. In Panama wurde 1855 eine Eisenbahn eingeweiht, die den Güterverkehr von der Pazifik- zur Atlantikküste ermöglichte: Dies war damals von großem Interesse, weil man so den südamerikanischen Kontinent nicht umschiffen musste, verlor aber 1905 mit der Eröffnung des Panamakanals völlig an Bedeutung.
In Südamerika verbreitete sich die Eisenbahn sowohl wegen der schwierigen Klimaverhältnisse als auch wegen der instabilen politischen Lage nur mühsam. Der Bau der Haupttrassen wurde in einer ersten Phase

66 oben Die von den Franzosen in China gebaute Decauville-Bahn (Druck von 1887).

66–67 Dieser Druck von 1863 zeigt einen Zug der East India Railway.

durch französisches und englisches, in der Folge dann amerikanisches Kapital und Know-how möglich. Eine teilweise Ausnahme bildete Argentinien, stark begünstigt durch die weiten Ebenen der Pampas, aber die erste Transkontinentalbahn nach Chile wurde erst 1910 eingeweiht.
In Afrika wurde die Eisenbahn natürlich von den damaligen Kolonialmächten eingeführt, insbesondere Belgien, Frankreich, Deutschland und Großbritannien. Anfänglich hatten die Linien den Hauptzweck, die Häfen mit dem Binnenland zu verbinden, um den Rohstoffexport nach Europa zu erleichtern. Und bei den Ländern, die ein bedeutsames Eisenbahnnetz entwickelten, dürfen wir Südafrika nicht vergessen, dessen erste Bahnlinie zwischen Kapstadt und Wellington 1865 eingeweiht wurde, auch wenn eine erste Trasse von Cape Town nach Eersterivier bereits seit Februar 1862 existierte. Noch vor wenigen Jahren sicherten in Südafrika imposante Dampfloks einen guten Teil des Personen- und Güterverkehrs. Bemerkenswert ist die Spurweite der südafrikanischen Eisenbahnen, die sogenannte „Kapspur" mit 1067 mm.
Auch in Australien hatte man es eilig mit den Gleisen: In der Tat fuhr der erste Dampfzug des Kontinents 1854 im Staat Victoria, und zwar mit einer ungewöhnlichen Spurweite von 1600 mm. Die erste Normalspurstrecke wurde im Jahr darauf eingeweiht und verband Sydney mit Granville. Insbesondere in den ersten Jahrzehnten benutzten die Staaten der Konföderation verschiedene Spurweiten, was zu Problemen führte, als es darum ging, ein kontinentales Netz zu schaffen. Erst 1910 fiel die Entscheidung für die Normalspur als Standard für das australische Netz, und die

erste transkontinentale Eisenbahn zwischen Port Augusta und Kalgoorlie wurde am 17. Oktober 1917 fertiggestellt. Auf einer Länge von 1692 km kann sie sich auch eines kuriosen Rekords rühmen: Es handelt sich um die Strecke mit dem absolut längsten geraden Teilstück – 497 km zwischen Nurina in Westaustralien und Watson in Südaustralien. China hat heute ein beeindruckendes Eisenbahnnetz von über 70 000 km, das noch bis vor wenigen Jahren, vor der Hinwendung zur Marktwirtschaft, angesichts eines mangelhaften und in manchen Gebieten überhaupt nicht vorhandenen Straßennetzes für Waren und Menschen das Hauptverkehrsmittel war. Der erste Zug wurde jedoch relativ spät, 1876 in Shanghai, in Betrieb genommen, und seine Geschichte ist umso kurioser. Es heißt, bereits 1865 habe eine Gruppe ausländischer Kaufleute in Shanghai eine Gesellschaft gegründet, um eine Eisenbahn zu bauen – eine Idee, die von den Chinesen stark behindert wurde. Das Projekt wurde abgelehnt, stattdessen wurde die Erlaubnis erteilt, die Militärstraße von Shanghai nach Woosung zu rekonstruieren, was auch geschah. Doch dann kündigten die Initiatoren an, Schienen verlegen zu wollen, damit auch eine Tram entlang der Straße fahren könne. Nachdem sie dank der Intervention des britischen Botschafters die Genehmigung erhalten hatten, begann im Dezember 1875 auf den Straßenbahnschienen zur Überraschung aller ein richtiger Eisenbahnbetrieb. Die insgesamt 5000 Meilen lange Linie wurde im darauffolgenden Jahr fertiggestellt, ungeachtet der Drohungen der chinesischen Behörden, die über den angewendeten Trick zu Recht empört waren, sämtliche Arbeiten und den gesamten Betrieb einzustellen. Es begann ein harter Rechtsstreit, der erst am 21. Oktober 1877 endete, als man überein kam, dass China die Erbauer vollständig entschädigen und dafür in den Besitz der Linie samt Lokomotive, Waggons und Infrastruktur gelangen würde.

An der letzten Fahrt des Zuges, gezogen von den beiden Lokomotiven Victory und Celestial Empire, nahm ein großes Publikum Anteil. Dann wurde die ganze Eisenbahn demontiert und nach Taiwan verschifft, wo sie jahrelang auf dem Strand vor sich hinrostete. Erst zwanzig Jahre später sollte den Eisenbahnen in China mehr Glück beschieden sein.

67 oben Der erste Versuch zum Betrieb einer Eisenbahnlinie in China begann im Dezember 1875 in Shanghai auf Initiative einer Gruppe englischer Kaufleute, wurde aber aufgrund von Protesten der örtlichen Behörden rasch wieder eingestellt.

1880–1900
Vom Orient-Express zur Transsibirischen Eisenbahn

Alpentunnel verbinden die nationalen Netze

In diesem Zusammenhang muss hervorgehoben werden, welche Rolle Italien bei dem Bau etlicher Eisenbahntunnels durch die Alpen spielte, die damals weltweit absolut einzigartig waren. Am 17. September 1871 wurde der Eisenbahntunnel von Fréjus eingeweiht (damals hieß er Mont-Cenis-Tunnel), der das italienische mit dem französischen Eisenbahnnetz verband. Am 23. Mai 1882 war der Gotthardtunnel an der Reihe, gebaut von der Schweiz, Deutschland und Italien zwischen Airolo im Tessin und Göschenen im Kanton Uri, während 1898 mit den Arbeiten für den Simplontunnel begonnen wurde, der von Domodossola nach Brig in der Schweiz führt. Das Bauwerk wurde am 1. Juni 1906 in Betrieb genommen und war damals mit seinen 19 803 m der längste Eisenbahntunnel der Welt.

Die Eröffnung dieser drei Tunnel war von fundamentaler Bedeutung für die Entwicklung der internationalen Verbindungen, und nicht nur für Italien, das bis dahin im Grunde nur über den Brennerpass mit Mitteleuropa verbunden war, der 1867 mehr als Verkehrsweg innerhalb des Habsburger Reiches eröffnet worden war anstatt als Magistrale zur Poebene. Man muss bedenken, dass zu jener Zeit die Grenze im Etschtal auf der Höhe von Rovereto verlief und erst 1918, nach dem Ersten Weltkrieg, auf den Brenner verlegt wurde und die Eisenbahn damit zu einer internationalen Achse machte.

Die erste Studie zur Unterquerung des Col de Fréjus geht auf das Jahr 1844 zurück, als Luigi des Ambrois, Minister unter der Regierung Karl Albert, den belgischen Ingenieur Henri Mauss mit dem Projekt beauftragte. Im August 1857 genehmigte König Viktor Emmanuel II. den Beginn der Arbeiten unter der Leitung des Ingenieurs Germain Somellier. Einen Tunnel dieser Größe zu bauen, war für die damalige Zeit ein Titanenwerk: Über 200 Bergleute fanden im Inneren des Berges den Tod, zum Teil Opfer von Unfällen, zum Teil einer Typhusepidemie, die um 1864 auf der Baustelle ausbrach.

Das Bauwerk wurde möglich durch zwei Erfindungen, welche die bis dahin angewandten Arbeitsmethoden völlig veränderten. Die erste war die automatische Druckluftbohrmaschine, erfunden von eben diesem Somellier: Die Löcher wurden nicht mehr von Hand geschlagen, sondern mit der neuen Maschine gebohrt, deren Hauptanlage außerhalb des Tunnels aufgestellt wurde. Nachdem die Druckluft in der Bohrmaschine ihre Arbeit getan hatte, entwich sie in den Gang und sorgte so dafür, dass die Umgebung frei von schädlichen Emissionen und ständig belüftet war. Die zweite Neuerung war das Dynamit, 1866 von Alfred Nobel erfunden, das sofort mit Erfolg anstelle der herkömmlichen, weit weniger wirksamen Sprengstoffe eingesetzt wurde. Die Tunnelröhre mit einer Länge von 12 847 m wurde am 25. Dezember 1870 fertiggestellt: Der Ausgang bei Modane wurde dann 1881 wegen des instabilen Gesteins verlegt, wodurch die Länge sich auf 13 636 m erhöhte. Noch heute verbindet der Tunnel von Fréjus Bardonecchia im oberen Val di Susa mit dem französischen Modane: Der Eingang auf der italienischen Seite liegt in 1190 m Höhe, dann steigen die beiden Gleise bis zum höchsten Punkt des Tunnels auf 1335 m an. Der Ausgang bei Modane liegt dagegen etwa zehn Meter tiefer auf 1324 m über Meereshöhe.

„Der Bau der Alpentunnel war von entscheidender Bedeutung für die Entwicklung des europäischen Schienennetzes.“

70–71 Dieser Stich zeigt den Einsatz der von Germain Somel'ier erfundenen automatischen Druckluftbohrmaschine, die zusammen mit dem Dynamit den Bau des Mont-Cenis-Tunnels sehr erleichterte.

71 oben Festlich geschmückt fährt der Jungfernzug der Mont-Cenis-Bahn am 17. September 1871 durch den 13 636 m langen Alpentunnel zwischen Modane in Frankreich und Bardonecchia in Italien.

72 Um 1906: Arbeiter im Simplontunnel (oben). Unten: In Göschenen, am Eingang des Gotthardtunnels auf Schweizer Seite, posieren Arbeiter neben einem Baustellenzug für ein Erinnerungsfoto.

73 Das Fahrplan-Plakat der Gotthardbahn von 1905: Die Karte zeigt deutlich den äußerst kurvenreichen Verlauf der Strecke.

Genauso legendär war der Bau des Gotthardtunnels: Bereits 1860 hatte die Schweiz die Notwendigkeit erkannt, eine Verbindung durch die Alpen zum Tessin und nach Italien zu schaffen, um nicht Gefahr zu laufen, vollständig von dem Verkehr zwischen Nord- und Südeuropa durch den Tunnel von Fréjus im Osten und die Eisenbahn über den Brennerpass im Westen abgeschnitten zu sein, die sich beide schon im Bau befanden.

Die Regierung von Tessin und Piemont setzten sich daher über den Bau des neuen Werks ins Einvernehmen; für den italienischen Staat war es nämlich wichtig, den eigenen Hafen Genua möglichst direkt an Mitteleuropa anzubinden, ohne über das Gebiet des Kaiserreichs Österreich-Ungarn zu müssen, zu dem damals die Häfen Venedig und Triest gehörten. 1869 beschlossen die Schweiz, Italien und Deutschland, grünes Licht für das Werk zu geben, und gründeten das, was man heute einen wirtschaftlichen Zweckverband nennen würde. Italien beteiligte sich mit 45 Millionen Lire, die Schweiz und Deutschland jeweils mit dem Gegenwert von 20 Millionen Lire. 1872 begannen die Arbeiten unter der Leitung von Louis Favre, einem Genfer Ingenieur, und wurden wegen finanzieller Probleme erst 1882 mit mehr als einem Jahr Verspätung fertiggestellt. Auch gab es leider sehr hohe Verluste: Über 200 Arbeiter starben während des Baus, viele auch wegen der schlechten Lebensbedingungen, zu denen sie in den Lagern um die Baustellen herum gezwungen waren.

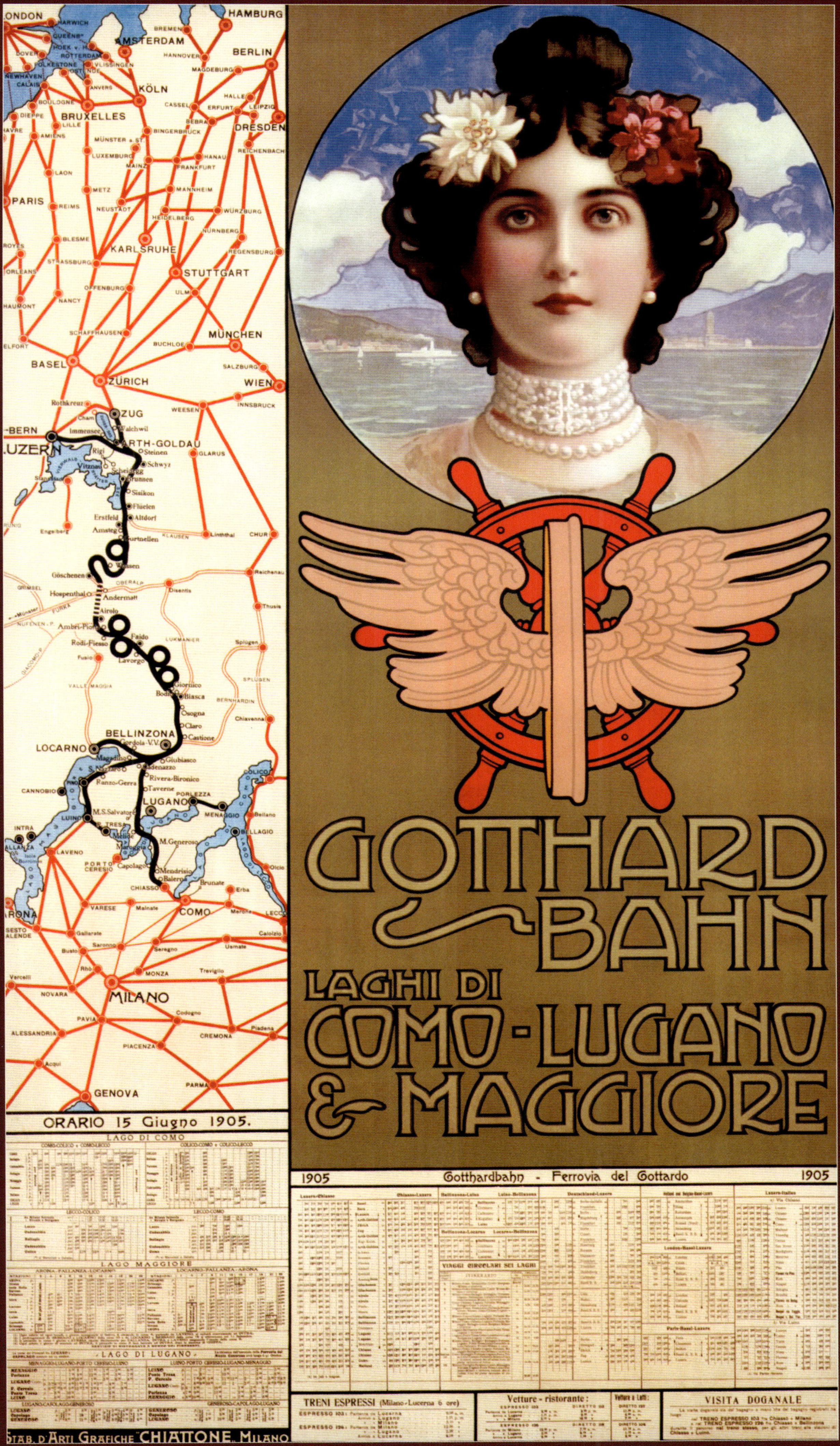
GOTTHARD
BAHN
LAGHI DI
COMO-LUGANO
& MAGGIORE
LONDON
HAMBURG
AMSTERDAM
BERLIN
KÖLN
BRUXELLES
DRESDEN
PARIS
KARLSRUHE
STUTTGART
MÜNCHEN
BASEL
ZÜRICH
WIEN
ZUG
LUZERN
ARTH-GOLDAU
BELLINZONA
LOCARNO
LUGANO
COMO
MILANO
GENOVA
ORARIO 15 Giugno 1905.
LAGO DI COMO
LAGO MAGGIORE
LAGO DI LUGANO
1905
Gotthardbahn - Ferrovia del Gottardo
1905
TRENI ESPRESSI (Milano-Lucerna 6 ore)
Vetture-ristorante:
VISITA DOGANALE
STAB. D'ARTI GRAFICHE CHIATTONE, MILANO

Last, but not least: der Simplontunnel, der 1906 vollendet wurde, nachdem die Arbeiten 1898 unter dem preußischen Ingenieur Karl Brandau begonnen hatten. Im Gegensatz zu den beiden vorgenannten wurden für diesen Tunnel in einem Abstand von 17 m zwei parallele Röhren gebohrt, jede für ein Gleis. Die beiden Röhren waren in regelmäßigen Abständen durch Querstollen miteinander verbunden. Man hatte mit beträchtlichen Schwierigkeiten zu kämpfen: Fels unterschiedlicher Konsistenz, überall Wasserquellen, in den Gängen Temperaturen von bis zu 45 Grad. Mit dem Tunnel konnten aber die Verbindungen von Mailand nach Paris und Bern spürbar verbessert werden. Und auch der Orient-Express fuhr auf einer seiner diversen Europastrecken jahrelang durch den Simplon.

74–75 und 75 oben *Ein Trupp Arbeiter beim Bau des Simplontunnels, der im Gegensatz zu den anderen Alpendurchführungen mit zwei im Abstand von 17 m parallel verlaufenden Röhren ausgeführt wurde. Rechts: Das Tunnelgewölbe wird mit Steinen ausgemauert.*

75 unten *Diese Gedenkpostkarte anlässlich der Fertigstellung der Tunnelbauarbeiten erinnert an die wichtigsten Etappen des Großunternehmens und zeigt die Bahnhöfe an beiden Ausgängen des Tunnels.*

Züge werden zu Hotels auf Rädern

76 Es dauert nicht lange, bis die Züge, zumindest in der ersten Klasse, wahre Hotels auf Schienen werden: Das Bild stammt aus dem Jahr 1889.

77 oben Auch der Präsident der Vereinigten Staaten reist mit dem Zug: Der Stich von 1885 zeigt G. Cleveland mit seiner Frau in ihrem Privatwaggon.

Auch die Entwicklung der Personenwagen ermöglichte die Verwirklichung internationaler Langstreckenverbindungen. Anfangs waren die Personenwagen nichts anderes als auf Plattformwaggons montierte Kutschen beziehungsweise für die ärmeren Passagiere offene Karren mit Holzbänken. Letztere verschwanden ziemlich schnell (in Großbritannien wurden sie verboten, nachdem einige Passagiere erfroren waren), doch es vergingen viele Jahre, bis die Eisenbahnindustrie Personenzüge baute, die nicht mehr an Pferdekutschen erinnerten.
Hier sei erwähnt, dass die Personenwagen von Anfang an in zwei grundlegende Gruppen aufgeteilt waren: die englischer Herkunft mit Abteilen und die amerikanischen mit einem Gang. Beide Konzepte leiteten sich von den Pferdekutschen für den öffentlichen Verkehr ab.

77 unten Die Innenausstattung der amerikanischen Waggons erster Klasse spiegelt, wo immer es möglich ist, den Luxus und die Aus- stattung der wohlhabenden Klassen jener Zeit wider; der Boden ist mit Teppichen bedeckt, und überall finden sich Intarsienarbeiten im Überfluss.

„ Es dauerte nicht lange, bis die Eisenbahngesellschaften den Komfort in den Fahrgastwagen verbesserten. “

Der englische Typ stammte von der Postkutsche mit Seitentüren, der amerikanische ist ein Nachkomme des Omnibus, jenem öffentlichen Transportmittel, bei dem sich der Einstieg hinten befindet. Aus diesen beiden Grundkonzepten entstehen zwei Typen von Personenwagen: die europäischen, viele Jahre lang in getrennte Abteile unterteilt, mit einer Tür auf jeder Seite, sodass die Reisenden rasch ein- und aussteigen können, und die amerikanischen, gekennzeichnet durch einen einzigen großen Raum mit Mittelgang, während sich an jedem Ende eine Plattform bzw. eine Art kleiner Balkon mit Stufenzugang befindet.

Schon bald wurde den Eisenbahngesellschaften bewusst, dass der Reisekomfort verbessert und das Leben an Bord des Zuges angenehmer gestaltet werden musste. Die ersten Beleuchtungsanlagen mit Wachs- oder Talgkerzen wurden rasch durch Gasbeleuchtungen ersetzt, später, gegen Ende des neunzehnten Jahrhunderts, dann die ersten elektrischen Anlagen installiert. Die Wagen wurden von Glühlampen erhellt, die von eigenen Akkumulatorengruppen, angebracht unter dem Fahrzeugboden, gespeist wurden.

Gleichzeitig werden die Wagen länger und dank der Metallrahmenkonstruktion immer robuster: Von den Zweiachsern geht man zu Dreiachsern und dann zu Drehgestellen über, die, abgesehen von einer viel größeren Länge als bei jedem anderen Fahrzeug, auch einen viel höheren Komfort ermöglichen. Die größeren Ausmaße machen auch die Unterbringung von Toiletten in jedem Wagen möglich, während vorher Sanitäranlagen völlig fehlten oder nur im Gepäckraum zur Verfügung standen.

Besser wurde auch die Heizung, die zunächst aus mit heißem Wasser gefüllten Wärmflaschen unter den Sitzen bestand, das direkt aus der Lokomotive entnommen wurde. Denn um die Jahrhundertwende begann sich die Dampfheizung zu verbreiten: eine Leitung, die durch den ganzen Zug verlief und direkt aus dem Kessel der Lokomotive gespeist wurde.

Die Innenausstattung machte Fortschritte und zumindest in den Wagen erster Klasse wurden die Sitze gepolstert und die Fenster durch schwere Stoffvorhänge geschützt.

Schon mit diesen Verbesserungen beim Komfort konnten längere Reisen ohne übermäßige Unannehmlichkeiten unternommen werden. Allerdings fehlten noch zwei Elemente, die die Züge in richtige Städte auf Schienen verwandeln würden: die Schlaf- und Speisewagen.

„Auf den namhaftesten Zügen setzten die Eisenbahngesellschaften schon bald luxuriöse Speisewagen ein.“

78–79 Das Foto aus dem Jahr 1900 zeigt, wie man damals in einem Raucherwagen der amerikanischen Eisenbahnen reiste. In Europa dagegen waren die Waggons in der Regel in einzelne Abteile unterteilt.

79 oben Ein Wagen erster Klasse der Chemin de Fer du Nord aus der zweiten Hälfte des 19. Jahrhunderts. Der zweiachsige Wagen hat nur drei Abteile, die jeweils durch eine eigene Tür zugänglich sind, und keinen Gang.

79 unten Der Stich von 1884 zeigt die unterschiedliche Tag- und Nachtausstattung eines Schlafwagens aus jener Zeit. Man beachte den Vorhang, mit dem jedes Bett abgetrennt werden konnte, und den kleinen Waschraum mit Toilette.

Die ersten Schlaf- und Speisewagen des George Mortimer Pullman

Hier müssen wir Europa verlassen und uns in die Vereinigten Staaten begeben, wo, wie schon erwähnt, die Entwicklung der Wagen von Anfang an anders verlief. Im Unterschied zur alten Welt, wo die Eisenbahnen einen in erste, zweite und dritte Klasse unterteilten Service boten, der in gewisser Weise die starre Trennung der sozialen Klassen widerspiegelte, war der Personenwagen in den USA, wahrscheinlich aufgrund ihrer Geschichte, ein öffentlicher Ort, der jedem zugänglich war, und dies wurde wirksam durch den einen großen Raum kommuniziert, in dem alle Platz fanden. Außerdem waren in den USA die Reisen im Durchschnitt viel länger als in Europa, und die Raum- gestaltung erlaubte es, längere, aber auch breitere und somit einfacher umzuwandelnde Fahrzeuge zu bauen.

Der erste bekannte Schlafwagen stammt aus dem Jahr 1838: Er wurde von der Cumberland Valley Railroad umgebaut und hatte eine mit Stoff bespannte Decke, Kerzenbeleuchtung, eine Toilette im Damenabteil und einen Gussofen für die Heizung im Winter.

1855 führten die Illinois Central und danach die Burlington Schlafwagen in ihren Zügen ein, und 1857 baute Theodor Woodruff ein Demonstrationsmodell eines Schlafwagens, das er den verschiedenen Eisenbahngesellschaften anbot. Der Einraumwagen war mit kleinen Zweisitzersofas ausgestattet, die entlang eines Mittelgangs einander gegenüber standen. Mit einem Hebelsystem konnten sie in eine Art Koje verwandelt werden, die der Fahrgast zum Schlafen mit einem Vorhang vom restlichen Wagen abtrennen konnte.

Doch ein paar Jahre später sollte Mortimer Pullman die Patente dessen anmelden, was sich im Kollektivbewusstsein als Schlafwagen verankern würde. Der Name George Mortimer Pullman (1831–1897) wird ohne jeden Zweifel unlöslich mit der Geschichte der Eisenbahn und insbesondere des Personenverkehrs verbunden bleiben. Im Gegensatz zur allgemeinen Ansicht war er kein genialer Erfinder, sondern ein geschickter Unternehmer, der die innovativen Elemente der Erfindungen anderer aufzugreifen und in geschäftliche Erfolge zu verwandeln wusste.

Im Bürgerkrieg reich geworden, ahnte er die Entwicklung des Eisenbahnverkehrs in den kommenden Jahren voraus und begann 1863 mit einem Geschäftspartner seine Tätigkeit als Hersteller rollenden Materials mit der Fertigung eines umwandelbaren Tag-Nacht-Wagens. Der Waggon ähnelte anderen, bereits in Betrieb befindlichen, doch Pullman wollte etwas völlig Neues: Und so erblickte 1865 der Wagen „A" das Licht der Welt, der spätere „Pioneer". In Wirklichkeit unterschied er sich aus technischer Sicht nicht viel von den anderen, der Unterschied lag in den Maßen und der manischen Sorgfalt hinsichtlich Details und Interieur. Einige Lösungen der Innenausstattung wurden auch patentiert, und dank einer äußerst geschickten Werbekampagne, die ihren Höhepunkt in der Beförderung des Leichnams Abraham Lincolns nach dessen Ermordung im April 1865 in einem von Pullman entsprechend hergerichteten Wagen fand, monopolisierte er innerhalb einiger weniger Jahre den gesamten Sektor so weit, dass er die Eisenbahngesellschaften überzeugen konnte, das Profil für Brücken und Bahnsteigdächer seinen riesigen Wagen anzupassen. Komfort und Luxus seiner Fahrzeuge wurden zum Maßstab für alle ähnlichen Anfertigungen weltweit.

80 Dieser Farbdruck aus dem Jahr 1865 zeigt die luxuriöse Ausstattung des ersten von George Mortimer Pullman gebauten Schlafwagens, der bald zum Maßstab für alle anderen Züge jener Zeit wurde.

81 Der Name Pullman wurde zum Synonym für Komfort und Luxus auf Schienen: Dieses Plakat von 1910 preist das Vergnügen und die Bequemlichkeit einer Reise mit der Chicago & Alton Railroad an.

CHICAGO & ALTON R.R.
THE GREAT
PALACE RECLINING-CHAIR ROUTE
Between CHICAGO AND KANSAS CITY
CHICAGO AND ST. LOUIS AND
ST. LOUIS AND KANSAS CITY
FREE OF EXTRA CHARGE AND WITHOUT CHANGE
PALACE DINING CARS
PULLMAN PALACE Buffet Sleeping CARS
J.C. McMULLIN
C.H. CHAPPELL
JAMES CHARLTON
GEO. J. CHARLTON

5670.

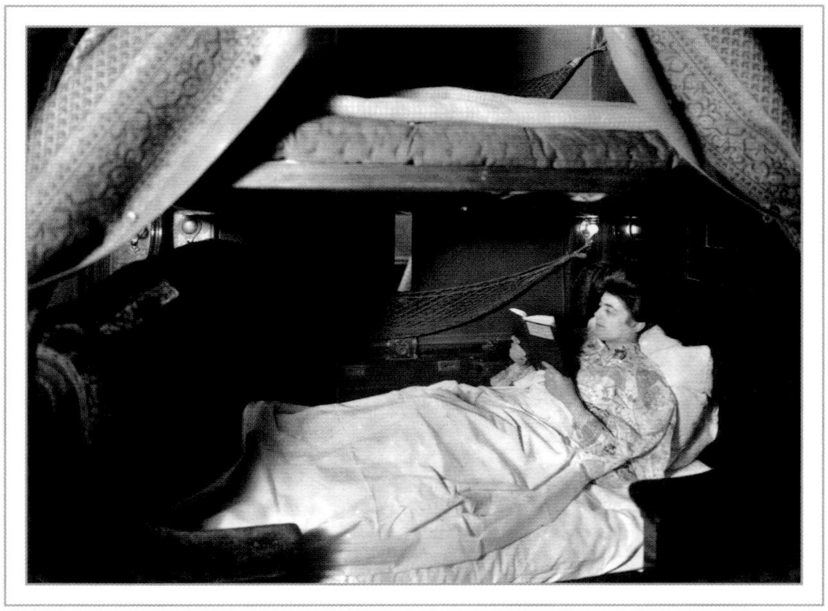

82 Pullman stattete nicht nur Schlafwagen, sondern auch normale Salonwagen luxuriös aus, wie diese Aufnahme vom Anfang des 20. Jahrhunderts aus Illinois zeigt. Man beachte die eleganten Lampen entlang des Mittelgangs.

83 oben Dieser Schlafwagen der Canadian Pacific Railway ist um einiges spartanischer als amerikanische Pullman-Waggons. Auf der rechten Seite ist der Öffnungsmechanismus der einfachen Schlafkojen gut zu sehen.

83 unten Sitte und Anstand jener Zeit erforderten, dass sich insbesondere die Frauen in absoluter Zurückgezogenheit hinlegen und ausruhen konnten: Auf diesem Bild sind die schweren Vorhänge gut zu erkennen, die das Bett vor indiskreten Blicken schützten.

THE GRAPHIC

AN ILLUSTRATED WEEKLY NEWSPAPER

L. I—No. 9
d for Transmission Abroad.

SATURDAY, JANUARY 29, 1870

PRICE SIXPENCE,
OR SEVENPENCE STAMPED

84 Im Januar 1870 widmete die bekannte englische Zeitschrift „The Graphic" ihren Titel dem Speisewagen der Union Pacific. In Europa gab es damals noch keinen derartigen Service.

85 Ein Werbeplakat der Cincinnati, Hamilton & Dayton Railroad preist Komfort und Service des Pullman-Speisewagens an: In den Zügen arbeiteten damals Hunderte schwarzer Amerikaner als Kellner und Gepäckträger.

Pullman revolutionierte auch das Konzept des Speisewagens. Bereits 1835 verkehrten in den USA Wagen, die Imbisse und Getränke an Bord anboten, aber noch nicht mit einer richtigen Küche ausgestattet waren. 1866 führte er die sogenannten „hotel cars" ein, bei denen er in der Mitte eines Schlafwagens eine kleine Küche einfügte, um beide Salons bedienen zu können. Das Ganze wurde The President genannt und hatte den Ehrgeiz, in den Zügen den gleichen makellosen Service anzubieten wie in einem Luxushotel. Um den Unannehmlichkeiten abzuhelfen, die den Passagieren durch eine Küche zwischen den Salons verursacht wurden, bot er 1869 einen Speisewagen an, also einen Wagen, der nur für den Verzehr von Speisen bestimmt war. Wenige Jahre später schließlich konzipierte er die endgültige Konfiguration, die heute noch zum Einsatz kommt: Küche an einem Ende des Wagens und Verbindungsgang zum Salon, in dem die Tische entlang der Wände an großen, hellen Fenstern stehen.

Die Wagen wurden von der Pullman Palace Car Company betrieben (die er selbst 1867 gegründet hatte) und boten einen für die Zeit undenkbaren Bordservice. Jedem Passagier stand ein Page zur Verfügung, ein ehemaliger schwarzer Sklave, der als Kellner, Majordomus und Gepäckträger diente.

Pullman war überzeugt, dass die ehemaligen schwarzen Sklaven die beste Kombination aus Fügsamkeit, Ausbildung und physischer Stattlichkeit wären, die man für diese Arbeit finden konnte. Und auch wenn er als Rassist beschimpft wurde, sollte man vielleicht daran denken, dass in jener Zeit der von Pullman angebotene Job die bestmögliche Arbeit für einen Schwarzen in den Vereinigten Staaten war.

In jenen Jahren erfand Pullman auch einen Nebenerwerbszweig, indem er einen wahrhaft bemerkenswerten Spürsinn und Instinkt bewies: Er vermietete nämlich seine auf Bahnhöfen abgestellten Schlaf- und Speisewagen für große Tagungen und Kongresse. Die Teilnehmer an diesen Meetings schliefen und aßen in Pullmans Wagen anstatt im Hotel; bei einigen Gelegenheiten, wie der Versammlung der Tempelritter in Saint Louis, wurden fast zweihundert Schlafwagen gemietet.

Übrigens besaß die Pullman Palace Car Company 1890 2135 Wagen, die praktisch auf drei Vierteln des 16 000 km langen, amerikanischen Schienennetzes eingesetzt wurden. Insgesamt beherbergten die Züge etwa 100 000 Personen pro Nacht, mehr als alle amerikanischen Luxushotels zusammen. Um diese herausragende Organisation aufrechtzuerhalten, beschäftigte die Gesellschaft über 12 000 Mitarbeiter.

PULLMAN
Compartment Cars
CINCINNATI,
INDIANAPOLIS,
CHICAGO.
CINCINNATI HAMILTON & DAYTON R.R.
CH&D
CINCINNATI
INDIANAPOLIS CHICAGO DAYTON TOLEDO DETROIT
THROUGH TRAINS
CINCINNATI,
DAYTON,
TOLEDO,
DETROIT.
ORIENTAL
"WING SHOT"
POWDER MILLS
THE COOK CARRIAGE CO.
CINCINNATI, OHIO
INTERIOR OF DINING CARS ON THE
CINCINNATI, HAMILTON & DAYTON R.R.
CH&D
CH&D

Die Internationale Schlafwagen-gesellschaft CIWL

Manchmal klingt die Geschichte der Eisenbahn wie ein Roman, und dies ist eine solche romanhafte Geschichte. Belgien, 1867: George Nagelmackers, Sohn einer bekannten Bankiersfamilie, die dem Hof König Leopolds II. nahesteht, hat gerade sein Studium als Bauingenieur absolviert. Der junge Mann verliebt sich unsterblich in eine ältere Kusine, doch seine Gefühle werden in keiner Weise erwidert. Und so schickt ihn die Familie ins Ausland, sowohl um ihn seinen Liebeskummer vergessen zu lassen als auch um seine Berufsausbildung zu vervollständigen. Nagelmackers reist in die Vereinigten Staaten und fährt zehn Monate lang kreuz und quer durch das Land, häufig in den neusten Pullman-Wagen. In jenem Jahr waren bereits etwa fünfzig dieser Wagen von der Pullman Company verkauft worden.

Der junge Ingenieur ist sehr angetan von den technischen Neuerungen, die Pullman eingeführt hat, und ahnt, welches Entwicklungspotenzial auch für Europa darin steckt. Er kommt aus einer belgischen Familie, zu deren wichtigsten Investitionsbranchen auch die Eisenbahn gehört.

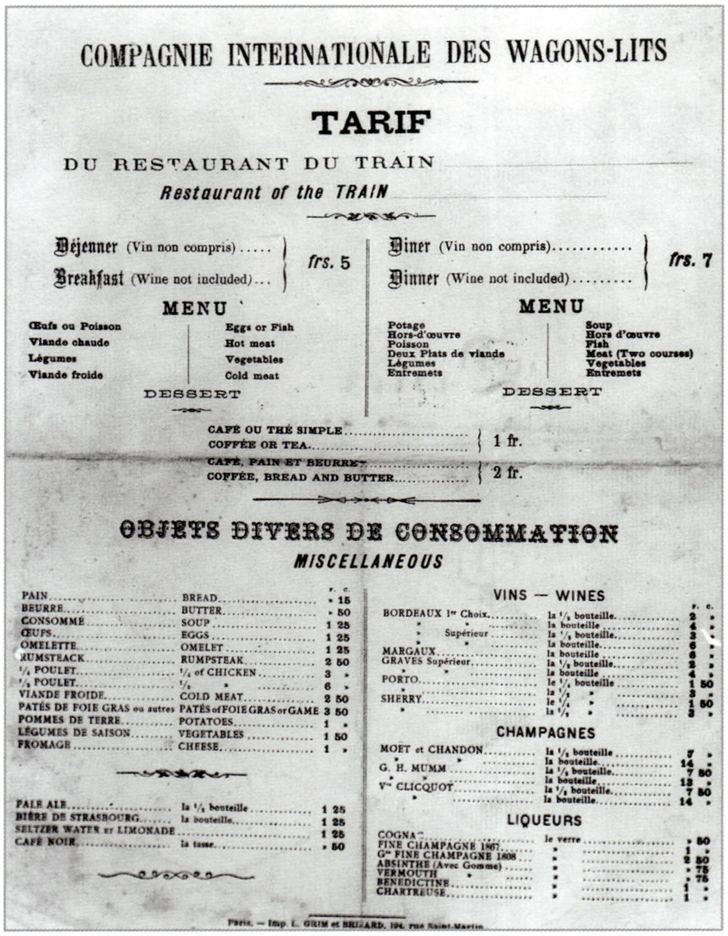
COMPAGNIE INTERNATIONALE DES WAGONS-LITS

TARIF

DU RESTAURANT DU TRAIN

Restaurant of the TRAIN

Déjeuner (Vin non compris) ..... / Breakfast (Wine not included) ... frs. 5

MENU

Œufs ou Poisson — Eggs or Fish
Viande chaude — Hot meat
Légumes — Vegetables
Viande froide — Cold meat

DESSERT

Diner (Vin non compris) .... / Dinner (Wine not included) .... frs. 7

MENU

Potage — Soup
Hors-d'œuvre — Hors d'œuvre
Poisson — Fish
Deux Plats de viande — Meat (Two courses)
Légumes — Vegetables
Entremets — Entremets

DESSERT

CAFÉ OU THÉ SIMPLE / COFFÉE OR TEA .... 1 fr.
CAFÉ, PAIN ET BEURRE / COFFÉE, BREAD AND BUTTER .... 2 fr.

OBJETS DIVERS DE CONSOMMATION

MISCELLANEOUS

		f. c.
PAIN	BREAD	» 15
BEURRE	BUTTER	» 50
CONSOMMÉ	SOUP	1 25
ŒUFS	EGGS	1 25
OMELETTE	OMELET	1 25
RUMSTEACK	RUMPSTEAK	2 50
1/4 POULET	1/4 of CHICKEN	3 »
1/2 POULET	1/2 »	6 »
VIANDE FROIDE	COLD MEAT	2 50
PATÉS DE FOIE GRAS ou autres	PATÉS of FOIE GRAS or GAME	3 50
POMMES DE TERRE	POTATOES	1 »
LÉGUMES DE SAISON	VEGETABLES	1 50
FROMAGE	CHEESE	1 »

PALE ALE	la 1/2 bouteille	1 25
BIÈRE DE STRASBOURG	la bouteille	1 25
SELTZER WATER et LIMONADE		1 25
CAFÉ NOIR	la tasse	» 50

VINS — WINES

		f. c.
BORDEAUX 1er Choix	la 1/2 bouteille	2 »
» »	la bouteille	4 »
» Supérieur	la 1/2 bouteille	3 »
» »	la bouteille	6 »
MARGAUX	la bouteille	6 »
GRAVES Supérieur	la 1/2 bouteille	2 »
» »	la bouteille	4 »
PORTO	le 1/4 bouteille	1 50
»	la 1/2 »	3 »
SHERRY	le 1/4 »	1 50
»	la 1/2 »	3 »

CHAMPAGNES

MOET et CHANDON	la 1/2 bouteille	7 »
» »	la bouteille	14 »
G. H. MUMM	la 1/2 bouteille	7 50
» »	la bouteille	13 »
Vve CLICQUOT	la 1/2 bouteille	7 50
»	la bouteille	14 »

LIQUEURS

COGNAC	le verre	» 50
FINE CHAMPAGNE 1867	»	1 »
Gde FINE CHAMPAGNE 1808	»	2 50
ABSINTHE (Avec Gomme)	»	» 75
VERMOUTH »	»	» 75
BENEDICTINE	»	1 »
CHARTREUSE	»	1 »

Paris. — Imp. L. GRIM et BRIZARD, 194, rue Saint-Martin

Nagelmackers trifft sich mit George Pullman, um ihm eine Form der Zusammenarbeit anzubieten, aber die beiden verstehen sich nicht, und der amerikanische Unternehmer lässt das Gespräch ins Leere laufen. Zurück in Europa, nimmt der Ingenieur die Sache wieder in Angriff und veröffentlicht 1870 eine Schrift mit dem bezeichnenden Titel „Plan für die Einführung von Schlafwagen bei den kontinentalen Eisenbahnen". Aber noch im selben Jahr bricht der französisch-preußische Krieg aus, und die politische Lage ist nicht gerade dazu geeignet, internationale Luxusverbindungen vorzuschlagen.

Nach Kriegsende unterbreitet der zähe Nagelmackers sein Projekt direkt dem König. So erhält er die Konzession, Schlafwagen im Linienbetrieb zwischen Ostende und Brindisi einzusetzen. Ein kluger Gedanke: Eine Verbindung dieser beiden Häfen bedeutet in Wirklichkeit, über den 1869 eröffneten Suezkanal eine Verbindung zwischen Großbritannien und dem Orient zu schaffen (wo es damals noch riesige englische Kolonien gab). Dampfschiffe verkehrten bereits zwischen diesem Hafen und Brindisi. Der Plan scheiterte jedoch, weil inzwischen eine Bahnlinie London–Brindisi in Betrieb genommen worden war, die auf dem Seeweg durch den Suezkanal bis nach Bombay weiterführte und im Übrigen vor allem für die Postbeförderung benutzt wurde.

Nagelmackers hatte aber begriffen, dass es nicht gelingen würde, das amerikanische Modell einfach auf Europa zu übertragen. Seine Schlafwagen böten zwar den gleichen Komfort und Luxus wie ihre amerikanischen Pendants, aber die Anordnung der Innenräume musste notwendigerweise dem guten Ton der Zeit Rechnung tragen. Gewiss nicht denkbar war die Lösung der nur durch Vorhänge abgetrennten Schlafkojen beiderseits eines Mittelgangs mit einer für die damalige Zeit unter Reisenden beiderlei Geschlechts absolut skandalösen Freizügigkeit. Der unternehmerische Belgier entwarf also einen Wagen mit seitlichem Gang und abgeschlossenen, nebeneinanderliegenden Kabinen, mit denen er diskrete Abteile gewährleistete.

86 oben *Das Logo der CIWL: Compagnie Internationale des Wagons-Lits.*

86 unten *Beim Lesen der Menükarte aus dem Speisewagen des Orient-Express von 1884 erhält man eine Vorstellung von dem Luxus, den die Wagen der CIWL boten: Außer Mittag- und Abendessen sind zahlreiche Liköre, Weine und Champagner erhältlich.*

87 *Die Ausgabe des offiziellen Reiseführers der Internationalen Schlafwagengesellschaft vom Juli 1896 wirbt für einige der namhaftesten Züge, wie den Orient-Express, Süd-Express und Méditerranée-Express.*

Guide Continental
Officiel
de la Comp.ie Internationale
des Wagons-Lits
& des Grands Express
Européens
Cie Internationale des Wagons-Lits
Orient-Express
Méditerranée-Express
de Londres à Nice
3 fois par semaine
Nice
Monte Carlo
Menton
Sud Express
Biarritz
Madrid
et
Lisbonne
Internationale des Wagons Lits
Peninsular-Express
Londres
à
Brindisi
Tous les Vendredis
Train spécial
Chezireh-Palace
le Caire
Maloja Palace
Hotel International
Brindisi
Avenida Palace
Lisbonne
Therapia Palace
Pera Palace
Riviera Palace - Nice
Direction Générale
46. Rue des Mathurins, Paris
Le Guide Continental officiel est déposé dans toutes les voitures, sleeping-cars, voitures-salons et restaurants, agences et succursales de la Compagnie des Wagons-Lits et des Grands Express Européens.
Il est adressé chaque mois aux principaux hôtels, clubs, sociétés, kursaals et grands établissements publics du continent.
Il est mis à la disposition des voyageurs dans les agences et sur les bateaux des grandes Compagnies de navigation.
Publicité : à l'Office Général de Publicité des Voyages, 25, Rue de la Paix, Paris

CHEMINS DE FER DU NORD FRANÇAIS
DU LONDON CHATHAM & DOVER ET DU SOUTH EASTERN
Cie Intle des WAGONS-LITS
ET DES
GRANDS EXPRESS
EUROPÉENS
CLUB-TRAIN PARIS LONDRES
CLUB TRAIN
PARIS-LONDRES
ET VICE-VERSA
TRAIN DE LUXE LIMITÉ. SALONS ET RESTAURANT
BATEAU SPÉCIAL
Départ de Paris (Gare du Nord) tous les jours, à .... 3.15 SOIR
Arrivée à Londres (Victoria, Charing ✠ ou Holborn Viaduct) à .... 10.46 SOIR
Départ de Londres, tous les jours, à .... 3. » SOIR
Arrivée à Paris (Gare du Nord) à .... 10.47 SOIR
Traversée moyenne en 70 minutes
SUPPLÉMENTS
Simple / Aller et Retour
Paris à Calais ... 6'25 10' »
Calais à Douvres ... 6 25 10 »
Douvres à Londres 6'25 10' »
Paris à Londres ... 18 75 30 »
SE RENSEIGNER ET RETENIR SES PLACES :
A PARIS: 3, Place de l'Opéra;
A LONDRES: 122, Pall Mall et 3, 4 et 5, Gracechurch Street.
A partir du 15 Mars, les voyageurs de 1re Classe seront admis sans paiement de Supplément entre Paris et Calais, dans la voiture de 1re classe qui entrera dans la composition du " CLUB-TRAIN "
CHAMPENOIS & Cie 66, BOULd St MICHEL _ PARIS.

Später wurden Salonwagen, richtiggehende Wohnzimmer, in denen die Reisenden die Tagesstunden in Gesellschaft verbringen konnten, und Speisewagen hinzugefügt. Außerdem wurden Verbesserungen an der Aufhängung und den Bremsen sowie an den Anhängerkupplungen und Puffern vorgenommen, sodass die Waggons sich problemlos mit den Lokomotiven aller europäischen Normalspurnetze kombinieren ließen.

Zwei Jahre konzentrierter Anstrengungen waren für den Bau der ersten Fahrzeuge und den Erhalt der erforderlichen Genehmigungen von den verschiedenen europäischen Gesellschaften notwendig, damit seine Waggons an die bereits existierenden Züge angehängt werden konnten.

Nagelmackers begann mit dem Betrieb auf den Linien von Ostende nach Köln und Berlin und dann von Berlin nach Paris. Der Erfolg stellte sich sofort ein, aber der Unternehmer hatte zu Beginn große finanzielle Schwierigkeiten.

Nach einer Reihe von Wechselfällen – unter anderem fusionierte das Unternehmen mit der Mann's Railway Carriage –, gelang es Nagelmackers, wieder die Leitung zu übernehmen, und 1876 gründete er die CIWL, Abkürzung für Compagnie Internationale des Wagons Lits (Internationale Schlafwagengesellschaft). 1883 wurde der Name um den Zusatz et des Grands Express Européns ergänzt.

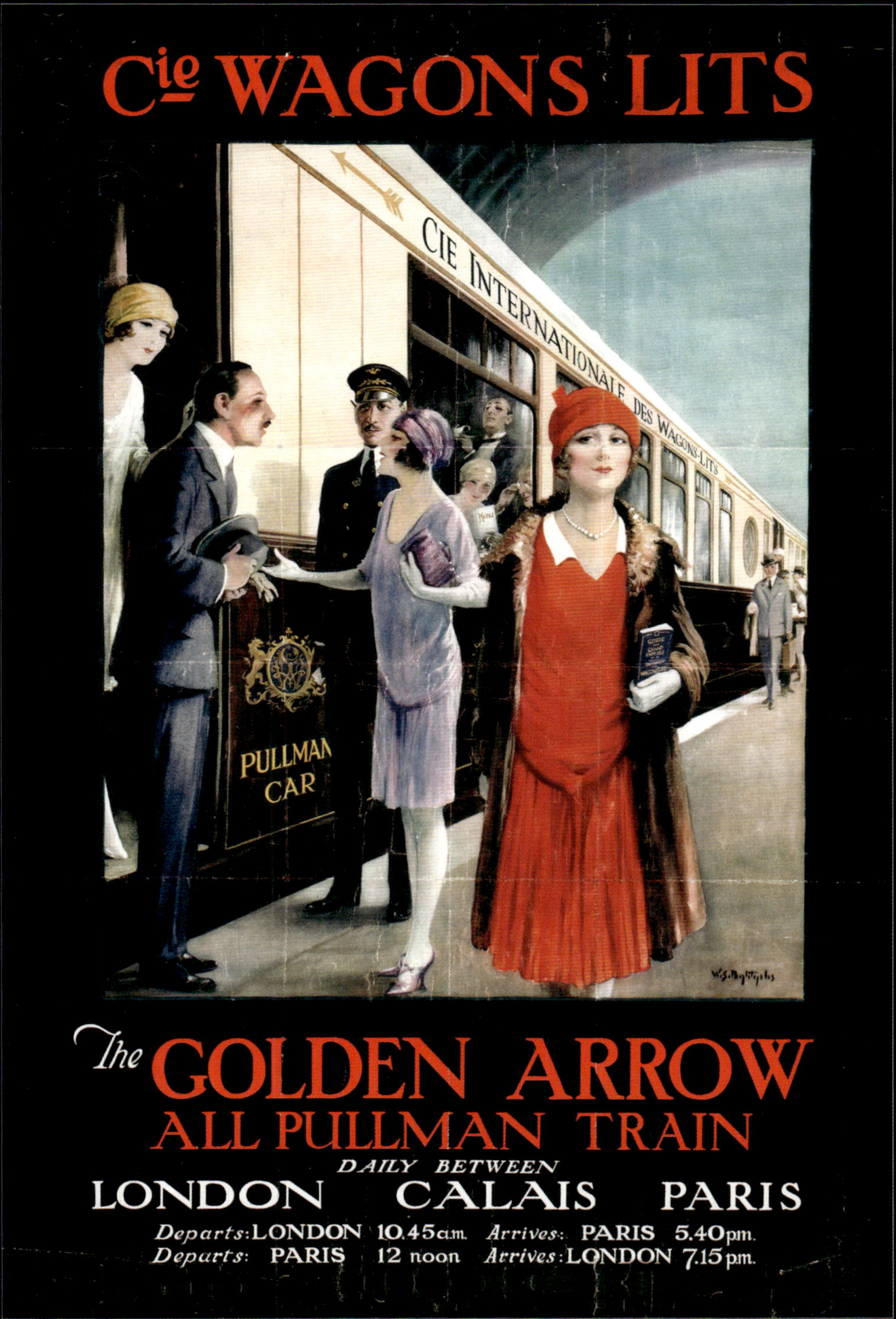

88 In den Wagen der CIWL von London nach Paris zu reisen, hieß, einem exklusiven Club anzugehören: Daran erinnert dieses Plakat, das für die französischen und englischen Eisenbahngesellschaften entworfen wurde.

89 oben Der bekannte französische Fotograf Nadar machte 1898 diese Aufnahme von George Nagelmackers. Der belgische Geschäftsmann gründete 1876 die Internationale Schlafwagengesellschaft und entwarf den weltberühmten Orient-Express.

89 unten Das Plakat, das 1925 für den Express The Golden Arrow London–Calais–Paris der CIWL wirbt, versetzt uns direkt in eine Atmosphäre maßlosen Luxus und Vergnügens, wie in dem Film „Der Große Gatsby".

90 Dieses Plakat aus den Zwanzigerjahren wirbt für den Simplon-Orient-Express und seine zahlreichen Reiseziele.

91 Dieses Werbeplakat für den Simplon-Orient-Express, der zwischen Paris und Konstantinopel (heute Istanbul) verkehrte, wurde 1922 von Roger Broders für die französische Eisenbahngesellschaft PLM, Paris–Lyon–Méditerranée, geschaffen.

Am 4. Oktober desselben Jahres wurde der Train Express d'Orient eingeweiht, der spätere Orient-Express: ein ganzer Zug, gebaut und betrieben von der CIWL und in den verschiedenen Ländern von verschiedenen Lokomotiven geführt. Der Orient-Express verband Paris Gare de l'Est mit Istanbul. Ursprünglich führte die Strecke von Paris über München und Wien bis nach Giurgiu in Rumänien. Dort setzten die Fahrgäste mit Schiffen über die Donau nach Ruse in Bulgarien über, wo sie in einen weiteren Zug nach Varna stiegen. Der letzte Teil bis zu der Stadt, die damals noch Konstantinopel hieß, wurde auf einer Fähre zurückgelegt. 1885 wurde die Streckenführung zum ersten Mal geändert, sodass sie nun von Wien über Belgrad und Philippopolis (der zweiten bulgarischen Stadt, in Thrakien) verlief, endgültig aber 1889 festgelegt, als die direkte Linie bis nach Istanbul vervollständigt wurde. In jenen Jahren verkehrte der Orient-Express täglich zwischen Paris und Budapest, alle drei Wochen von Budapest nach Belgrad und wöchentlich von Belgrad nach Bukarest und Costanza am Schwarzen Meer. Die Betrieb nach Istanbul wurde fast ein Jahrhundert später, am 19. Mai 1977, eingestellt.

Das Geschick dieses legendären Zugs war vielfältig und komplex: Als 1914 der Erste Weltkrieg ausbrach, wurde der Betrieb eingestellt und 1918 nach Beendigung der feindlichen Handlungen wieder aufgenommen. Doch in der Zwischenzeit war der Simplontunnel eröffnet worden und der Verkehr nahm nun eine südlichere, schnellere Route. Die neue Strecke führte über Lausanne, Mailand, Venedig und Triest und ließ Wien vollkommen außen vor. Um diese Route kenntlich zu machen, wurde der Zug Simplon-Orient-Express getauft. In den Dreißigerjahren erreichte der Orient-Express-Betrieb seinen Höhepunkt mit drei Parallelverbindungen gleichzeitig: dem Orient-Express, dem Simplon-Orient-Express und dem Arlberg-Orient-Express, der über Zürich und Innsbruck fuhr und in Budapest direkte Wagen nach Bukarest und Athen bekam.

In jenen Jahren relativen Friedens und Wohlstands vor der Tragödie des Zweiten Weltkriegs erreichte der Zug die Spitze an Komfort und Luxus. Flugverbindungen waren noch selten und unbequem, und Geschäftsleute, Politiker und Diplomaten nutzten diese Züge regelmäßig. Schon bald ergänzte die CIWL eine Verbindung Paris–Calais und dehnte so den Betrieb auf London und Großbritannien aus. Die goldene Zeit endete mit dem Ausbruch des Zweiten Weltkriegs und der Einstellung des Betriebs im Jahr 1939. 1945 verkehrten die Züge wieder, wenn auch mit großen Schwierigkeiten: Athen war nicht mehr erreichbar, weil die Grenze zwischen Jugoslawien und Griechenland geschlossen war, was bis 1951 dauerte, und im darauffolgenden Jahr war Istanbul isoliert wegen des Streits zwischen der Türkei und Bulgarien.

1962 wurden Orient-Express und Arlberg-Orient-Express eingestellt, und der Simplon-Orient-Express wurde in Häufigkeit und Reisezielen eingeschränkt. Er war in Direct Orient-Express umgetauft und den nationalen Eisenbahngesellschaften unterstellt worden, nachdem die CIWL 1971 den Betrieb aufgegeben hatte. Am 19. Mai 1977 fand die letzte Fahrt von Paris nach Istanbul statt. Natürlich dürfen wir nicht unerwähnt lassen, dass auch heute noch, seit 1982, der Venice-Simplon-Orient-Express fährt, ein privater Touristenzug, der mit den Originalwagen aus den Zwanziger- und Dreißigerjahren Venedig mit London und Paris verbindet.

CHEMINS DE FER PARIS-LYON-MÉDITERRANÉE
SIMPLON-ORIENT-EXPRESS
LONDRES
PARIS
DIJON
LAUSANNE
TRIESTE
BELGRADE
BUCAREST
VENISE
NISCH
SOFIA
BORDEAUX
MILAN
LYON
TURIN
SALONIQUE
CONSTANTINOPLE
ATHÈNES
ROGER BRODERS
LONDRES-PARIS-BUCAREST-ATHÈNES-CONSTANTINOPLE
IMP. F. CHAMPENOIS_PARIS.

Doch die Gesellschaft beschränkte sich natürlich nicht nur auf die vom Orient-Express abgedeckten Strecken. Viele andere Züge verfügten über einzelne Wagen oder Zugabschnitte der CIWL. Und die Geschäftstätigkeit erstreckte sich auch über Europa hinaus. In Ägypten betrieb die CIWL den Zug Star of Egypt, der Kairo mit Luxor verband, weitere Verbindungen führten über Beirut und Teheran.

Die Originalwagen mit dem Teakgehäuse blieben bis 1922 in Betrieb, dann wurden sie durch die noch heute verwendeten Metallwagenkästen ersetzt. Am 11. November 1918 wurde der Teakwaggon mit der Nummer 2419 für die Unterzeichnung des Waffenstillstands, der dem Ersten Weltkrieg ein Ende setzte, ausgewählt.

Das waren die Jahre, in denen die CIWL für jeden einzelnen Wagen bei berühmten Künstlern der damaligen Zeit ein besonderes Dekor bestellte, um die Exklusivität des Service noch mehr hervorzuheben, der in jeder Hinsicht mit den berühmtesten Hotels der Zeit mithalten konnte.

Nagelmackers' Orient-Express wurde zweifellos zum Synonym für Luxus und Raffinesse bei Bahnreisen, doch gab es in jenen Jahren auch andere berühmte Züge, die heute fast vergessen sind. Zum Beispiel verband der ebenfalls von der CIWL betriebene Nord-Express seit 1896 mit einem Nachtzug Paris mit Sankt Petersburg, damals Hauptstadt des riesigen russischen Kaiserreichs, über Brüssel, Köln, Hannover, Berlin und Königsberg (heute Kaliningrad).

An der deutschen Grenze mussten die Reisenden den Zug wechseln, weil die russischen Gleise breiter waren als die europäischen und es damals noch keine Fahrzeuge mit veränderbarer Spurweite gab.

Als Gegenstück zum Nord-Express fuhr von Paris aus der Süd-Express nach Lissabon. So konnte CIWL eine Verbindung zwischen Russland und der portugiesischen Hauptstadt anbieten, von der aus die großen Dampfschiffe nach Südamerika ausliefen.

Aber die vermögenden Fahrgäste, die sich am Ende des neunzehnten Jahrhunderts den Luxus der CIWL-Wagen leisten konnten, reisten nicht nur aus beruflichen Gründen, vielmehr kam es gerade in jenen Jahren groß in Mode, zur Sommerfrische an die französischen Mittelmeerstrände zu fahren. So wurde 1900 der Riviera-Express geboren, der Mitteleuropa, Amsterdam, Hamburg und Berlin mit Nizza verband. Plakate aus dieser Zeit erzählen von ihm und anderen Zügen in herrlichen mediterranen Landschaften zwischen Palmen und den Stränden von Cannes, Nizza und Monte Carlo. Aus jener Zeit stammen auch die wunderschön illustrierten Etiketten, die auf das Gepäck der Reisenden geklebt wurden, die damals gewiss nicht mit kleinen Koffern oder praktischen Rucksäcken reisten, sondern mit Dutzenden voluminösen Überseekoffern.

92 Zwei wunderschöne Plakate von A. M. Cassandre warben 1927 für den Étoile du Nord Paris–Amsterdam und den Nord-Express, der London und Paris via Berlin mit Warschau und Riga verband.

93 Dieses Werbeplakat wurde von der Compagnie du Nord, CIWL und PLM geschaffen, um für die Verbindung London–Vichy zu werben. Das Abteil des Pullman-Waggons ist wie ein Salon gestaltet.

NORD . WAGONS . LITS . P.L.M
LONDRES . VICHY . PULLMAN
LUCIEN SERRE & Cie - IMP. 19, Rue du Terrage, PARIS
AVRIL 1927

Andere europäische Luxuszüge

In Großbritannien konkurrierten inzwischen die zahlreichen Eisenbahngesellschaften mehr mit der Schnelligkeit der Verbindungen als mit Luxuszügen. Einer der berühmtesten Züge war ganz sicher der Flying Scotsman, der auf der 627 km langen Strecke vom Londoner Bahnhof King's Cross nach Edinburgh Waverley verkehrte.

Ungeachtet der Bezeichnung East Coast Main Line (Ostküsten-Hauptlinie) wurde die Eisenbahn nicht als eine einzige Linie gebaut, sondern entwickelte sich mit den Jahren im Gleichschritt mit dem Wachstum der drei Eisenbahnlinien. Die North British Railway errichtete 1846 das erste Teilstück zwischen Edinburgh und Berwick, 1853 gefolgt von der Great Northern Railway, die den Abschnitt London–Doncaster dem Verkehr übergab. Auf die Fertigstellung der Verbindung musste man jedoch bis 1876 warten, als die North Eastern Railway die Lücke zwischen Doncaster und Berwick schloss. Allerdings war diese Strecke nicht als schnelle und direkte Verbindung zwischen London und der schottischen Hauptstadt ausgelegt, zumal es an der Strecke etliche Kopfbahnhöfe wie York oder Newcastle gab.

Die Legende vom Flying Scotsman entstand 1862 (natürlich mit einer etwas anderen Streckenführung, da ein Teil der Main Line noch nicht fertig war), als ein Zug eingerichtet wurde, der um 10 Uhr in London Kings Cross nach Edinburgh abfuhr. Die Reise dauerte etwa zwölf Stunden und beinhaltete einen halbstündigen Aufenthalt in York zum Essen. In den Fahrplänen hieß er damals Special Scotch Express. 1888 begann im wahrsten Sinne des Wortes ein Wettrennen zwischen den einzelnen Eisenbahngesellschaften um die schnellste Verbindung zwischen London und Edinburgh, das mit einer Art Waffenstillstand endete. Man einigte sich auf einen neuen Fahrplan, der jedem Zug die genaue Fahrzeit zuwies. Für unseren Special Scotch Express wurde diese auf achteinhalb Stunden festgelegt.

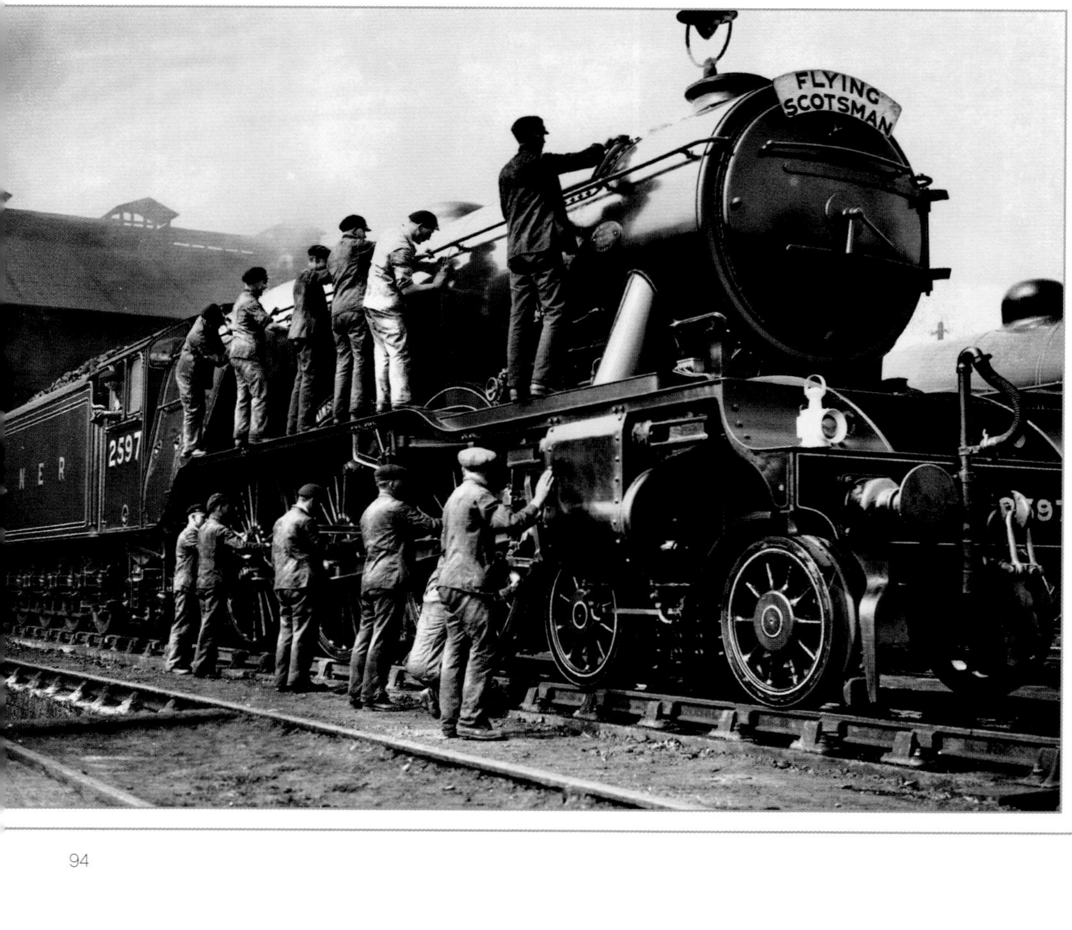

Auch Service und Komfort an Bord begannen besser zu werden, doch die wahre Wende trat erst 1924 ein, als die große Zahl englischer Eisenbahngesellschaften auf vier reduziert wurde. Die Linie London–Edinburgh gelangte so unter die Kontrolle der London North Eastern Railway (LNER). Die Gesellschaft taufte den Zug umgehend Flying Scotsman. Um die Neuheit noch mehr hervorzuheben, erhielt auch eine Lokomotive diesen Namen.

In den Dreißigerjahren erreichte die Ge- schichte dieses Zuges ihren Höhepunkt: Ab 1928 wurde die Strecke London–Edinburgh ohne Zwischenhalt bedient und die Geschwin- digkeit erhöht, sodass die Fahrtzeit nur noch sieben Stunden und zwanzig Minuten betrug. In dieser Zeit führten einige der schönsten englischen Dampfloks den Zug: z. B. die Pacifics, entworfen von dem bekannten Ingenieur Sir Nigel Gresley. Mit 202 km/h stellte eine dieser Maschinen, Mallard Nr. 4468, keilförmig und blau lackiert, den heute noch ungeschlagenen Weltrekord für Dampflokomotiven auf.

Damals war der Zug auch für den an Bord gebotenen Service berühmt: Die Reisenden konnten eines der besten Restaurants in ganz Großbritannien genießen, Aperitifs in einem Cocktailbar-Wagen schlürfen und sich sogar den Händen eines Friseurs anvertrauen.

Ein weiterer berühmter englischer Zug um die Jahrhundertwende war der Cornish Riviera Express der Great Western Railway, der seit 1904 nonstop zwischen London Paddington und Plymouth verkehrte. Die Fahrt dauerte 4 Stunden und 25 Minuten und war damals der längste Betrieb ohne Zwischenhalt weltweit.

94 Arbeiter der LNER polieren die Pacific Baureihe A1 Nr. 2597 Gainsborough, deren Aufgabe es war, den berühmten Flying Scotsman von London nach Edinburgh zu führen.

95 Am 2. Mai 1932 verlässt der Flying Scotsman die King's Cross Station in London Richtung Edinburgh, geführt von der herrlichen Pacific Baureihe A1 Nr. 2750 Papyrus: Die Reise dauerte nur sieben Stunden und zwanzig Minuten.

FLYING SCOTSMAN
2750

Das Epos der Transsibirischen Eisenbahn

In der Zwischenzeit nahm einige Tausend Kilometer weiter weg ein weiteres außerordentliches Projekt Form an: die Bahnlinie Moskau–Wladiwostok. Die Transsibirische Eisenbahn, ob nun wegen ihrer Länge von 9288 km, die sie zu der längsten der Welt macht, oder wegen des geheimnisvollen Nimbus, der die Sowjetunion lange Jahre umgab, wurde zum Synonym für das Abenteuer schlechthin.

Mitte des neunzehnten Jahrhunderts lag die Notwendigkeit, die östlichsten Gebiete des Reiches mit Europa verbinden zu müssen, auf der Hand. Reisen von Moskau oder Sankt Petersburg nach Wladiwostok konnten durchaus drei Monate dauern. Als die Eisenbahnen sich in Europa zu verbreiten begannen, dachte man sofort, dass die neue Erfindung das Problem der riesigen Entfernungen lösen könnte.

Seit 1870 folgten Studien und Vorschläge für Streckenführungen einander auf dem Fuße, aber erst 1875 wurde eine Linie gewählt, die in etwa dem 55. Breitengrad folgt – weil sie für die Anbindungen mit Zentralasien praktischer war. Wegen des Ausbruchs des russisch-türkischen Krieges wurde das Projekt jedoch zurückgestellt und erst 1882 wieder aufgegriffen. 1887 begannen die Vermessungen rund um eines der Haupthindernisse, auf das die Eisenbahn treffen sollte, den Baikalsee.

Am 31. Mai 1891 gab Zarewitsch Nikolaus, der spätere Zar Nikolaus II., in der Nähe von Wladiwostok grünes Licht für den Bau. Die Arbeiten waren am 3. November 1901 abgeschlossen, aber der Betrieb zwischen den beiden Bahnhöfen wurde erst am 14. Juli 1903 aufgenommen. Während des Baus mussten immense Schwierigkeiten überwunden werden: sumpfiges Gelände, Dutzende und Aberdutzende von Brücken – schlussendlich betrug deren Gesamtlänge über 48 km, schwierigste Witterungsbedingungen. Und man darf auch nicht vergessen, dass viele Arbeiter ihr Leben lassen mussten …

Ein Hindernis war damals fast unüberwindlich: der Baikalsee. Unmöglich, ihn mit einer Brücke zu überqueren, wie es die Vereinigten Staaten beim Bau ihrer Transkontinentaleisenbahn getan hatten, als sie auf den Great Salt Lake trafen, den Großen Salzsee in Utah. Bis man einen Schienenstrang südlich um den See herum verlegt hatte, wurde in den Sommermonaten eine Fähre eingesetzt. Im Winter war das Eis jedoch so dick, dass es nicht einmal für Eisbrecher ein Durchkommen gab.

Schließlich fand man die Lösung, indem man sich die unglaubliche Dicke des Eises zunutze machte. Die ungewöhnliche Entscheidung bestand darin, die Schienen direkt auf dem Eis zu verlegen und so die Weiterfahrt des Zuges zu ermöglichen. Auf diese Art war der Betrieb nur wenige Tage im Jahr unterbrochen, die man für die Verlegung der Schienen benötigte, wenn das Eis fest wurde, beziehungsweise um sie bei Beginn der Schmelze wieder zu demontieren.

Binnen Kurzem wurde die Eisenbahn zu einer verkehrstechnischen Hauptschlagader des Russischen Reiches: Zwischen 1906 und 1913 siedelten sich mehr als drei Millionen Bauern dank der Anreize der Regierung in Sibirien an und begannen, große Mengen von Getreide anzubauen und zu exportieren. Der Verkehr auf der Linie wuchs mit derartiger Geschwindigkeit, dass die ursprünglich eingleisige Trasse bereits 1913 vollständig zweigleisig ausgebaut war.

96 oben Die Reise mit der Transsibirischen Eisenbahn dauerte Tage, und die Wagen, zumindest der betuchten Fahrgäste, waren mit dem ganzen Komfort jener Zeit ausgestattet. Auch ein für Gottesdienste umgestalteter Waggon war Teil des Zuges.

96 unten In diesen fernen Ländern war die Ankunft des Zuges oft ein Ereignis, das es verdiente, auf einer Fotografie festgehalten zu werden. Eisenbahn- und Bahnhofspersonal posierten Anfang des 20. Jahrhunderts im Bahnhof von Ob für den Fotografen.

97 Die Möglichkeit, Wladiwostok und von dort aus Japan mit dem Zug zu erreichen, regte die Fantasie der europäischen Reisenden an. Eine französischsprachige Zeitschrift jener Zeit widmete der neuen Bahnlinie ein Sonderheft.

98 oben Anfang des 20. Jahrhunderts: Ein Güterzug überquert die Brücke der Transsibirischen Eisenbahn über den Fluss Kossul. Die Linie wurde sofort für den Transport von Waren genutzt, die bis dahin mit langen Karawanen befördert wurden.

Die Transsibirische Eisenbahn spielte auch eine wesentliche Rolle zunächst im Widerstand und dann bei der Gegenoffensive, die die Sowjetunion gegen Hitlers Nazi-Truppen organisierte. Ganze Fabriken wurden in Russland abgebaut und in die sicheren Gebiet im Osten verfrachtet, aus denen dank der Eisenbahn jederzeit schnell Nachschub an Menschen und Material geliefert werden konnte.

Die Passagierzüge der Transsibirischen Eisenbahn wurden nach russischem Brauch in „hart" und „komfortabel" unterschieden. 1914 erhielt die CIWL die Konzession für einen Luxuszug, der angesichts der Reisezeit von etwa zehn Tagen einen exquisiten Service bot. Außer den üblichen Schlaf- und Speisewagen, die mit besonderer Umsicht gebaut wurden, (zur Ausstattung gehörten ein doppelt belüftetes Dach, dickere Wände und Doppelfenster, um dem extremen Klima in den durchquerten

Gebieten standhalten zu können), standen den Zugreisenden auch eine Bibliothek und ein Wagen für den Gottesdienst zur Verfügung. Aus einem angehängten Panoramawagen konnte man die Landschaft bewundern, und im Gepäckwagen war sogar ein Fotolabor untergebracht.

Die anderen Züge boten natürlich nicht so viel Luxus: Grundsätzlich stand für alle Reisenden in allen Bahnhöfen von Anfang an heißes Wasser zur Verfügung. Jedes Gebäude besaß nämlich einen Wasserhahn, an dem sich die Passagiere heißes Wasser für die unvermeidlichen Teekessel holen konnten, die jedermann auf Reisen mit sich führte. Die Legende um die Transsibirische Eisenbahn wuchs so schnell, dass bereits 1904 eine Serie der Liebig-Sammelbilder die Eisenbahn und die an der Strecke liegenden Städte zeigte.

In den Jahren des Kalten Krieges war eine Reise mit der Transsibirischen Eisenbahn für einen Westeuropäer ein schwierig durchzuführendes und an Problemen reiches Unterfangen. Wem es gelang, die Genehmigung zu bekommen, der sah sich auf der Reise mit strengsten Auflagen konfrontiert: Es war untersagt, in den Bahnhöfen Fotos zu machen, und schon gar nicht von Brücken, und absolut verboten, an den Zwischenstationen aus dem Zug zu steigen. Dann änderten sich die Zeiten, aber die Faszination der Reise blieb, und auch ein bekannter Schriftsteller und Journalist wie Tiziano Terzani, der 30 Jahre lang als Korrespondent für den SPIEGEL und andere Blätter in Asien tätig war, widmete ein ganzes Kapitel seines wunderbaren Buches „Fliegen ohne Flügel" (Originaltitel: „Un indovino mi disse") seiner Reise mit der Transsibirischen Eisenbahn.

98-99 Der Speisewagen eines Zuges der Transsibirischen Eisenbahn im Jahr 1941. Die Linie war von lebenswichtiger Bedeutung für den Widerstand, den die Russen nach dem Einmarsch der Deutschen im Zweiten Weltkrieg organisieren konnten.

99 oben Die Arbeiten an der Transsibirischen Eisenbahn beschäftigten Tausende von Männern über Jahre hinweg in den wilden, ungastlichen Gegenden Russlands. Das Bild zeigt Arbeiter beim Verlegen der hölzernen Bahnschwellen.

99 unten Ein Trupp Arbeiter beim Bau eines Bahndamms der Transsibirischen Eisenbahn Anfang des 20. Jahrhunderts. Die Strecke wurde eingleisig gebaut, aber schon bald kam ein zweites Gleis hinzu.

Zwei legendäre amerikanische Züge

Auch in den USA wurden zu Beginn des 20. Jahrhunderts einige Züge berühmt: Den Höhepunkt der Popularität erreichten sie jedoch erst Jahrzehnte später, und wir werden in der Folge noch ausführlich darüber berichten, wenn es um die schönsten und schnellsten Dampflokomotiven geht, die jemals auf der Welt gebaut wurden.

Hier möchten wir an zwei Züge erinnern, die beide zu großer Berühmtheit gelangten, wenngleich aus völlig unterschiedlichen Gründen. Zuerst an den 20th Century Limited, den die New York Central Railroad 1902 zwischen New York und Chicago in Betrieb nahm. Der Zug wurde in kurzer Zeit so bekannt, dass er zu einer amerikanischen Institution wurde. Der 20th Century Limited fuhr auf der Water Level Route und stand in direktem Wettbewerb mit dem Broadway Limited der Konkurrenzgesellschaft Pennsylvania Railroad. Er legte die 1500 km zwischen den beiden Städten bei einer Durchschnittsgeschwindigkeit von fast 100 km/h in nur fünfzehneinhalb Stunden zurück. Der Zug war nicht nur für seine Geschwindigkeit berühmt, sondern auch für den Luxus, der ihn auszeichnete: Die Reisenden betraten und verließen den Zug über einen roten Teppich.

Am 17. Juni 1902 fand die Eröffnungsfahrt statt, und nach nur fünfzehneinhalb Stunden lief der Zug in die Union Station von Chicago ein, genau drei Minuten früher als im Fahrplan ausgewiesen. Es war ein aufsehenerregender Erfolg, weil die Reise damals normalerweise ungefähr zwanzig Stunden dauerte.

Ein anderer, noch heute in den Staaten ebenso bekannter Zug ist der Cannon Ball Express. Seine Berühmtheit verdankt er allerdings anderen Gründen, und er ging als Teil der amerikanischen Folklore und Musik in die Geschichte ein.

100–101 Eine starke Hudson J1 (2-3-2) der New York Central führt einen der berühmtesten amerikanischen Züge, den 20th Century Limited, über die Strecke am Hudson entlang nach New York.

101 Das Bild von 1902 zeigt den 20th Century Limited kurz nach der Jungfernfahrt am 17. Juni. Der Zug brauchte nur fünfzehneinhalb anstatt zwanzig Stunden von New York bis Chicago.

102–103 *Der Lokführer Casey Jones im Führerstand der Lokomotive Nr. 638 der Illinois Central Railroad, zusammen mit dem Heizer Bull McKinnie. Seine Geschichte wurde zu einem berühmten Volkslied.*

102 unten *Eine Tageszeitung aus jener Zeit berichtet über den Unfall, bei dem Casey Jones ums Leben kam und der ihn ungewollt zur Legende machte. Der dramatische Titel lautet: „Tod unter seinem Führerhaus – das traurige Ende des Lokführers Casey Jones."*

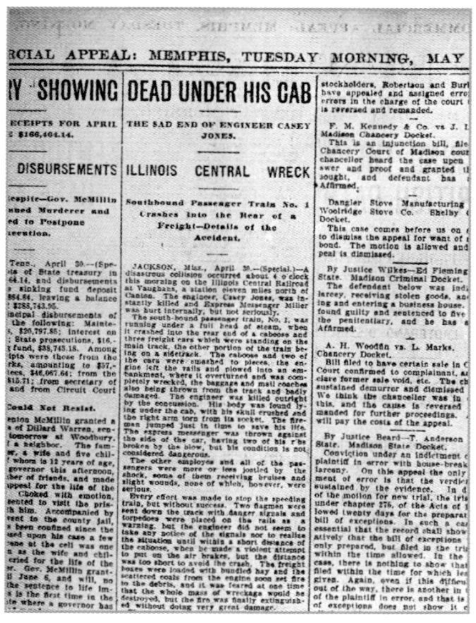

RCIAL APPEAL: MEMPHIS, TUESDAY MORNING, MAY

RY SHOWING

ECEIPTS FOR APRIL
$166,464.14.

DISBURSEMENTS

DEAD UNDER HIS CAB

THE SAD END OF ENGINEER CASEY JONES.

ILLINOIS CENTRAL WRECK

Southbound Passenger Train No. 1 Crashes Into the Rear of a Freight—Details of the Accident.

JACKSON, Miss., April 30.—(Special.)—A disastrous collision occurred about 4 o'clock this morning on the Illinois Central Railroad at Vaughans, a station eleven miles north of Canton. The engineer, Casey Jones, was instantly killed and Express Messenger Miller was hurt internally, but not seriously.

The south-bound passenger train, No. 1, was running under a full head of steam, when it crashed into the rear end of a caboose and three freight cars which were standing on the main track, the other portion of the train being on a sidetrack. The caboose and two of the cars were smashed to pieces, the engine left the rails and plowed into an embankment, where it overturned and was completely wrecked, the baggage and mail coaches also being thrown from the track and badly damaged. The engineer was killed outright by the concussion. His body was found lying under the cab, with his skull crushed and the right arm torn from its socket. The fireman jumped just in time to save his life. The express messenger was thrown against the side of the car, having two of his ribs broken by the blow, but his condition is not considered dangerous.

The other employes and all of the passengers were more or less jostled by the shock, some of them receiving bruises and slight wounds, none of which, however, were serious.

Every effort was made to stop the speeding train, but without success. Two flagmen were sent down the track with danger signals and torpedoes were placed on the rails as a warning, but the engineer did not seem to take any notice of the signals nor to realize the situation until within a short distance of the caboose, when he made a violent attempt to put on the air brakes, but the distance was too short to avoid the crash. The freight boxes were loaded with bundled hay and the scattered coals from the engine soon set fire to the debris, and it was feared at one time that the whole mass of wreckage would be destroyed, but the fire was finally extinguished without doing very great damage.

Es ist die Geschichte des Lokführers Casey Jones, der in der Nacht vom 29. auf den 30. April 1900 bei einem Unfall ums Leben kam, als er den Cannon Ball Express der Illinois Central Railroad von Memphis nach Canton steuerte.

Mit den Jahren wurden die Ereignisse jener Nacht zu einer Legende und Stoff für viele traditionelle amerikanische Lieder. Casey Jones hieß in Wirklichkeit John Luther Jones. Mit siebzehn Jahren zog er in die Stadt Cayce, wo er als Telegrafist arbeitete: Den Spitznamen „Casey" erhielt er, weil er aus dieser Stadt stammte.

1888 wurde er von der Illinois Central Railroad als Heizer eingestellt, aber schon zwei Jahre später hatte er sich als Lokomotivführer qualifiziert. In kurzer Zeit machte er sich unter dem Eisenbahnpersonal einen Namen, weil er sich rühmte, mit den ihm anvertrauten Zügen immer den Fahrplan einhalten zu können, und wegen der für ihn typischen Art, die Pfeife der

„Die Ballade von Casey Jones gehört zum Grundstock der amerikanischen Folk Music."

Lokomotive mit einer zuerst leisen und dann immer lauter werdenden Melodie ertönen zu lassen.
Am Abend des 29. April wurde Casey Jones gebeten, für einen kranken Kollegen das Steuer des Express Nr. 1 von Memphis nach Canton, Abfahrt 23 :15 Uhr, zu übernehmen. Der Zug bestand aus der Lokomotive 382 und sechs Waggons. Im Führerhaus befanden sich außerdem der Heizer Sim Webb und der Zugleiter J.C. Turner. Wegen einer Reihe von Störungen auf der Linie fuhr der Zug erst 50 Minuten nach Mitternacht ab, mit etwa eineinhalb Stunden Verspätung zum Fahrplan. Casey Jones war entschlossen, die Verzögerung so weit wie möglich wieder aufzuholen, und fuhr mit Höchstgeschwindigkeit über eine schwierige Strecke mit vielen Kurven, auf der etliche Unfälle passiert waren.
Während die Lokomotive nach Süden raste, braute sich die Tragödie zusammen. Im Bahnhof von Vaughan rangierten zwei Güterzüge, die Nummer 72 und die Nummer 83, aber sie waren länger als die Abstellgleise und ein paar Wagen stauten sich noch auf dem Hauptgleis. Inzwischen lief der lokale Zug Nr. 26 im Bahnhof ein, ebenfalls auf einem Vorfahrtsgleis. Doch als sich die beiden Güterzüge wieder Richtung Süden in Bewegung setzten, um so das Durchfahrtsgleis frei zu machen, blockierten die Bremsen von Nummer 72, dessen Waggons noch auf der Hauptweiche nördlich des Bahnhofs standen.
Der Express kam mit voller Geschwindigkeit aus einer Kurve, und erst da sah Casey Jones, dass das Gleis nicht frei war. Er begriff sofort, dass der Zusammenprall unvermeidlich war, tat aber alles, um die Fahrt so weit wie möglich abzubremsen, und blieb im Führerstand, nachdem er den Heizer Sim Webb vom Zug gestoßen und ihm so das Leben gerettet hatte. Der Aufprall war gewaltig und zerstörte den angehängten Gepäckwagen und mehrere Waggons des Güterzugs, aber dank Casey Jones, der sein Leben opferte, weil er nicht vom Zug sprang, waren keine weiteren Opfer zu beklagen.
Und auch wenn die amtliche Ermittlung einzig und allein ihm die Schuld an dem Unfall zuschrieb, weil er nicht auf die gelbe Fahne des Warnpostens an der Strecke geachtet hatte, wurde er durch sein Opfer von allen sofort als Held betrachtet.
Die Geschichte wäre sicherlich mit der Zeit in Vergessenheit geraten, wenn nicht ein Eisenbahnkollege von Jones, wahrscheinlich Jordan Fulton, ein schwarzer Arbeiter in den Werkstätten von Canton, nicht eine erste Ballade zu seinem Andenken geschrieben hätte: ein so schönes und anrührendes Lied, dass es in den Folgejahren viele andere Künstler inspirierte.
Ein anderer, wenig bekannter Aspekt der Geschichte betrifft den Namen des Zugs. Denn in Wirklichkeit war in dieser Nacht gar kein Cannon Ball Express gefahren, sondern lediglich der Express Nr. 1. In den Unterlagen der Eisenbahngesellschaft und den Fahrplänen jener Zeit findet sich nicht die Spur eines Zuges mit diesem Namen, und nicht einmal in den Artikeln, die in den Tagen und Wochen nach dem Unfall erschienen, wurde dieser Name jemals erwähnt. Erst 1903 titelte eine Zeitung, die über diese Geschichte berichtete: „Der Illinois Central Cannon Ball entgleist nahe der Stadt!" Nun, woher kam dieser Name? Seinerzeit nannten die gewöhnlichen Leute einfach alle Züge wegen der damals wirklich aufsehenerregenden Geschwindigkeit Cannon Ball (Kanonenkugel). Es liegt nahe, dass mit jedem Jahr, mit dem die Geschichte immer märchenhaftere Züge erhielt, die Bezeichnung Cannon Ball Express als der „richtige" Name des Unglückszuges haften blieb.
Erst viele Jahre später erhielt der Express Nr. 1 der ICRR, Abfahrt 23 :15 Uhr, einen offiziellen Namen, aber der lautete The City of New Orleans.

1900–1930
Die Rekordzüge

Der Mensch zähmt das Stahlross

106 oben In China waren die Dampflokomotiven lange Jahre Symbol für Fortschritt und Entwicklung und nicht zuletzt aus diesem Grund mit zahlreichen Parolen wie dieser geschmückt: „Studiere die Lehren Mao Zedongs."

106–107 Im Güterbahnhof Harbin in der Provinz Heilungkiang warten zwei Dampflokomotiven der Baureihe QJ der chinesischen Eisenbahn auf freie Fahrt. Die linke trägt eine Aufschrift zu Ehren des Heeresgenerals Zhude.

107 Diese chinesische Lokomotive der Baureihe SY (eine Mikado mit Achsfolge 1-4-1) versieht noch ihren Dienst in den Kohlehütten von Tangshan. Das rechteckige Schild trägt die Aufschrift „Sicher produzieren".

Die ersten Jahrzehnte des 20. Jahrhunderts waren die goldenen Jahre der Dampftraktion in der ganzen Welt. Die technische Entwicklung schritt unaufhaltsam voran, bis zunächst der Elektro- und danach der Dieselantrieb die Oberhand bekamen. Natürlich versahen Dampfloks noch jahrzehntelang weiter ihren normalen Dienst in sehr vielen Ländern der Welt, und selbst heute kann man noch einige, wenn auch oft nur mit einer Reise in touristisch unerschlossene Gegenden, in Betrieb bewundern.

Es gibt weltweit sicher Hunderte von Maschinen, die als historische Transportmittel oder als Antrieb für Züge aus vergangener Zeit vorgehalten werden, aber die Faszination des „echten Betriebs" ist etwas ganz anderes. Wahrscheinlich nur noch wenige Jahre ist China das Paradies, in das Fans aus aller Welt pilgern, um die letzten noch regulär von Dampfmaschinen angetriebenen Passagier- und Güterzüge zu fotografieren, heutzutage fast ausschließlich große QJs mit fünf Antriebsachsen. Doch auch China hat vor kurzem den Bau eingestellt.

108 oben Drei chinesische Lokomotiven der Baureihe QJ 1-5-1 warten im Lokdepot Changchun in der Provinz Kirin auf ihren Einsatz. Diese Lokomotiven werden vor allem für den Güterverkehr genutzt.

Um zu verstehen, was ein großes, ganz mit Dampfloks betriebenes Eisenbahnnetz sein kann, muss man zum Beispiel nur in das Jahr 1985 zurückschauen, als das Eisenbahndepot Harbin im Norden Chinas gut hundert Dampflokomotiven im Regelverkehr einsetzte: Für europäische Maßstäbe sehr große Maschinen, die wie Ameisen im Gänsemarsch darauf warteten, dass sie an die Reihe kamen, zunächst unter einem riesigen Holztrichter, um Kohle zu bunkern, und dann um Wasser zu tanken. Etwas weiter entfernt fuhren die Maschinen, die ihre Schicht beendet hatten und nachdem die Feuerbüchsen von Schlacke gesäubert und die Schmierung an Pleuelstangen und Rädern kontrolliert worden waren, auf eine lange Drehbühne, die sie in eine der freien Boxen in dem runden Lokschuppen dirigierte. Bilder und Situationen, die in Europa und den USA seit gut vierzig Jahren verschwunden sind.

Ein Dampflokdepot für die unzähligen Pflegearbeiten, die diese Maschinen benötigen, hat ein pulsierendes Leben, das in Betriebsanlagen für Elektro- oder Dieselloks unbekannt ist, die quasi nur Abstellplätze zwischen den Fahrten sind.

108 unten Eine chinesische Pacific 2-3-1 der Baureihe RM wartet auf ihren Einsatz. Unten die Aufschrift „Dem Volk dienen", um den Kessel die vier Ziele des Mehrjahresplans der Kommunistischen Partei.

108–109 Zwei chinesische Dampflokomotiven der Baureihe SY rangieren mit Kohlewaggons in den Minen von Tangshan. In China wurden noch bis vor wenigen Jahren Dampfloks gebaut.

110–111 In einer spektakulären Doppeltraktion führen zwei Lokomotiven der Baureihe QJ der chinesischen Eisenbahn einen Güterzug auf der Jitong-Linie – 2004 die letzte große, nur mit Dampf betriebene Verbindung weltweit.

111 Eine kleine Schmalspur-Dampflok zieht eine Ladung Baumstämme über die Waldbahngleise von Anshan im Bezirk Liaoning in China. Bis vor einigen Jahren erstreckten sich die Forstbahnen über Tausende von Kilometern.

Dampflokomotiven benötigten schon immer komplexe Anlagen und viele Menschen, die 24 Stunden lang zu tun hatten. Denn im Regelbetrieb ließ man eine Dampflok zwischen zwei Schichten nicht ausgehen, sondern sie „ruhte" mit vermindertem Kesseldruck. Fast wie ein Pferdebursche bei einem Vollblüter wachte der Wärter über seine Maschine, überprüfte, dass die Glut in der Feuerbüchse, viel schwächer als normal, nicht zu sehr niederbrannte und das Wasser im Kessel nicht unter Minimum fiel. Bevor die Maschine abgestellt wurde, musste auch das Wasser im Tender nachgefüllt, der Feuerraum von Schlacke gereinigt, der Aschebehälter unter der Feuerbüchse geleert werden. Dann wurden alle Lagerpfannen und Lager der Pleuelstangen und Antriebsräder nachgeschmiert. Meistens mangelte es nicht an kleineren Wartungsarbeiten, eine Mutter war nachzuziehen, die Druckluftpumpen oder die Wassereinspritzdüsen am Kessel zu kontrollieren. In regelmäßigen Abständen musste auch die Rauchkammer an der Stirnseite der Lokomotive geöffnet werden, jener Teil des Kessels, in dem die Abgase aus den Zylindern, ehe sie in die Atmosphäre entwichen, für den Zug sorgten, der die Verbrennung der Kohle in der Feuerbüchse förderte. Da die aus dem Heizraum abgezogene Luft auch viel Asche mitführte, lagerte sich immer eine Schicht auf dem Boden der Rauchkammer ab, die regelmäßig entfernt werden musste.

Andere Arbeiten waren vor der Wiederaufnahme des Betriebs durchzuführen: Der Kesseldampf musste wieder auf Normaldruck gebracht werden, je nach Lokomotive von 12 kg/cm² aufwärts, die Sicherheitsventile mussten überprüft, der Sandstreuer aufgefüllt und die Schmierung nochmals kontrolliert werden – die Betriebsamkeit hörte nie ganz auf, und dies machte eine teure Organisation erforderlich, die die Eisenbahngesellschaften nur zu gerne abschafften.

Nicht zu vergessen die Arbeit der Heizer und Maschinisten: Zwar verbesserten sich mit der Entwicklung der Lokomotiven auch ihre Arbeitsbedingungen (in den ersten Jahren bestand das Führerhaus aus nicht viel mehr als einem Blechdach), aber die Arbeit an sich war extrem anstrengend. Im Laufe einer Fahrt musste ein Heizer Zentner um Zentner Kohlen schippen und dabei noch aufpassen, wie der Brennstoff in den Ofen eingefüllt wurde. Um den besten Wirkungsgrad zu erzielen, war es notwendig, dass das Feuer, wie es im Jargon hieß, auf besondere Weise gestockt wurde: Es hing natürlich mit der Größe der Feuerbüchse, dem Lokomotiventyp und der zur Verfügung stehenden Kohle zusammen, kurz, der Heizer lernte schnell, nicht nur Berge von Kohlen zu schippen, sondern er wurde ein wahrer Feuerkünstler.

Dort, wo die Konstruktion der Dampflokomotiven länger dauerte oder stärkere Maschinen gebaut wurden, war man sich bewusst, dass über eine gewisse Grenze hinaus die Kraft eines Mannes allein nicht ausreichte, und es wurden Arbeitserleichterungen ersonnen. Die wichtigste war ohne Zweifel der Stocker, eine automatische Ladevorrichtung, die die Kohle direkt aus dem Tender in die Feuerbüchse beförderte. Andere Lokomotiven verwendeten Diesel als Brennstoff, das mit entsprechenden Düsen in die Feuerbüchse gespritzt wurde.

Doch in Ländern, in denen die Entwicklung der Dampflokomotiven zu Ende ging, wurden diese Vorrichtungen nie angewendet, und die Heizer mussten weiterhin Schaufel für Schaufel schwitzen. Man denke nur an die 691er, die italienischen Pacifcs, die die wichtigsten Züge auf der Strecke Mailand–Venedig führten. Hier musste ein Team aus zwei Heizern eingesetzt werden, weil einer allein, so geschickt und stark er auch sein mochte, nicht die ganze Reise durchhalten konnte. Nicht dass es den Maschinisten sehr viel besser erging. In Italien beispielsweise steuerte der Lokführer die Maschinen, mit einigen wenigen Ausnahmen amerikanischer Bauart, im Stehen. In den offenen Führerständen verging

er neben dem Kessel vor Hitze, während man nur zwei Schritte weiter hinten erfror. Doch war dies immer noch der Tortur vorzuziehen, der die Maschinisten zu Beginn des Jahrhunderts in den engen geschlossenen Führerständen der 470er-Loks der italienischen Eisenbahn ausgesetzt waren. Die Hitze war so groß, dass die Maschinen schon bald den Spitznamen „Krematorium" bekamen.

Ältere Maschinisten können sich noch an die furchtbaren Situationen erinnern, die sie meistern mussten, wenn sie an der Spitze eines besonders schweren Zuges einen langen, womöglich noch ansteigenden Tunnel auf sich zukommen sahen. Unter der Belastung spuckte die Maschine Dampf und Rauch, die rasch den Tunnel und natürlich auch das Führerhaus erfüllten. An diesem Punkt legten sich Maschinist und Heizer, nachdem sie den Steuerhebel festgestellt hatten, der Länge nach auf den Boden des Führerhauses, bedeckten das Gesicht mit nassem Werg und warteten ab, bis die Lokomotive sie von allein aus dem Tunnel herausbrachte. Doch ungeachtet dessen liebten alle, mit wenigen Ausnahmen, ihre Arbeit heiß und innig und ließen ihren Maschinen manchmal geradezu manische Fürsorge zuteil werden. Auch heute ist eine Fahrt im Führerhaus einer Dampflokomotive eine einzigartige Erfahrung, besonders wenn man von Maschinisten begleitet wird, die einem die komplexen Vorgänge erklären, die notwendig sind, um Höchstleistungen aus diesen Maschinen herauszuholen. Man könnte sagen, zwischen dem Steuern einer Dampflok und einer Diesel- oder Elektrolok besteht ein ebenso großer Unterschied wie zwischen Reiten und Autofahren. In beiden Fällen kommt man ans Ziel, allerdings auf völlig andere Art und Weise.

112 Der Heizer einer Lokomotive der Western Maryland Railroad, die noch auf historischen Zügen eingesetzt wird, schaufelt Kohle in den Tender, bevor er zur Fahrt durch die Allegheny Mountains nach Frostburg aufbricht.

112–113 Ein Heizer schippt Kohle in die Feuerbüchse seiner Lokomotive: eine anstrengende Arbeit, zumal auf der schwankenden Plattform zwischen Führerhaus und Tender.

Die Entwicklung der Dampflokomotiven

114 und 115 Die größte amerikanische Lokomotive, die Big Boy der Union Pacific (Baureihe 4000), wog 541 t und zog mit ihren 6290 PS Konvois mit einem Gewicht von mehr als 4000 t. Sie wurde ab 1941 in 25 Exemplaren gebaut.

Fast alle Eisenbahnunternehmen entwickelten im Laufe der Jahre Dampflokomotiven nach einer eigenen „Schule" und dies hatte zur Folge, dass man, im Unterschied zu dem modernen rollenden Material, das sich sehr ähnelt, mit etwas Erfahrung auf den ersten Blick leicht eine deutsche von einer italienischen, englischen oder amerikanischen Lokomotive unterscheiden kann. Natürlich verlief der Fortschritt auf einer gemeinsamen Schiene: Um die Leistung der Lokomotiven zu verbessern, musste das Gewicht erhöht und gleichzeitig für einen stärkeren Antrieb gesorgt werden – Ziele, die mit der Zeit durch immer größere Kessel und eine wachsende Zahl von Antriebs- und Laufachsen verwirklicht wurden. Die einzuhaltenden Vorgaben waren zwingend: zum einen durfte die Achslast wegen der Beanspruchung der Schienen nicht zu hoch sein, zum anderen durften die Maße die Grenzprofile für den Eisenbahnverkehr nicht überschreiten. Wenn sich die erste Einschränkung mit der Zeit durch die Einführung immer robusterer Schienen lockerte, so gab es für die zweite nur einen Weg: die Lokomotiven länger zu gestalten. Und so gelangte man nach und nach von den sechs Metern – einschließlich Tender – der Rocket zu der fast vierzig Meter langen amerikanischen Big Boy, die im Auftrag der Union Pacific gebaut wurde.

Längere Lokomotiven hatten jedoch größere Schwierigkeiten mit der Kurvenläufigkeit, einem Problem, dem man mit verschiedenen technischen Tricks zu Leibe rückte: Weglassen des Spurkranzes an den Rädern der Mittelachse und richtige Gelenkverbindungen für den Antriebsapparat, wie bei den von Anatole Mallet entworfenen Lokomotiven.

Von den anderen Neuerungen war sicherlich die Anwendung von Heißdampf die wichtigste: In einem speziellen Behälter wird der Dampf auf über 100 Grad erhitzt und der Wassergehalt so um ein Vielfaches reduziert, mit dem praktischen Ergebnis, dass die Expansionsfähigkeit signifikant zunimmt. Sehr interessant auch die Anwendung des doppelten Expansionssystems (compound), das die restliche Expansionskapazität des bereits verwendeten Dampfs ausnutzt und auf einen anderen Zylinder wirken lässt, der mit niedrigerem Druck arbeitet. Weitere wichtige Vorrichtungen waren die Wasservorwärmer, die in den Kessel eingeführt wurden, z. B. von Nielebock-Knorr oder Franco Crosti.

Let "Big Boy" speed your freight

A gigantic, rolling power-house . . . the 600-ton locomotive "Big Boy" speeds the heaviest freight loads. Equipment designed to handle any freight shipment . . . large or small . . . backed by modern facilities and men who know their jobs are assurance of dependable performance.

Union Pacific traffic experts are located in metropolitan cities from coast to coast. They offer you complete cooperation in handling any traffic problem.

UNION PACIFIC RAILROAD

BE SPECIFIC: *Ship* UNION PACIFIC

MEISTERWERKE DES EISENBAHNBAUS

116 Lokale Persönlichkeiten drängen sich um eine Loko-motive der Baureihe C der französischen Eisenbahngesellschaft Paris-Lyon-Méditerranée (PLM). Diese schnellen, eleganten Lokomotiven führten auch die Luxuszüge zur Côte d'Azur.

DIE COUPE-VENT – Es ist fast unmöglich, alle Arten von Dampflokomotiven zu beschreiben, die im Laufe der Jahre gebaut wurden, so wie es extrem schwierig ist, eine Rangfolge hinsichtlich der erlangten Bedeutung oder der verwendeten Technik aufzustellen. Also haben wir beschlossen, unseren Weg zwischen den Hunderten verschiedenen Lokomotiven zu suchen und bei jenen Halt zu machen, die aus irgendeinem Grund am interessantesten erscheinen.

Zu den bekanntesten Dampfloks in Europa gehörte zu Beginn des Jahrhunderts sicherlich die Baureihe C der PLM (Paris-Lyon-Méditerranée), wegen ihrer besonderen Form auch Coupe-Vent genannt.

117 oben Wegen der aerodynamischen Form der Rauchkammer wurde die Baureihe C der PLM auch Coupe-Vent genannt. Die auf der Postkarte aus jener Zeit angegebene Höchstgeschwindigkeit ist übertrieben: Die Baureihe C erreichte 115 km/h.

117 unten Die kleinen T3 wurden ab 1878 in fast 1300 Exemplaren gebaut, die sich zwar untereinander in einigen mechanischen Teilen unterschieden, aber alle auf dasselbe Modell zurückzuführen sind. Viele, wie diese des Clubs Eurovapor, sind noch in Betrieb.

Sie wurde auf den prächtigsten Zügen der Belle Epoque zur Côte d'Azur eingesetzt. Ab 1898 wurden etwa 120 Stück gebaut. Die Coupe-Vent hatte ein 2-2-0-Fahrgestell und einen Doppelexpansionstrieb, mit dem sie 115 km/h erreichen konnte. Außerdem wurde zum ersten Mal der Druck in dem aus Stahl gefertigten Kessel auf 15 kg/cm² gebracht. Die beiden großen Antriebsräder hatten einen Durchmesser von zwei Metern, aber die Attraktionen waren das aerodynamische Profil der Rauchkammer und die gemeinsame Verkleidung von Schornstein und Dom.

DIE LA MUCCA – Ebenfalls aus diesen Jahren und genauso attraktiv war die italienische Lokomotive der Baureihe 500 der Rete Adriatica, später 670 der FS. Sie wurde zur Weltausstellung nach Paris geschickt, wo sie wegen der technischen Neuerungen Aufsehen erregte. Hauptsächlich war es die Anordnung des Kessels, der auf dem vorderen Drehgestell saß, sodass er größer dimensioniert werden und somit mehr Dampf erzeugen konnte. Der Kessel war also in umgekehrter Reihenfolge als bei den herkömmlichen Lokomotiven angeordnet, mit dem Führerstand vorne und dem Schornstein hinten. Die Kohle war in einem zwischen Kessel und Führerhaus eigens vorgesehenen Kasten untergebracht, während das Wasser aus einem angehängten dreiachsigen Tankwagen entnommen wurde. Eine andere signifikante Neuheit war die Maschine mit doppelter Dampfausdehnung, bei der jedoch die Zylinder asymmetrisch angeordnet waren. Bis 1906 wurden 43 Exemplare gebaut, teilweise von den Borsig-Werken in Berlin und teilweise von Breda in Mailand. Die Kuh besaß ein 2-3-0-Fahrgestell, Antriebsräder mit 1920 mm Durchmesser und erreichte eine Höchstgeschwindigkeit von 110 km/h.

DIE T3 – Diese dreiachsige Tenderlok war klein, aber sehr leistungsstark und wendig (man spricht von Tenderlok, wenn der Wasser- und Kohlevorrat nicht in einem eigenen, ständig mit dem Triebwerk verbundenen Wagen transportiert werden, sondern auf der Lok selbst). Ab 1878 wurden mehr als 1300 Stück gebaut, Beweis eines wirklich beachtlichen technischen Erfolgs. Mit ihrer Geschwindigkeit von nur 40–50 km/h war sie die klassische Maschine für Lokalzüge, sowie für Personen- und Güterzüge auf Nebenstrecken. Dafür konnte sie angesichts der Achslast von nur elf Tonnen praktisch überall hinfahren. Bis zum Zweiten Weltkrieg wurde sie in ganz Deutschland eingesetzt und dutzendweise ins Ausland exportiert. Etliche Exemplare haben bis in unsere Tage überlebt.

DIE ATLANTIC NORD – Die erste dieser herrlichen Lokomotiven mit dem klassischen 2-2-1-Fahrwerk wurde 1900 von der Compagnie du Nord auf der Weltausstellung in Paris vorgestellt. Für die damalige Zeit war die Maschine absolut avantgardistisch. Sie verfügte über den neuesten Stand der Technik, gefiel aber auch wegen ihres Äußeren in Schokoladenbraun mit gelben Streifen. Keine zufällige Wahl, denn die Maschine wurde auf den wichtigsten nordfranzösischen Expressverbindungen eingesetzt, bevor sie in den Dreißigerjahren durch die berühmte Pacific ersetzt wurde. An der Spitze von Schnellzügen fuhr sie mühelos 120 km/h und Spitzengeschwindigkeiten bis zu 130–140 km/h. Es wurden 185 Stück für verschiedene, nicht nur französische Eisenbahngesellschaften gebaut. Ein Exemplar steht in Mulhouse im französischen Eisenbahnmuseum.

DIE CITY CLASS 2-2-0 DER GREAT WESTERN RAILWAY – Diese Baureihe aus 27 englischen Lokomotiven wäre an und für sich nicht besonders interessant, wenn nicht eine von ihnen, die Nr. 3440 mit dem Namen City of Truro, als die erste Maschine gelten würde, die in Europa die 100 Meilen/h, das sind etwa 160 km/h, durchbrochen hätte. Aus diesem Grund ist sie bei den Fans in Großbritannien sehr bekannt. Die City of Truro überschritt 1904 die symbolische 100 Meilen/h-Grenze und wurde nach Beendigung ihrer Karriere im Museum von York ausgestellt. 1957 wurde sie wieder in Betrieb genommen, vor allem auf historischen Zügen, und 1961 endgültig aus dem Verkehr gezogen. Nur wenige Jahre später wurde sie wieder restauriert und unter Druck gesetzt, um das hundertjährige Jubiläum des Geschwindigkeitsrekords zu feiern. Wie bereits erwähnt, war die Maschine aus technischer Sicht nicht auf dem neuesten Stand: Sie war die letzte mit Achsfolge 2-2-0 und Außenrahmen, die von der Great Western Railway gebaut wurde.

DIE PREUSSISCHE P8 – Dieser Typ, von dem in verschiedenen Versionen mehr als 4000 Exemplare gebaut wurden, war eine der charakteristischsten der deutschen Eisenbahnen. Es handelte sich um eine einfache, robuste Lokomotive mit zwei heißdampfgetriebenen Zylindern und einfacher Dampfausdehnung. Ursprünglich für leichte Personenzüge gedacht – P steht für Personenzug – war sie in Wirklichkeit eine ungemein wendige Lokomotive, die auch für Güterzüge eingesetzt wurde. Ihre Höchstgeschwindigkeit betrug 110 km/h. Mit dem Bau wurden ab 1906 praktisch alle größeren deutschen Eisenbahnfabriken betraut. Sie bildete die Baugruppe 38 der Deutschen Reichsbahn, und nach dem Ersten Weltkrieg wurden mehr als 600 Exemplare als Kriegsentschädigung an die diversen Eisenbahnverwaltungen in ganz Europa abgetreten.

DIE A3/5 DER SCHWEIZER EISENBAHNEN – Diese schönen Lokomotiven mit Achsanordnung 2-3-0 wurden ab 1907 gebaut und nutzbringend auf den schwierigen Eisenbahnrampen am Gotthard mit Steigungen

bis zu 26 Promille eingesetzt. Ihr Antrieb mit gesättigtem Dampf und einfacher Dampfausdehnung machte sie besonders vielseitig: Sie konnte gleichermaßen steile Berghänge erklettern und mit 100 km/h über ebene Strecken fahren, meistens an der Spitze großer Passagierzüge. Ab 1913 wurde ein Dampfüberhitzer eingebaut, der ihre Leistung erhöhte. Nicht zuletzt wegen des klassischen, klaren Designs ist sie zweifellos eine der bekanntesten Schweizer Lokomotiven.

118–119 *Die A3/5 ist eine der schönsten Schweizer Dampfloks und wurde seit 1907 in zwei verschiedenen Baureihen von SLM und Maffei in 51 Exemplaren gefertigt. Die noch erhaltene 705 der Schweizer Eisenbahnen wurde von SLM gebaut.*

119 oben links *Die Lokomotive Nr. 3440 City of Truro wurde 1903 nach einem Entwurf des Ingenieurs William Dean für die Great Western Railway gebaut. Sie wurde berühmt, weil sie als Erste schneller als 100 Meilen/h fuhr.*

119 oben rechts *Die preußische P8, später Baureihe 38, der Deutschen Reichsbahn war in Deutschland und in der Folge in ganz Europa sehr verbreitet. Seit 1906 wurden mehr als 4000 Stück gefertigt.*

120 Eine Lokomotive der Baureihe 625 der italienischen Staatsbahnen rangiert, um vor einen historischen Zug gespannt zu werden: Der Dampfstoß, der aus dem Coale-Ventii entweicht, zeigt an, dass der Höchstdruck von 12,5 kg/cm² erreicht ist.

121 Die Lokomotive 740.038 der italienischen Staatsbahnen wird noch auf Touristenzügen und für Filmaufnahmen in Betrieb genommen – nicht zuletzt dank der ehrenamtlichen Arbeit des Vereins Associazione Veneta Treni Storici.

DIE BAUREIHE 640 DER FERROVIE DELLO STATO ITALIANO – Diese Lokomotiven sind das erste Beispiel der „italienischen Schule", deren Entwicklung vor allem dem Verdienst der Ingenieure des Entwicklungsbüros (Ufficio Studi) in Florenz, zunächst unter dem Dach der Rete Adriatica, dann ab 1905 der Ferrovie dello Stato, zuzuschreiben ist. Es handelt sich um leichte, schlanke Maschinen auf der Grundlage einfacher, aber deswegen nicht veralteter technischer Konzepte. Zum Beispiel beschloss man, bei der 640 den Antrieb mit doppelter Dampfausdehnung zugunsten der einfachen abzuschaffen und stattdessen die effizienteren Überhitzer einzusetzen. So wurde die durch den Einsatz der einfachen Dampfausdehnung verlorene Leistung ohne unnötige konstruktionsbedingte Komplikationen durch den Überhitzer ausgeglichen. Doch das eigentliche Juwel dieser Lokomotive war das vordere seitenverschiebbare Drehgestell, auch als „italienisches Drehgestell" bekannt, das der Ingenieur Giuseppe Zara erfunden hatte. Das System erwies sich auch bei hoher Geschwindigkeit als äußerst wirkungsvoll, da die Kurvenführung besser als bei einem herkömmlichen Drehgestell war und das aufliegende Gewicht der Lokomotive optimal ausgenutzt wurde. Alle ab 1907 gebauten italienischen Lokomotiven besaßen dieses vordere Drehgestell, mit alleiniger Ausnahme der Baureihe 690 bzw. der späteren 691. Die 640, die bis zu 100km/h schnell fahren konnte, versah ihren Dienst bis in die Siebzigerjahre. Die gleichen Entwurfskriterien fanden wenige Jahre später auch bei den Lokomotiven der Baureihe 625 Anwendung, einem der Dreh- und Angelpunkte des italienischen Dampflokomotivenparks, von denen 341 Stück gebaut wurden. Im Vergleich zur 640 hatten diese Lokomotiven Zylinder mit etwas kleinerem Durchmesser und niedrigere Räder (1510 gegenüber 1850 mm), und sie waren etwas langsamer, während die Leistung (800 PS) fast identisch war.

DIE BAUREIHE 740 DER FS: DIE ITALIENISCHE STANDARDKLASSE – Mit gut 470 Exemplaren ist es die größte italienische Dampflokomotiven-Baureihe, und viele laufen noch heute, konserviert und restauriert, auf Zügen für Touris- ten und Eisenbahnfans. Im Wesentlichen für den Güterverkehr konzipiert, wurde sie im Laufe ihrer Karriere insbesondere auf Berg- und Neben- strecken ebenfalls im Personennahverkehr eingesetzt. Auch die 740 mit Achsfolge 1-4-0 ist ein Resultat der Entscheidung, die doppelte Dampf-ausdehnung zugunsten der einfachen aufzugeben, sobald der Überhitzer ähnliche Ergebnisse ermöglichte. In der Tat ist der Aufbau der 740 dem der Baureihe 730 aus dem Jahr 1906 nachempfunden. Sie wurde jedoch ab 1911 mit einfacher Dampfausdehnung, außenliegenden Zylindern und überhitztem Dampf in Auftrag gegeben. Ihre Leistung war zwar nicht exorbitant, 980 PS bei 45 km/h (die Höchstgeschwindigkeit betrug aber 65 km/h), doch dafür waren die Maschinen extrem zuverlässig. Auf demselben Konzept, mit gleichem Wagen, Antrieb und Kessel, bauten die FS ab 1922 auch 41 Tenderlokomotiven der Reihe 940 mit Achsfolge 1-4-1 für den Personen- und Güterverkehr auf Bergstrecken.

Und schließlich darf nicht vergessen werden, dass ab den Fünfzigerjahren in viele 740er (einige wenige waren bereits 1941 umgebaut worden) der Franco-Crosti-Vorwärmer eingebaut wurde. Diese Vorrichtung wurde entweder unter dem Kessel oder in zwei Elemente aufgeteilt beiderseits des Kessels montiert. Die 741 bzw. 743 bekam ein unverwechselbares Aussehen, da der Schornstein ganz nahe am Führerhaus lag.

DIE KÖNIGIN DER ITALIENISCHEN LOKOMOTIVEN: DIE 685 – Nur eine einzige ist noch in Betrieb: Die 685.196 wird auf den prestigeträchtigsten historischen Zügen eingesetzt und wegen ihrer Eleganz von den italieni- schen Fans als Königin der Lokomotiven bezeichnet. In der Tat kann diese 1-3-1, die seit 1912 gebaut wird, als das beste Produkt des Entwicklungs- büros der FS betrachtet werden. Auch bei der 685 schlugen die FS den bereits von der 640 und 740 bekannten Weg ein: Die bei der Baureihe 680 angewendete doppelte Dampfausdehnung wurde durch die einfache ersetzt. Die Maschine, die dabei herauskam, erwies sich sofort als wirkungsvoll: Sie verfügte über einen Antrieb mit vier Zylindern, einfacher Dampfausdehnung und Überhitzer – und natürlich das berühmte italienische Drehgestell, was ihr ermöglichte, mühelos eine Spitzengeschwindigkeit von 120 km/h zu erreichen (bei einer Leistung von 1250 PS). Auch unter ästhetischen Gesichtspunkten war das Ergebnis dank dem aerodyna- mischen Führerhaus und den großen Treibrädern mit 1850 mm Durch- messer überzeugend. Es wurden 271 Exemplare gebaut, zuzüglich der 121 umgebauten 680er. Diesen Lokomotiven wurden praktisch alle bedeuten- deren Personenzüge auf den nicht elektrifizierten Linien anvertraut. Der namhafteste Betrieb war der Adria-Express von Ferrara nach Rimini bis 1967.

740 038

DIE CASTLE-KLASSE DER GREAT WESTERN RAILWAY – Die 2-3-0-Lokomotiven der Castle-Klasse gehören zu den gelungensten der Great Western Railway: Entwickelt aus der vorausgehenden Star-Reihe, wurden zwischen 1923 und 1950 165 Exemplare gebaut. Die Lokomotiven dieser Klasse zeichneten sich durch besondere Leistungen aus, die sie an der Spitze des Chelthenham Flyer brachten. Am 6. Juni 1932 führte die Lokomotive Tregenna Castle (mit der Nr. 5006) den Express mit einer Durchschnittsgeschwindigkeit von 131 km/h über die 124 km von Swindon nach Paddington. Die Castle-Klasse hatte einen Antrieb mit einfacher Dampfausdeh- nung, vier Zylindern und überhitztem Dampf. Sie blieben bis in die Sechzigerjahre in Betrieb, aber viele wurden auf historischen Zügen eingesetzt.

DIE BAUREIHE 44 DRG – Diese imposante 1-5-0-Güterzuglokomotive wurde von 1926–1949 in fast 200 Exemplaren gebaut. Es handelt sich um die erste deutsche Einheitslokomotive für den Güterverkehr. Es gibt nicht viele europäische Lokomotiven mit fünf gekuppelten Achsen, eine technische Lösung, die zwar einerseits leistungsstarke Maschinen ermöglicht, andererseits aber durch den langen, starren Passus der fünf miteinander durch Pleuelstangen verbundenen Achsen bei der Kurvenläufigkeit Probleme bereiten kann. In Großbritannien wurde die erste Lokomotive mit fünf miteinander verbundenen Achsen erst 1943 gefertigt, während in Deutschland die ersten Versuche auf das Jahr 1912 zurückgehen. 1917 kam die erste bedeutende 1-5-0-Baureihe heraus, die preußische G12,

122–123 Die Lokomotive 7029 Clun Castle der Great Central Railway unter vollem Dampf bei einer Gedächtnisfahrt im Juni 1993. Diese seit 1923 gebauten Maschinen konnten mit einer Reisegeschwindigkeit von 160 km/h fahren.

123 Die Lokomotiven der Baureihe G12 waren die ersten mit Achsfolge 1-5-0, die ab 1917 in Deutschland in Großserie gebaut wurden. Auf dem Bild ist ein Exemplar der Baureihe 36 der jugoslawischen Eisenbahnen JZ zu sehen.

von der gut 1350 Stück gebaut wurden. Als die Länderbahnen während der Weimarer Republik in die Verwaltung des Deutschen Reiches überführt wurden (vor der Gründung des Staatsunternehmens Deutsche Reichsbahn-Gesellschaft DRG 1924), bildeten die G12-Lokomotiven die Baureihe 58, und ihre hervorragende Funktionstüchtigkeit veranlasste die Ingenieure der deutschen Bahn, eine 1-5-0 in das „Lokomotiven-Standardprogramm" aufzunehmen, das sie erarbeiten sollten. In jenen Jahren hatte die DRG sage und schreibe 284 verschiedene Lokomotiventypen aus den Vor-Einheits-Netzen geerbt, und es war somit notwendig, Ordnung in eine Situation zu bringen, die nicht zuletzt Unwirtschaftlichkeit und Betriebsstörungen mit sich brachte. So beschloss man schon bald, den ganzen Park auf 29 Standardbaureihen zurückzuführen. Die Maschinen der Baureihe 44 hatten einen Antrieb mit drei Zylindern, einfacher Dampfausdehnung und Überhitzer. Zusammen mit dem modernen Kessel konnten sie im Flachland 2000 t schwere Züge mit 55 km/h bewegen und Konvois von 1000 t mit 35 km/h über Steigungen von 10 Promille hinaufziehen. Nach der Teilung Deutschlands wurden die Lokomotiven unter der westdeutschen DB (Deutsche Bundesbahn) und der ostdeutschen DR (Deutsche Reichsbahn) aufgeteilt. Die Lokomotiven, die an die DR gingen, blieben bis 1967 in Betrieb, während diejenigen westlich der Mauer sogar bis 1976 ihren Dienst versahen. Erinnerungswürdig in jenen Jahren die Güterzüge mit über 3000 t, die von zwei Loks der Reihe 44 durch das Moseltal geführt wurden.

124 Die in fahrbereitem Zustand erhaltene bayerische Lokomotive S3/6 Nr. 3673, später DB 18478, in voller Fahrt in der Nähe von Nassau am Kopf eines historischen Zuges. Sie gilt als eine der schönsten europäischen Pacifics.

125 Dieses Plakat von 1928 wirbt für die Züge der Pennsylvania Railroad. In den USA wurde die Pacific an der Spitze schwerer Personenzüge schon bald durch stärkere Maschinen ersetzt.

DIE PACIFIC, ELEGANZ UND GESCHWINDIGKEIT AUF SCHIENEN – Die Pacific ist weltweit das Synonym für Eleganz und Geschwindigkeit. Für die Baureihe dieser 2-3-1-Maschinen wurde einfach der in den USA gebräuchliche Name übernommen. Die Kombination aus einem vorderen Drehgestell mit zwei Achsen, das als Führung diente, drei großen Treibrädern und einem hinteren Drehgestell unter der Feuerbüchse eignete sich am besten, um leistungsstarke, schnelle Maschinen zu entwickeln. Aufgrund der Tatsache, dass stärkere Leistungen auch größere Kessel bedingten, fügte man eine weitere Achse hinzu, was zu der Konstellation 1-4-1, auch bekannt als Mikado, führte – wunderschöne, starke Lokomotiven, die jedoch weniger elegant waren als die kleineren Pacific. In den goldenen Jahren der Dampftraktion waren praktisch alle europäischen und amerikanischen Eisenbahnunternehmen mit der Pacifc ausgerüstet und wir wollen hier an die schönsten und bekanntesten erinnern, die in jenen Jahren auf Schienen liefen.

Eine der allerersten Pacifics, die in Europa verkehrten, war die Baden IVF, ein einzigartiges, besonders elegantes Exemplar, das Maffei 1907 in München für die Staatsbahn Baden baute. Sie besaß eine Vierzylindermaschine, einfache Dampfausdehnung, Überhitzer und Treibräder mit 1800 mm Durchmesser. Mit einer Höchstgeschwindigkeit von 120 km/h konnte sie die schnellsten Züge ihrer Zeit führen. Eine der Probefahrten fand auf der Strecke Mannheim–Offenburg–Basel statt, wobei die Lokomotive einen für jene Zeit eher schweren Zug von 460 t ohne besondere Probleme mit einer durchschnittlichen Geschwindigkeit von 100 km/h zog.

Nur ein Jahr später erblickte die bayerische S3/6 das Licht der Welt, die als eine der schönsten Lokomotiven ihrer Zeit gilt. Sie besaß eine damals innovative Vierzylinder-Heißdampfverbundmaschine und war so erfolgreich, dass 159 Exemplare bei Maffei in München gebaut wurden. In den Dreißigerjahren wurde sie von der DRG in die Baureihe 18 umgestuft und auf den namhaftesten deutschen Zügen eingesetzt, angefangen mit dem Rheingold auf der Linie Emmerich–Mannheim. Die bayerische S3/6 brachte eine optimale Leistung (1750 PS bei 70 km/h) und eine Spitzengeschwindigkeit um 130 km/h.

In Frankreich blieb man natürlich nicht untätig, und ab 1909 nahm die PLM (Paris–Lyon–Méditerranée) ihre ersten Pacifics in Betrieb, die einfach nur 231 genannt wurden. Bis 1934 wurden 460 Stück in verschiedenen Versionen gebaut. Anfangs liefen die Maschinen mit einfacher Dampfausdehnung, um dann 1912 mit der Serie C endgültig zur doppelten überzugehen. Es waren sehr erfolgreiche Maschinen, das Objekt ständiger Bewunderung (die zuletzt produzierte Serie G brachte 1934 eine Leistung von gut 2800 PS), die später auch umgebaut und noch lange erfolgreich eingesetzt wurden.

Ebenso erfolgreich war in den USA die Pacific der Serie K der Pennsylvania Railroad, die vielleicht zu den schönsten amerikanischen Lokomotiven jener Zeit gehörte. Mit den K4 wurden die berühmten Detroit Arrow und Broadway Limited bestückt. 1936 wurde unter anderem die Nummer 3768 mit einer Verkleidung ausgestattet, ein Entwurf des Architekten und Designers Raymond Loewy.

Die K4-Lokomotiven wurden von dem Ingenieur J.T. Wallis geplant, dem Leiter des Traktionsbüros der Pennsylvania Railroad, der den Kessel und andere mechanische Teile der L1 1-4-1 Mikado verwendete und auch von den mit der von ALCO 1911 gebauten Pacific K29 gemachten Erfahrungen profitierte. Die amerikanische Gesellschaft war damals eine der wichtigsten auf der Welt und hatte beschlossen, ihre eigenen Lokomotiven zu bauen, um über das beste rollende Material zu verfügen. Die K4 waren zweifellos gut gelungene Maschinen, von der ca. 425 Exemplare gebaut wurden, jedoch alles in allem traditionell konzipierte. Die Penn, wie die Eisenbahngesellschaft in den USA vertraulich genannt wurde, probierte später alle möglichen Neuerungen an ihnen aus, ohne jedoch das Grundkonzept auf den Kopf zu stellen, was ihnen eine über dreißigjährige Karriere garantierte. Sie hatte eine Leistung von 3000 PS bei einer Höchstgeschwindigkeit von 150 km/h und konnte problemlos Fahrtgeschwindigkeiten um 120 km/h halten. Der Antrieb funktionierte mit einfacher Dampfausdehnung und Heißdampf, und der Durchmesser der Treibräder betrug knapp zwei Meter. Die Pacific wurde in den USA schon bald durch größere, stärkere Maschinen ersetzt, die in den Dreißiger- und Vierzigerahren denkwürdige Kapitel der Eisenbahngeschichte schrieben.

PENNSYLVANIA
RAILROAD
CHICAGO
DETROIT
CLEVELAND
BUFFALO
PITTSBURGH
COLUMBUS
INDIANAPOLIS
CINCINNATI
LOUISVILLE
ST. LOUIS
NEW YORK
PHILADELPHIA
ATLANTIC CITY
BALTIMORE
WASHINGTON
RICHMOND
NORFOLK
BOSTON
LAKE MICHIGAN
LAKE ERIE
LAKE ONTARIO
5436
LARGEST FLEET OF
AIR-CONDITIONED
TRAINS
IN THE WORLD
PENNSYLVANIA RAILROAD

126 Die prächtige Pacific 387.043 der CSD (ehemalige tschechoslowakische Staatsbahnen) steht neben anderen historischen Lokomotiven im Brünner Depot. Baujahr 1925, erreichte sie beachtliche 130 km/h.

126–127 Die Pacific 01-1100 der DB ist eine der bekanntesten historischen Maschinen in Deutschland und wird häufig an der Spitze von Sonderzügen eingesetzt. Ein besonderes Merkmal dieser Lokomotive ist die Verbrennung von Diesel anstatt Kohle.

Doch kehren wir zurück nach Europa. Ein paar Jahre später, 1925, nahm auch die Tschechoslowakei eine wundervolle Pacific in Betrieb, die 387, von der Skoda 43 Stück herstellte. Die Maschine orientierte sich an der „deutschen Schule", verfügte über drei Zylinder, Heißdampf und einfache Dampfausdehnung und konnte 130 km/h erreichen. Ihre Laufbahn dauerte bis zur Mitte der Sechzigerjahre, als die tschechoslowakischen Hauptlinien elektrifiziert wurden. Ein Jahr später baute Borsig in Deutschland die erste Br01, eine der berühmtesten und schönsten europäischen Pacifics aller Zeiten, von der in verschiedenen Versionen gut und gern 231 Exemplare gefertigt wurden. Es würde zu lange dauern, hier alle Änderungen aufzuzählen, die im Laufe der Jahre an diesen Lokomotiven vorgenommen wurden, vom Wechsel des Kessels bis hin zum Betrieb mit Heizöl. Sicher ist, dass sie sowohl in West- als auch in Ostdeutschland bis Ende der Siebzigerjahre ihren Dienst versahen. Sie liefen mit zwei Zylindern, Heißdampf und einfacher Dampfausdehnung und fuhren 130 km/h.

Sehr viel weniger glücklich verlief die Karriere der einzigen italienischen Pacific, der 691, die 1929 aus der 690 von 1911 hervorging. Es wurden 33 Exemplare gebaut, die vor allem auf den Hauptstrecken in der Po-Ebene eingesetzt wurden, da nur diese mit Schienen ausgestattet waren, die ihr Gewicht aushielten. In die Nachfolgerin der 690 wurde ein größerer Kessel eingebaut, die hintere Laufachse durch ein Bissel-Drehgestell ersetzt und ein Knorr-Vorwärmer installiert. Die Leistung erhöhte sich so auf 1750 PS (bei 90 km/h) und die Höchstgeschwindigkeit auf 130 km/h. 1939 wurde die 691.026 einem Experiment unterzogen, bei dem eine schwere Verkleidung angebracht wurde, die sie einem Panzer gleichen ließ. Abgesehen davon, dass dieser Mantel ein unnötiges Gewicht darstellte, das transportiert werden musste, behinderte er viele Wartungsarbeiten und wurde kurz darauf wieder entfernt. Die 691 blieb bis in die Sechzigerjahre in Betrieb. Als Einzige entkam die 022 dem Schweißbrenner und ist im Museum für Wissenschaft und Technik in Mailand zu sehen.

01 1100
48
9

128 Dieses 1947 in London aufgenommene Bild zeigt die luxuriösen Pullman-Waggons des Schnellzugs Flèche d'Or/ Golden Arrow London–Paris. Der Zug wurde von den besten Dampflokomotiven der Zeit geführt.

Zu großer Berühmtheit gelangte dagegen die Pacific Nord Chapelon an der Spitze des Flèche d'Or Paris–Calais, ausgelegt auf 140 km/h. Dass diese Maschine verwirklicht wurde, ist dem Genie André Chapelons zu verdanken, der als einer der begabtesten Eisenbahningenieure aller Zeiten gilt. Er hielt es für möglich, den Wirkungsgrad der schon damals sehr guten Dampflokomotiven durch Änderungen an der Form des Dampfsammelkastens, des Dampfabzugs durch den Schornstein und der Dampftemperatur noch zu verbessern. Die Idee war also nicht, neue Maschinen zu bauen, sondern aus den bereits vorhandenen durch Umbauten mehr Leistung herauszuholen. Als Chapelon seine Theorien endlich an einer Lokomotive der Gesellschaft Paris–Orléans (PO) in die Praxis umsetzen durfte, gaben ihm die aufsehenerregenden Ergebnisse Recht. Die Leistung erhöhte sich von 2000 auf 3000 PS bei einem fast um

128–129 Die Fotografie von 1929 zeigt die Pacific 231.E34 in Paris in Erwartung des Signals für freie Fahrt an der Spitze des Flèche d'Or nach Calais und London, eine der namhaftesten Linien jener Zeit.

ein Viertel niedrigeren Brennstoffverbrauch. Daraufhin beschloss die PO, einige ihrer Maschinen umbauen zu lassen, und auch die Compagnie du Nord beauftragte Chapelon mit der Umrüstung mehrerer Pacifics. So entstanden ab 1934 die 48 Lokomotiven der Serie 3.1100 der Compagnie du Nord, die nach der Gründung der französischen Staatsbahnen SNCF die Bezeichnung 231E mit den laufenden Nummern 1 bis 48 erhielten. Diese prächtigen Lokomotiven besaßen einen Antrieb mit doppelter Dampfausdehnung und Heißdampf und konnten eine Dauerleistung von gut 2700 PS bei 140 km/h erbringen. Außer den unbestrittenen technischen Qualitäten verdankt sie ihren Ruhm auch ihrer Farbgebung, einer der absolut schönsten der europäischen Eisenbahngeschichte: Schokoladenbraun, mit Gelb abgesetzt, das ihre herrlichen Proportionen unterstreicht. Glücklicherweise wurde eine dieser Lokomotiven, die E22, vor der Verschrottung gerettet und ist in ihrer ganzen Eleganz im Französischen Eisenbahnmuseum in Mulhouse zu besichtigen.

FLECHE
D'OR
231.E.34

130-131 Die Mallard der LNER gilt als die schönste Pacific der Welt mit verkleidetem Rumpf und verdankt ihren Ruhm dem Geschwindigkeitsrekord für Dampflokomotiven, 202 km/h, der am 3. Juli 1938 aufgestellt wurde und immer noch ungeschlagen ist.

131 Die Lokomotiven der Baureihe A4, von denen die Mallard am bekanntesten ist, wurden zwischen 1935 und 1938 in 35 Exemplaren gefertigt. Entworfen hatte sie Sir Nigel Gresley, Chefingenieur der London & North Eastern Railway (LNER).

Auf unserem Rundgang durch die berühmten Pacific-Lokomotiven haben wir bis jetzt noch nicht über die englischen Maschinen gesprochen. In Wirklichkeit gibt es dafür einen Grund. Die britischen Kompanien entwickelten nämlich in jenen Jahren herrliche Lokomotiven mit der Achsfolge 2-3-0, die mühelos in der Lage waren, mit den Leistungen der kontinentalen Pacific gleichzuziehen. In Großbritannien erschienen die Pacifics also relativ spät, dafür aber mit unvergesslichen Maschinen. Die Rede ist natürlich von den Lokomotiven der Baureihe A4 der LNER (London & North Eastern Railway) und insbesondere der Nummer 4468, der sogenannten Mallard (Wildente), die 1938 mit 202 km/h den heute noch ungeschlagenen Geschwindigkeitsweltrekord für Dampflokomotiven aufstellte.

Die A4 wurde 1935 von dem bekannten Ingenieur Sir Nigel Gresley für einen neuen Zug zwischen King's Cross in London und Newcastle konzipiert, den Silver Jubilee. Der Name war eine Hommage an die 25 Jahre der Regierung König Georgs V. Auf der Basis der bereits sehr guten Pacific der Baureihe A3 gelang es ihm, durch einen höheren Kesseldruck (festgesetzt auf 17,5 kg/cm²) und eine größere Feuerbüchse eine höhere Leistung zu erzielen. Die Änderungen bewirkten eine Steigerung der Dampfproduktion und verminderten zugleich den Kohle- wie auch den Wasserverbrauch. Gresley beschloss des Weiteren, die Lokomotiven mit einer Verkleidung zu versehen, was nicht nur einen ästhetischen Grund hatte, sondern auch eine Luftströmung bewirken sollte, die verhinderte, dass Dampf und Rauch zum Führerhaus hinunterwehten und den Lokführern die Sicht nahmen. Was sich wie eine Kleinigkeit anhört, war für die A3 ein Problem, und im Übrigen war es bei einer Geschwindigkeit von 160 km/h unbedingt notwendig, vom Führerhaus aus stets vollkommene Sicht zu haben. Die A4 besaß große Räder mit 2032 mm Durchmesser und wurde von einer Dreizylindermaschine mit einfacher Dampfausdehnung und Heißdampf angetrieben.

„*Die* Mallard *hält heute noch den Geschwindigkeitsweltrekord für Dampflokomotiven.*“

MALLARD

60007
SIR NIGEL GRESLEY
A-4

MALLARD

Der Geschwindigkeitsrekord wurde am 3. Juli 1938 bei einem eigens dafür organisierten Testlauf aufgestellt. Unter anderem entschied man sich für die Mallard 4468, weil sie als Erste mit einem Kylchap-Blasrohr ausgerüstet war, das die Leistung noch mehr erhöhte (und anschließend auch in andere Lokomotiven eingebaut wurde). Die Lokomotive zog sechs Waggons und einen Wagen mit einem Geschwindigkeitsmesser, mit dem eine Spitzengeschwindigkeit von 202,8 km/h nachgewiesen werden konnte. Die Mallard ist heute im Eisenbahnmuseum in York zu sehen, aber von den 35 gebauten A4 sind insgesamt noch sechs erhalten.

War die A4 die Königin der LNER, so war die Duchess Class (ihre genaue Bezeichnung lautete Princess Coronation Class) die schönste Pacific der LMS (London, Midland & Scottish Railway). Sie wurde von einem anderen bekannten Ingenieur jener Zeit, William Stainer, dem Leiter der Dampftraktion bei LMS, eigens als Antwort auf die Konkurrenz der LNER entworfen.

Damals beschloss die LMS, sich von der gegnerischen Kompanie durch einen neuen Zug nach Schottland abzuheben, der Linie London Euston–Glasgow mit nur einem Zwischenhalt in Carlisle. Der Zug wurde Coronation Scot getauft. Das Problem war, dass die Lokomotiven der Princess Royal Class, ebenfalls Pacifics, nicht als gut genug für den neuen Zug betrachtet wurden. Also entwarf Stainer eine neue Pacific-Familie auf der Basis der Princess Royal: Er vergrößerte den Kesseldurchmesser, führte weitere Überhitzer-Elemente ein, montierte größere Räder, vereinfachte die Verteilung und entschied sich, wie Gresley, für eine Vollverkleidung. Ab Juni 1937 verließen die ersten fünf Loks die Werkstätten von Crewe; wie der Zug waren sie in Preußischblau lackiert und mit Weiß abgesetzt. Weitere fünf, ebenfalls mit Verkleidung, erhielten einen braunen Anstrich mit weißen Streifen, damit sie zu den traditionellen Wagen der LMS in der gleichen Farbe passten. Insgesamt wurden 38 Stück gebaut, von denen etliche nur teilweise verkleidet waren. Im Unterschied zu den A4 der LNER waren die Pacifics der Duchess Class Maschinen mit vier Zylindern und einfacher Dampfausdehnung, aber ebenfalls Heißdampflokomotiven. Die Höchstgeschwindigkeit war auf 160 km/h festgesetzt, und sie konnten einen 600 t schweren Zug mit über 100 km/h führen.

132–133 *Eine Pacific der Duchess Class führt einen historischen Zug über die Ausfahrtsweichen des Bahnhofs. Diese Maschinen wurden ab 1939 für die britische Gesellschaft LMS gebaut.*

133 oben *Die Pacific Nr. 35028 Clan Line gehört heute der Merchant Navy Locomotive Preservation Society, die sie nach fünf Jahren mühevoller Restaurierungsarbeiten im November 2006 wieder in fahrbereiten Zustand versetzt hat.*

133 unten *Die Pacific Nr. 46229 Duchess of Hamilton wartet im Depot von Marylebone auf ihren Einsatz. Einige dieser Lokomotiven erhielten eine Verkleidung, um vor den Coronation Scot Express gespannt werden zu können.*

Die dritte berühmte englische Pacific verdanken wir allerdings der Fähigkeiten Oliver Bulleids, des Chefingenieurs der Southern Railway. Die Rede ist natürlich von der Merchant Navy Class, die ab 1941 in 30 Exemplaren für die Verbindung zwischen der Londoner Victoria Station und den Fährhäfen zum Kontinent gebaut wurde. Bulleid entwarf eine unter bestimmten Gesichtspunkten ziemlich innovative Maschine: Viele Funktionen wurden von Stellmotoren mit Dampfantrieb gesteuert – unter anderem auch das Öffnen der Feuerklappe –, und auch das Design war eher ungewöhnlich mit einer ovalen Rauchkammerklappe und einer Karosserie, die weniger eine richtige Verkleidung als ein ästhetisches Kunstwerk war, damit die Lokomotive besser zu den Waggons des Netzes passte. Sie hatte einen Antrieb mit drei Zylindern und einfacher Heißdampfausdehnung, die eine Höchstgeschwindigkeit von 130 km/h ermöglichten. In der Folge baute die Southern Railway eine vereinfachte Version der Merchant Navy, die mit 110 Exemplaren die West Country Class bildete, ebenfalls bekannt als Battle of Britain oder Bulleid Light Pacifics. Mit diesen Lokomotiven wurde auch der Golden Arrow von London nach Dover bestückt, das britische Teilstück der Verbin- dung London–Paris, die auf dem Kontinent Flèche d'Or genannt wurde.

134 oben und 134-135 Der Zug, mit dem der Leichnam König Georges VI. am 12. Februar 1952 von Sandringham nach London überführt wurde, wurde von der Lokomotive Britannia geführt, deren Dach seither zum Gedenken an dieses Ereignis weiß lackiert ist.

135 Die Pacific Britannia, die erste der 55 Exemplare der Class 7, war eine der letzten Dampfloks mit dieser Achsfolge, die 1951 in Großbritannien gebaut wurden. Die Class 7 waren sehr gute Lokomotiven, aber der Dampfantrieb war nunmehr im Niedergang begriffen.

Die letzten englischen Pacifics aus den Fünfzigerjahren bildeten die Britannia Class, auch bekannt als British Railway Standard Class 7. Es wurden 55 Exemplare gebaut, mit denen die namhaftesten englischen Züge bis zum Aufkommen der Dieselloks bestückt wurden. Es war eine technisch gelungene Maschine, die Außerordentliches zu leisten imstande war, so dass BR daran gedacht hatte, eine zweite Generation zu bauen, aus der auch der Prototyp, die Nr. 71.000 Duke of Gloucester, hervorging. Doch mittlerweile ging das Dampfzeitalter zumindest in Europa mit raschen Schritten dem Ende zu, und es wurde nichts mehr daraus. Eine Kuriosität betrifft die erste Maschine der Baureihe, die Britannia. Im Februar 1952 führte sie den Zug mit dem Leichnam König Georges VI. von Norfolk nach London. Seit damals und noch viele Jahre lang blieb das Dach des Führerhauses der Lokomotive zur Erinnerung an dieses Ereignis weiß gestrichen.

An dieser Stelle möchten wir noch an zwei Pacifics erinnern, die zwar weit voneinander entfernt, aber gleichermaßen bedeutend waren. Die erste stellt den Schwanengesang der europäischen Schnellzuglokomotiven dar, die zweite ist die letzte Pacific im Regelbetrieb auf der Welt.
Die Baureihe Br10 der DB besteht in Wirklichkeit nur aus zwei Pacifics mit Verkleidung, die von 1956 bis 1957 von Krupp gebaut wurden. In jenen Jahren war der Wiederaufbau in Deutschland schon im Gange, und die DB verfügte bereits über sehr gute Elektro- und Dieselloks. Vielleicht stand hinter diesen beiden Maschinen der Gedanke zu sehen, ob und wie die großen Pacifics der Vorkriegszeit noch eine Zukunft haben konnten. Im Übrigen wurde damals mit großem Erfolg die Br23 für leichte Züge gebaut. Die Br10 hatten drei Zylinder, einfache Dampfausdehnung und Heißdampf und erreichten 160 km/h. Trotz der exzellenten Ergebnisse wurden sie wenige Jahre später aus dem Verkehr gezogen.

Zehntausend Kilometer weiter östlich versahen die Pacifics der Baureihe RM der chinesischen Eisenbahnen bis 1990 ihren Dienst im Personenverkehr. Die RM ist das letzte chinesische Dampflokomotiven-Projekt für diese Art Verkehr. Zwischen 1957 und 1961 in 258 Exemplaren gebaut, basierte sie auf dem Design der SL6, von der Rahmen und Fahrwerk übernommen wurden. Der Kessel entsprach den russischen Gepflogenheiten und ähnelte dem der JS Mikado.
Es waren keine sehr leistungsstarken Lokomotiven, und ihre Grenzen traten offen zutage, als in den Siebzigerjahren Länge und Gewicht der Züge beträchtlich stiegen. Ein Großteil endete auf Nebenstrecken, und aus den zur Verfügung stehenden Daten (damals konnte man China und insbesondere bestimmte Gebiete noch nicht so einfach bereisen wie heute) wissen wir, dass viele in der Gegend um Xi'an konzentriert waren. Mit Sicherheit waren die letzten in der Mandschurei in Betrieb, wo sie um Shenyang, Changchun, Harbin und Jiamusi eingesetzt wurden. Mit ihrem Verschwinden Anfang der 1990er-Jahre können wir die fast hundertjährige Geschichte der Pacifics abschließen.
Andere Dampflokomotiven verdienen jedoch unsere Aufmerksamkeit: die großen Mallet-Gelenklokomotiven und die aerodynamischen amerikanischen Züge oder die gigantischen südafrikanischen Garrat, genauso wie wir dieses Kapitel nicht beenden können, ohne auf die Zahnradbahnen einzugehen oder die ungewöhnlichen Maschinen von Shay, Heisler und Climax, bei denen die Bewegung durch Getriebe und Antriebswellen anstatt durch Pleuelstangen auf die Achsen übertragen wird.

Die grossen amerikanischen Gelenklokomotiven

In den Vereinigten Staaten begünstigten die weiten Räume zusammen mit den großen Entfernungen auch bei der Eisenbahn gigantische Bauformen. Die Güterzüge waren kilometerlang, und bereits vor dem Zweiten Weltkrieg tauchten wahre Giganten auf den amerikanischen Gleisen auf. Der Rekord gebührt natürlich der berühmten Big Boy der Union Pacific, einem Monstrum von 541 t Gesamtgewicht (die A4 Mallard wog „nur" 170 t) und „gerade mal" 40 m Länge. Von diesen Riesen baute ALCO 25 Stück für die Union Pacific, speziell um das Problem der Güterzüge auf der 75 Meilen langen Strecke zwischen Ogden in Utah und Evanston in Wyoming zu lösen, auf der unter anderem die lange Auffahrt zum Sherman Hill mit einer Steigung von 15,5 Promille durch die Wasatch Mountains zu bewältigen war. Die Big Boy brachte eine Leistung von 6290 PS auf die Schiene und konnte Züge von 3300 t mit 70 km/h den Berg hinaufziehen, während sie in der Ebene mühelos 130 km/h fuhr. Häufig wurde sie als Mallet bezeichnet, auch wenn das in Wirklichkeit nicht ganz stimmt. Der Antrieb der Big Boy erfolgte durch zwei verschiedene Triebwerke mit jeweils vier Achsen, deren Rahmen untereinander durch zwei zweiachsige Drehgestelle nach dem Schema 2-4-0+0-4-2 miteinander verbunden waren. Auf diese Weise konnte die Lokomotive Kurven mit nur 88 m Radius fahren. Der Motor verfügte über vier Zylinder, einfache Dampfausdehnung und Heißdampf, und darin bestand der technische Unterschied zu den von Anatole Mallet konzipierten Maschinen, die zwar ebenfalls Gelenklokomotiven, allerdings mit doppelter Dampfausdehnung waren, also auf jedem Drehgestell zwei Hochdruck- und zwei Niederdruckzylinder besaßen. Am frühen Morgen des 21. Juli 1959 fuhr der letzte mit einer Big Boy bespannte Zug; an jenem Tag wurde der Regelbetrieb eingestellt, auch wenn einige wenige bis 1961 funktionsbereit gehalten wurden. Sechs Exemplare wurden vor

136 Diese aufsehenerregende Gelenklokomotive der Baureihe 4000 der Union Pacific wurde wegen ihrer riesigen Ausmaße Big Boy genannt. Sie konnte Züge von über 4000 t mit 110 km/h ziehen.

137 Die imposante Big Boy Nr. 4007 der Union Pacific auf einer Drehscheibe: Die Gelenklokomotive mit Achsfolge 2-4-0+0-4-2 ist rund 40 m lang und wiegt einschließlich Tender 541 t.

X4007
X4007
4007
4007
UNION PACIFIC
4007

138-139 und 139 Die UP-Fotos der Challenger Nr. 3985 zeigen die Lokomotive beim Rangieren: Trotz ihrer Größe waren die Maschinen der Baureihe 3900 sehr schnell und wurden auf den großen Personenzügen eingesetzt.

dem Verschrotten gerettet. Zwischen den beiden Weltkriegen taten viele andere, höchst faszinierende Gelenklokomotiven auf amerikanischen Gleisen ihren Dienst. Wir erinnern nur an die Challenger oder Yellowstone mit den Achsfolgen 2-3-0+0-3-2 bzw. 1-4-0+0-4-2, die zu den Ersten der Baureihe 3900 der Union Pacific gehörten und in gut 105 Exemplaren gebaut wurden. Trotz ihres wuchtigen Aussehens und ihrer Länge von 37 m waren es sehr schnelle Maschinen, die für die wichtigsten Passagierzüge der Gesellschaft (mit bis zu zwanzig Wagen) eingesetzt wurden – insbesondere mit Ziel Salt Lake City und Los Angeles. Von der Yellowstone wurden im Laufe der Jahre nur 72 Stück für vier verschiedene

Gesellschaften gebaut. Es handelte sich um unterschiedliche Projekte, die nur die gigantische Größe der Loks und das verwendete Fahrwerk gemein hatten. 1928 beschloss die Northern Pacific, ein paar Maschinen dieses Typs mit speziellen technischen Neuerungen auszu- statten, und beauftragte die ALCO, damals eine der größten Dampflok- fabriken in Amerika, ein erstes Exemplar der Yellowstone umzubauen. Die Gesellschaft wollte die Maschinen auf ihren eigenen flachen Linien in North Dakota einsetzen und als Brennstoff die in dieser Region ab- gebaute, qualitativ nicht sehr hochwertige Kohle verwenden. Folglich mussten die Ingenieure eine riesige Feuerbüchse mit einer Fläche von 16,9 m² konstruieren, die größte, die jemals gebaut wurde: ein Ereignis, das ALCO mit einem Dinner für 12 Personen in der Feuerbüchse feierte! Trotz einiger Dampfprobleme, aufgrund derer die Leistung auf „nur" 5000 PS begrenzt blieb, beschloss die Northern Pacific im Jahr 1930, elf weitere Exemplare von Baldwin bauen zu lassen. Die Baureihe erhielt die Bezeichnung Z-5 mit der laufenden Nummerierung 5000 (der ALCO- Prototyp), also 5001 bis 5011.

Die Yellowstone der Southern Pacific lief dagegen als Baureihe AC-9, die 1939 in 12 Exemplaren von Lima gebaut und auf den südlichen Linien des Netzes eingesetzt wurden. Ursprünglich für Kohlebefeuerung vorge-

sehen, wurde sie später auf Diesel umgestellt und neben den berühmten Cab Foward der Southern Pacific betrieben, jenen Mallet-Gelenkloks, deren Kessel im Vergleich zu dem herkömmlichen um 180 Grad gedreht war. Führerhaus und Feuerbüchse befanden sich also vorne, was die Aufgabe der Maschinisten an den kurven- und tunnelreichen Anstiegen der Sierras sehr erleichterte. Der Dieselkraftstoff wurde über eine entsprechende Leitung aus dem Tender in die Feuerbüchse eingespeist, und damit war auch das Problem der Kohlebevorratung gelöst, das anderen Lokomotiven mit dieser Konfiguration zu schaffen gemacht hatte. Doch zurück zu den Yellowstones: Auch die Duluth, Missabe & Iron Range Railroad griff auf sie zurück und schuf die Baureihen M-3 und M-4, die Güterzüge mit bis zu 115 Waggons und etwa 8750 t Gesamtgewicht Steigungen von bis zu 22 Promille hinaufführten. 1941 wurden die ersten acht Maschinen von Baldwin geliefert und zeitigten so gute Ergebnisse, dass die Gesellschaft 1943 zehn weitere (der Baureihe M-4) bestellte.

Die beständigste Yellowstone-Baureihe war die EM-1 der Baltimore & Ohio, von denen Baldwin von 1944 bis 1945 dreißig Stück baute. Eigentlich wollte die Gesellschaft sie überhaupt nicht, da man schon beschlossen hatte, den eigenen Maschinenpark auf Dieselbetrieb umzustellen, war aber durch die Restriktionen des War Production Board dazu gezwungen. Die Maschinen wurden vor schwere Kohle- und Expressgüterzüge auf der Linie Cumberland–Grafton gespannt und versahen ihren Dienst, als diese Linie auf Dieselbetrieb umgestellt wurde, in der Gegend um Pittsburgh. Ihre Ausmusterung begann 1957 und endete 1960.

Aerodynamische Züge zwischen den beiden Weltkriegen

140-141 Auf diesem außergewöhnlichen Bild ist die ungewohnte Achsfolge 3-2-2-3 der 1939 für die Pennsylvania Railroad gebauten 6100 gut zu sehen. Die aerodynamische Verkleidung wurde von dem bekannten Designer Raymond Loewy entworfen.

Ein weiteres Charakteristikum der amerikanischen Eisenbahn aus der Zeit zwischen den beiden Weltkriegen sind zweifellos die großen Schnellzüge, die von beplankten Lokomotiven gezogen werden. Sehr schnelle, luxuriöse Züge, mit denen die Eisenbahngesel schaften der wachsenden Konkurrenz durch Flugzeug und Auto zu begegnen suchten.

Einer der berühmtesten war der legendäre Hiawatha, der 1935 von der Chicago, Milwaukee, St Paul and Pacific Railroad in Betrieb genommen wurde. Er verkehrte zweimal täglich, einmal morgens und einmal abends, zwischen der Stadt Chicago und den Twin Cities – wie sie in Amerika genannt werden – Minneapolis und St. Paul, die schon damals ein einziges Stadtgebiet bildeten. Der Zug besaß eine spektakuläre Beplankung in den Farben Orangerot und Weiß und wurde in den ersten Jahren von einer herrlichen, ebenfalls beplankten Atlantic gezogen. 1937 wurde diese durch eine Hudson der Baureihe F7 mit 2-3-2-Fahrwerk ersetzt, die eigens für diesen Betrieb konzipiert wurde. Es waren sehr leistungsstarke Maschinen, die den aus zwölf Wagen mit je circa 550 t bestehenden Hiawatha mit 190 km/h führen konnten. Genauso bekannt war der Crusader der Reading Railroad, der ab Februar 1938 zwischen Jersey City und Philadelphia verkehrte. Die Zugwagen waren aus Edelstahl gefertigt, ebenso wie die elegante, windschnittige Verkleidung der beiden Pacifics G-1sa mit der Nummer 117 und 118, die für diese Linie ausersehen waren. Das Logo der Gesellschaft prangte auf der Stirnseite der Lok, und die feinen blauen Streifen machten das Ganze noch spektakulärer. An der Westküste war der Coast Daylight der Southern Pacific mit der prächtigen GS in Betrieb. Ab 1937 wurden verschiedene Versionen dieser 2-4-2-Lokomotive gebaut, die mit 140 km/h Reisegeschwindigkeit fahren konnte, und die Baureihen GS-2 bis GS-5 erhielten eine orange-schwarze Lackierung, damit sie zu dem Coast Daylight passten, der die beiden größten Städte Kaliforniens, Los Angeles und San Francisco, miteinander verband. Erst 1955 machten sie Dieselmotoren Platz.

141 oben links Dieses historische Foto vom 30. April 1935 zeigt die Abfahrt der ersten Lokomotive mit verkleidetem Rumpf des berühmten Hiawatha-Express, der Chicago mit den Zwillingsstädten Minneapolis und St. Paul verband.

141 oben rechts Die GS Class Nr. 4449 der Southern Pacific, mit Verkleidung in den Farben des berühmten Daylight Express, nimmt an einem Treffen historischer Lokomotiven in Sacramento/Kalifornien teil.

Auch der 20th Century Limited, der Schnellzug der New York Central Railroad, der seit 1902 zwischen New York und Chicago verkehrte und als eine Art nationale Einrichtung galt, wurde 1939 unter aerodynamischen Gesichtspunkten umgebaut. Die Kompanie vertraute ihn dem bekannten Designer Henry Dreyfuss an, der daraus einen Superluxuszug im Art-déco-Stil machte, bestehend aus einem Gepäckwagen, sechs unterschiedlich eingerichteten Schlafwagen, fünf Abteil- und Salonwagen, zwei Speisewagen, einer Bar und einem Panoramawagen am Ende. Auch die zugehörigen Lokomotiven der Baureihe J-3a der NYC wurden mit einer prächtigen Verkleidung versehen. Der Service an Bord war der beste, den man sich damals vorstellen konnte, aber die NYC fügte ein Detail hinzu, das auf der ganzen Welt zum Synonym für exklusiven Service und Luxus werden sollte: Wenn der Zug im Bahnhof einlief, wurde für die vermögenden Passagiere an den Einstiegen ein roter Teppich ausgerollt. Und seitdem werden überall in der Welt berühmte Persönlichkeiten auf einem roten Teppich empfangen.

In diesem kurzen Überblick über aerodynamische Züge (in jenen Jahren waren es über hundert) dürfen wir jedoch die 1939 nach Plänen des berühmten Designers Raymond Loewy gebaute, unglaublich windschnittige Lokomotive der Pennsylvania RR nicht vergessen. Es handelte sich um einen Prototyp mit der Bezeichnung 6100 oder Class S1, den er nicht weiterverfolgt hatte. Doch als dieser 1939 auf der Ausstellung in New York präsentiert wurde, erregte er großes Aufsehen, sowohl wegen der raketenähnlichen Form als auch der 3-2-2-3-Achsfolge. Er besaß ein dreiachsiges Drehgestell an jedem Ende und zwei Gruppen von Treibachsen in der Mitte, war aber keine Gelenklokomotive. Mit vier Zylindern, einfacher Dampfausdehnung und Heißdampf war er in der Lage, 100 t schwere Züge mit 160 km/h zu ziehen. Trotz dieser Leistungen war er glücklos: Für die Gleise vieler Linien war er zu schwer und zudem schwierig zu warten. Nach nur zehn Jahren wurde er ausgemustert, bleibt aber ein sehr interessantes Beispiel der Vereinigung von Design und Technik, das die amerikanischen Eisenbahngesellschaften in jenen Jahren begeisterte.

The Century in the Highlands of the Hudson

NEW YORK CENTRAL SYSTEM

142 Dieses von Leslie Ragan für die Eisenbahngesellschaft New York Central entworfene Plakat preist die Reise mit dem neuen aerodynamischen Luxuszug an, der am Hudson entlang bis nach Chicago fuhr.

143 Die beiden Bilder des berühmtesten amerikanischen Zuges The 20th Century Limited zeigen die Lokomotive J-3a am Kopf und den Panoramawagen am Ende des Zuges, beide entworfen von dem Designer Henry Dreyfuss.

„In den Sechzigerjahren war der 20th Century Limited *der berühmteste Zug der Welt.“*

Die riesigen Garrat

144 Einem gelenkigen Reptil gleich genießt diese Garrat im Depot die letzten Sonnenstrahlen. Diese Gelenklokomotiven haben ihren Namen von ihrem Erfinder, dem Ingenieur Herbert William Garrat, der sie ab 1909 entwarf.

Die Geschichte dieser Lokomotiven beginnt im Jahr 1909, als der Ingenieur Herbert William Garrat eine neue Lösung für den Bau leistungsstarker Gelenklokomotiven fand. In der Praxis bestehen diese Maschinen aus zwei voneinander unabhängigen Antriebsaggregaten, die durch ein Gelenk mit einem Mittelrahmen verbunden sind, auf dem Kessel und Führerhaus sitzen. Die Wasser- und Kohlevorräte befinden sich auf den Triebgestellen und tragen mit ihrem Gewicht zur Haftung der Treibräder bei. Das erste Exemplar hatte ein Fahrwerk mit den Achsfolgen 0-2-0+0-2-0, aber im Laufe der Jahre wurden die Maschinen immer größer, bis sie Ausmaße erreichten, die 2-4-1+1-4-2 erforderlich machten. Die jüngsten wurden in den Fünfzigerjahren für die Eisenbahnen Südafrikas und Simbabwes gebaut, wo etliche Exemplare noch heute auf Touristenlinien in Betrieb sind. Eine der bekanntesten ist die Garrat GMAM der South African Railways: Ungeachtet des südafrikanischen Schmalspurnetzes (1067 mm) handelt es sich um Maschinen von fast 29 m Länge (ohne den zusätzlichen Tankwagen für Wasser), die beachtliche 100 km/h erreichen können. Es wurden 35 Stück davon gebaut und überwiegend auf schweren Güterzügen über 2000 t eingesetzt. Die südafrikanischen Linien haben besonders enge Bogenradien, und die extreme Gelenkigkeit aufgrund der Garrat-Konstruktion gewährleistet eine bemerkenswert gute Kurvenläufigkeit. Lang und massiv, aber sehr beweglich auf den Weichen, erinnern sie, nicht zuletzt durch die suggestive Kraft der afrikanischen Landschaft, an die gleitende Bewegung von Krokodilen.

145 Eine Garrat GMAM der SAR (South African Railways) unter Last zieht einen Sonderzug für Eisenbahnfreunde. Die Kurven des südafrikanischen Streckennetzes sind sehr eng, und die Gelenkkonstruktion der Garrat erleichtert den Kurvenlauf.

LEFTY

ZAHNRADBAHNEN

Zahnradbahnen werden eingesetzt, wenn die Gleissteigung die natürliche Reibung übersteigt, aufgrund derer es Lokomotiven möglich ist, einen Zug zu bewegen. Man nimmt daher ein Ritzel und eine Zahnstangenschiene zu Hilfe. Die Lokomotiven sind ebenfalls mit einem Zahnrad versehen, das in die Zahnstange eingreift und den Zug vorwärts bewegt. Es gibt verschiedene Systeme, auf die wir hier nicht näher eingehen werden. Die auf Bergstrecken eingesetzten Zahnstangen brin- gen, besonders wenn es sich um sehr steile Anstiege handelt, eine ganze Reihe von Problemen mit sich, nicht zuletzt bei der Konstruktion der Dampflokomotiven, deren Kessel in waagrechter Stellung gehalten werden muss, sodass die Heizrohre und das Gewölbe der Feuerbüchse immer von Wasser bedeckt sind. In verschiedenen Teilen der Welt sind noch ein paar Zahnradlokomotiven mit Dampftraktion aus touristischen Gründen in Betrieb, aber wir wollen an die beiden Linien erinnern, die als Bestandteil des jeweiligen nationalen Netzes verkehrten.

Zum einen ist das die österreichische Erzbergbahn mit Normalspur, die zwischen den Eisenminen von Erzberg und den Stahlwerken in Donawitz verkehrte. Bis 1978 wurden die schweren Erzzüge von einem symmetri- schen Gespann aus zwei Zahnradtenderloks der Baureihe 97 mit Achs- folge 0-3-1T gezogen (eine Lokomotive am Kopf und eine am Ende des Zuges). Die Maschinen waren mit einem Zahnradantrieb nach System Abt ausgestattet, das es ihnen ermöglichte, das steilste Stück zwischen Vordemberg und Eisenerz mit Steigungen von bis zu 14 % (mit normaler Adhäsion können solche Höhenunterschiede nicht mehr überwunden werden) zu erklimmen. Die Lokomotiven der Baureihe 97, die seit 1890 (!) von den Werkstätten in Floridsdorf gebaut wurden, taten über achtzig Jahre lang unerschütterlich ihren Dienst. Von den achtzehn gebauten überlebten bis zur Umstellung der Linie auf Dieselbetrieb vierzehn Exemplare, die praktisch den gesamten Betrieb gewährleisteten. Das Schauspiel, das sie zwischen den steirischen Bergen boten, war wirklich unvergleichlich und in den letzten Betriebsjahren waren sie ein Anziehungspunkt für Eisenbahnfreunde aus aller Welt.

Weiter südlich, in Italien, überdauerte ein Zahnradbahnbetrieb mit Dampflokomotiven auf der Linie Paola–Cosenza bis ins Jahr 1981. Er erfolgte mit Tenderloks der Baureihe 981, welche die FS 1922 bei Breda bestellte. Die alte Strecke Paola–Cosenza, heute durch eine zum Großteil im Tunnel verlaufende Trasse ersetzt, wurde am 2. August 1915 eröffnet, um die Station Paola der tyrrhenischen Linie mit der im Inland gelegenen Provinzhauptstadt Cosenza zu verbinden. Die FS beschlossen, sie als Ergänzungsstrecke zu bauen, und die Trasse wurde dementsprechend ausgelegt. Auf nur 27 km Länge wies sie Steigungen von 7,5 % auf (oder besser gesagt: 75/1000, wie es im Eisenbahnjargon heißt) und sie musste unvermeidlich mit einer Zahnstange vom Typ Strub ausgerüstet werden. Ursprünglich bestand die Ausstattung der Linie aus acht Tenderlokomotiven der Baureihe 980, gebaut von der schweizerischen SLM in Winterthur. Da ihre Leistungen unbefriedigend waren, bestellten die FS 1922 nach dem gleichen Entwurf bei Breda jene acht 981er, die den endgültigen Fuhrpark der Linie bildeten. Es muss gesagt werden, dass der Verkehr nicht sehr stark war und der Großteil des Personenverkehrs ab 1937 mit Dieselfahrzeugen, ebenfalls mit Zahnrad, abgewickelt wurde. Die geringe Leistung (nur 530 PS) unserer 981er war gerade noch zufriedenstellend, reichte aber für die Arbeit, die sie zu leisten hatten. Sie besaßen einen Antrieb mit doppelter Dampfausdehnung und Heißdampf mit einem besonderen Merkmal: Auf den Stücken mit natürlicher Reibung, wo der Zahnradantrieb überflüssig war, liefen die Maschinen mit einfacher Dampfausdehnung, während auf den Zahnstangentrassen der von den Hochdruckzylindern mit ausgestoßene Dampf durch einen sogenannten Receiver zu den Niederdruckzylindern geleitet wurde, welche die Bewegung nur auf das Zahnrad übertrugen. Ihr namhaftester Betrieb war auch der, der ihnen das Überleben bis 1981 ermöglichte: Sie mussten nämlich den direkten Wagen der Linie Rom–Cosenza mitnehmen, der im Bahnhof von Paola von dem Express abgehängt wurde, der nach Reggio Calabria weiterfuhr. Und so machte sich ein kleiner Konvoi, bestehend aus der 981, einem Bremswagen mit Zahnrad und dem direkten Wagen nach Cosenza auf den Weg. Es war eine lange Fahrt, zum einen wegen der geringen Höchstgeschwindigkeit von 40 km/h auf den Teilstücken mit natürlicher Haftung und 15 km/h auf der Zahnstange, zum anderen aber auch wegen der Rangiermanöver, die notwendig waren, weil die Lokomotive aus Sicherheitsgründen vor Beginn der Zahnstangenstrecke hinten an den Zug gespannt werden musste. Dieser sehr malerische, aber für die Zeit entschieden anachronistische Betrieb wurde mit der Abschaffung der Direktverbindung Rom–Cosenza eingestellt. Die Lokomotiven beförderten noch ein paar seltene Materialzüge und ließen dann endgültig das Feuer ausgehen.

146 Dieses Bild zeigt den komplexen Doppelantrieb der Lokomotive 981 der italienischen Ferrovie dello Stato. Das Zahnrad wurde von den Niederdruckzylindern, die Treibräder von den Hochdruckzylindern bewegt.

147 Eine österreichische Zahnstangenlokomotive mit Tender der Baureihe 97 (Achsfolge 0-3-1T) der Erzbergbahn führt einen Konvoi leerer Waggons auf dem Teilstück mit natürlicher Adhäsion. Diese Loks wurden ab 1890 gebaut.

Waldbahnen mit Zahnradantrieb

Bevor wir das große Buch der Dampftraktion endgültig schließen, müssen wir noch kurz auf eine Lokomotivenart eingehen, die sich zu Beginn des Jahrhunderts vor allem in den Vereinigten Staaten entwickelte. Durch die amerikanischen Gebirge verliefen nämlich Tausende von Eisenbahnkilometern für den Transport des geschlagenen Holzes. Sie waren häufig sehr provisorisch verlegt, mit sehr engen Kurvenbögen; Bedingungen, unter denen normale Lokomotiven nicht ordnungsgemäß arbeiten können. Also konzipierte man Lokomotiven mit zwei oder drei zweiachsigen Triebgestellen, deren Antrieb über eine von den Kolben der Dampfmaschine bewegte Antriebswelle erfolgte. Dann wurde die Bewegung entweder über Zahnradgetriebe oder kleine Pleuelstangen auf die anderen Achsen übertragen. Es wurden drei Hauptfamilien entwickelt: Die berühmtesten sind die Shay mit senkrecht angeordneten Zylindern, bei denen sich die Antriebswelle nur auf einer Seite der Maschine befindet und die anderen Achsen über Zahnräder angetrieben wurden; die Climax dagegen besaß acht normal angeordnete Zylinder und übertrug die Bewegung auf eine Zwischenwelle (Blindachse). Diese bewegte über Getriebe die zentrale Antriebswelle und diese wiederum die Triebgestelle. Zwecks Vereinfachung der Mechanik wurde manchmal nur eine Achse pro Triebgestell angetrieben, während die andere über eine gekuppelte Pleuelstange bewegt wurde. Als Drittes ist das System Heisler zu nennen, bei dem die Antriebswelle direkt von den Kolben der Dampfmaschine angetrieben wird und die Zylinder V-förmig angeordnet sind. Die Bewegung wird dann nur über Zahnräder und Pleuel übertragen.
Trotz der scheinbar äußerst komplizierten Technik taten diese Lokomotiven zuverlässig ihre Arbeit und sind bei amerikanischen Eisenbahnfreunden Gegenstand einer gewissen Verehrung. Viele von ihnen fahren heute noch oder können in Ausstellungen besichtigt werden.

148 Eine Gruppe nordamerikanischer Waldbahnarbeiter posiert neben einer Shay-Dampflokomotive.

148-149 Eine Shay-Zahnradlok, abfahrbereit am Kopf eines Zuges von 47 mit gerade gefällten Baumstämmen beladenen Waggons. Das Bild wurde 1904 am Bahnhof der Cummer Lumber Company in Michigan aufgenommen.

149 oben Auf diesem Foto aus Cadillac/ Michigan von 1904 sind deutlich die senkrecht angeordneten Zylinder und der Zahnradantrieb dieser Shay-Lokomotive zu sehen, die auf Wald- und Bergwerksbahnen eingesetzt wurde.

Die Geburtsstunde des Elektro- und Dieselantriebs

In den goldenen Jahren der Dampftraktion kamen in Europa und den USA der Elektro- und der Dieselantrieb auf, die in wenigen Jahren das Eisenbahnwesen revolutionieren sollten. Die ersten Versuche mit der Anwendung elektrischen Stroms auf die Eisenbahn gehen auf das Ende des neunzehnten Jahrhunderts zurück. 1879 stellte der deutsche Ingenieur Werner von Siemens auf der Ausstellung in Berlin eine Art Miniaturzug auf einem kleinen, über eine Mittelschiene mit Strom versorgten Gleis vor. Es war wenig mehr als ein Spielzeug, konnte aber in seinen Wägelchen etwa 30 Personen über eine 270 m lange Strecke ziehen: das erste Beispiel für die Anwendung elektrischer Energie auf ein Eisenbahnprodukt. Wenige Jahre später, 1881, baute in England der Elektroingenieur Magnus Volk eine kurze Linie mit Spurweite 610 mm am Wald von Brighton entlang. Diese einstimmig als erste elektrische Eisenbahn der Welt bezeichnete Linie wurde über eine dritte Schiene mit 110 Volt versorgt. Doch um die erste richtige elektrifizierte Eisenbahn zu sehen, müssen wir uns in die USA begeben, wo die Baltimore & Ohio 1895 drei Gleichstromlokomotiven baute, um die Dampftraktion in dem zwei Kilo- meter langen, steil ansteigenden Tunnel der Howard Street zu ersetzen. Mit dem Bau wurde die General Electric beauftragt, die eine Maschine aus zwei vollkommen identischen, gelenkig aneinandergekuppelten Halbeinheiten konstruierte. Jede dieser beiden Hälften lag auf zwei Achsen auf, die jeweils direkt von einem Elektromotor angetrieben wurden, ohne Untersetzungsgetriebe über ein System aus Gummipuffern. Die Lokomotiven wurden über einen Gleitschuh, der über eine entsprechende Seitenschiene glitt, mit 675 V versorgt und blieben mit Erfolg bis 1912 in Betrieb.

Ein zweites grundlegendes Kapitel in der Geschichte des Elektroantriebs geht auf das Jahr 1901 zurück, als die Techniker von Siemens und AEG auf der 23 km langen Strecke Marienfelde–Zossen bei Berlin mit zwei verschiedenen Elektromotoren experimentierten. Die Linie wurde mit einem Oberleitungssystem (Dreiphasenwechselspannung mit 10 000 V 50 Hz)

150-151 Ein historischer Schnappschuss: 1879 fuhren die Besucher der Berliner Ausstellung mit einem Bähnchen zwischen den Ausstellungshallen hin und her, das von der ersten elektrisch angetriebenen Lokomotive, gebaut von Werner von Siemens, geführt wurde. Es war wenig mehr als ein Spielzeug, aber der Weg war vorgezeichnet.

151 oben Die Elektrolok E330 der italienischen Staatsbahnen war ein Meilenstein in der Entwicklung des Elektroantriebs in Italien. Sie wurde in 16 Exemplaren gebaut und hauptsächlich für die wichtigsten Personenzüge eingesetzt.

152-153 Diese faszinierende Aufnahme von 1936 zeigt eine E-Lok GG1 der Pennsylvania Railroad in der Broad Street Station in Philadelphia. Sie gilt als die schönste amerikanische E-Lok.

aus drei neben der Linie übereinander verlegten Leitungen versorgt, über die wie bei einer Straßenbahn drei Gleitbügel glitten. Trotz der heiklen Installation und eines verheerenden Unfalls, nach dem ein Teil der Linie neu gebaut werden musste, stellten die beiden Elektromotoren unmissverständlich die Leistungsfähigkeit des Elektroantriebs bei Eisenbahnen unter Beweis. Bereits im Oktober 1901 wurde die 160-Stundenkilometer-Marke übertroffen, und zwei Jahre später, bei einer erneuten Testreihe, erreichten die Elektroloks von Siemens 206,7 km/h und die von AEG 210,2 km/h – zur Verblüffung der anwesenden Ingenieure. Danach sollte der Elektroantrieb rasch in der ganzen Welt Verbreitung finden.

Die ersten Straßenbahnlinien fuhren mit Gleichstrommotoren und einer relativ niedrigen Spannung von 500–600 Volt. Zu Beginn des Jahrhunderts war die Industrie in der Lage, Wechselstrom mit viel höheren Spannungen und Frequenzen um 50 oder 60 Hz zu erzeugen: Werte, die damals nicht wenig Kopfzerbrechen bei der Projektierung der Motoren bereiteten.

Anfänglich zog man es vor, den Strom umzuwandeln und gleichzurichten, um die Gleichstrommotoren für den Antrieb damit versorgen zu können, bis die Technik soweit war, dass man Einphasenwechselspannung mit reduzierter Frequenz von 16 2/3 Hz gewinnbringend nutzen konnte. Eine andere Möglichkeit bestand in der Verwendung von Dreiphasenwechselspannung mit circa 3000 V 15 Hz, für die allerdings eine zweifache Oberleitung zwingend erforderlich war, die insbesondere in Kombination mit Weichen und Kreuzungen sehr viel schwieriger zu verwirklichen war. So entstanden zwei Schulen – diejenige, die Einpha- senwechselspannung mit hoher Spannung (15 000 V) favorisierte, in der Schweiz mit der Elektrifizierung der Linie Bern–Loetschberg–Simplon im Jahr 1913 schnell Fuß fasste und sich auch in Deutschland und Öster- reich verbreitete, und die Anhänger der Dreiphasenwechselspannung mit 3000 V 15 Hz, die in Italien eingesetzt wurde.

Wir werden mit Letzterem beginnen und aus Platzgründen nur kurz auf die zahlreichen Experimente mit anderen Bahnstromsystemen eingehen, die in Italien bereits 1899 mit großem Pioniergeist begonnen hatten. Zwei Jahre zuvor hatte der Minister für öffentliche Arbeiten eine Expertenkommission beauftragt, über das bestmögliche Elektroantriebssystem zu befinden. Die Kommission entschied sich für eine Reihe von Feldversuchen: ein Akkumulatorensystem auf den Linien Mailand–Monza und Bologna–San Felice sul Panaro, eine mit 650 V beaufschlagte dritte Schiene auf der Linie Mailand–Varese und ein System mit Dreiphasenwechselspannung mit 3000 V und sehr niedriger Frequenz (gerade mal 15 Hz) auf den Linien Lecco–Colico–Sondrio und Colico–Chiavenna im Valtellina. Trotz erheblicher Schwierigkeiten nicht zuletzt wegen der komplizierten Verlegung der Oberleitung erwies sich das Experiment im Valtellina als das sicherste. Und man konnte sich selbst davon überzeugen, als am 1. Juni 1906 der Regelbetrieb zwischen den Stationen Brig und Iselle durch den Simplontunnel mit italienischen Elektroloks aufgenommen wurde.

Dieses Datum markiert ein epochales Ereignis für die Entwicklung des Elektroantriebs in Europa. In den vorausgehenden Jahren hatte sich das Valtellina-Experiment so entwickelt, dass die Elektroloks für den Personenverkehr und die Güterzugloks der Baureihe 340 RA, später E430 der FS, nicht mehr in der Lage waren, mit dem wachsenden Verkehr Schritt zu halten. Und so entwarf das Entwicklungsbüro in Florenz in Zusammenarbeit mit Ganz drei neue, deutlich stärkere Lokomotiven mit Achsfolge 1-C-1 (bei Elektrolokomotiven wird die Anzahl der Treibachsen mit einem Buchstaben bezeichnet: A=1 B=2 C=3 Achsen etc.) und der Klassifizierung E360.

4845

Inzwischen machte man sich in der Schweiz immer mehr Gedanken um den Betrieb durch den Simplontunnel, der mittlerweile eingestellt worden war. Wie konnte man die Sicherheit in einem 20 km langen Tunnel gewährleisten, wenn nach allgemeiner Erfahrung Zugpersonal wie Passagiere in viel kürzeren Tunnels am Rauch der Dampfloks zu ersticken drohten? Die italienischen Behörden ergriffen die Initiative und boten den Schweizern an, die Strecke Domodossola–Iselle–Brig mit Elektroloks nach dem „Valtellina-System" zu betreiben. Das Angebot beinhaltete den Einsatz der neuesten E360 samt mit der Maschine vertrauten Lokführern. Brown Boweri schlug ihrerseits den Schweizer Eisenbahnen vor, die Linie auf ihre Kosten zu elektrifizieren und zu betreiben. Nach einer Reihe von Ortsterminen nahmen die Schweizer an, und der Simplon wurde elektrifiziert. Wie das restliche Schweizer Netz wurde die Linie erst 1930 auf 15 000 V umgestellt. Vom Erfolg am Simplon beflügelt, machte die FS sich sofort an die Planung weiterer Elektrifizierungen: Als Erstes war die Giovi–Pass-Strecke an der Reihe, die den wichtigen Hafen Genua mit der Poebene verband. Für den Betrieb auf dieser Linie wurde die allseits bekannte E550 gebaut, von den Eisenbahnern Mulo dei Giovi (Giovi-Muli) getauft. Ab 1908 wurden bei Westinghouse Italiana in Vado Ligure 186 Exemplare hergestellt. Mit ihren fünf gekuppelten Achsen und Rädern mit kleinem Durchmesser war die Lok für starke Zugkraft bei niedriger Geschwindigkeit ausgelegt. Der Elektromotor (mit circa 3400 V) war durch Pleuelstangen mit den Achsen verbunden und die Maschine erreichte eine Höchstgeschwindigkeit von 50 km/h; bei diesem Tempo konnte die E550 an den Steigungen des Giovi-Passes 380 t Güter ziehen, während die stärksten erhältlichen Dampfloks nicht über 130 t und obendrein nicht über 25 km/h kamen. Die E550 war die „Stammmutter" einer Serie von Dreiphasenwechselspannungs-Elektroloks, deren letzte Vertreter die Stromabnehmer erst in den Siebzigerjahren einklappten. Der Erfolg des Systems war tatsächlich so groß, dass die FS sie bis zur Elektrifizierung mit Gleichstrom in den Dreißigerjahren als Standard setzten und ein Netz von ungefähr 1800 km errichteten.

Jenseits der Alpen wurde inzwischen die schwierige Lötschberg-Linie mit circa 15 000 V elektrifiziert, und an der Spitze der Züge tauchten die Lokomotiven Be 5/7 der Lötschbergbahn (BLS) auf. Oerlikon baute dreizehn Exemplare dieses Typs mit jeweils zwei 933-kW-Motoren und fünf durch Pleuelstangen verbundenen Achsen. Sie führten problemlos mit 50 km/h 350 t schwere Züge über Steigungen von 27 Promille hinauf. Bald darauf wurde ebenfalls in der Schweiz die Gotthardlinie elektrifiziert. Nachdem man drei Prototypen getestet hatte, fiel die Wahl der Schweizer Staatsbahnen (SBB) auf die von Brown Boweri gefertigte Be 4/6, von der 39 Stück gebaut wurden. Diese Maschinen nutzten zwar noch die technischen Erkenntnisse der Dampftraktion, wie die Kraftübertragung durch Pleuelstangen, setzten aber zum ersten Mal eine Widerstandsbremse ein. (D. h. sie nutzen die Umkehrbarkeit aller drehenden elektrischen Maschinen – in diesem Fall Antriebsmotoren –, die sowohl als Motoren als auch als Generatoren arbeiten. Der Motor bremst den Zug, indem er mecha-

154 Auf diesem schönen Foto der Be 4/6 Nr. 12320, gebaut 1921 für die Gotthardbahn, ist die Achsfolge 1-B-B-1 dieser starken Maschine sehr gut im Detail zu sehen. Sie wurde in insgesamt 39 Exemplaren gebaut.

154–155 Wegen ihres charakteristischen Profils ist das Krokodil der schweizerischen SBB mit der Bezeichnung Ce 6/8 auch bei Laien eine der bekanntesten E-Loks. Ursprünglich wurde sie für Güterzüge auf der Gotthardbahn eingesetzt.

nische Leistung aufnimmt und in elektrische Energie umwandelt, die als Wärme in einem entsprechenden Regelwiderstand abgestrahlt wird.)

Wir können diesen Beitrag über die ersten Jahre des Elektroantriebs in der Schweiz nicht beschließen, ohne eine der berühmtesten Loks überhaupt zu erwähnen, die Ce 6/8, allseits bekannt als das Krokodil. Ohne Zweifel handelt es sich um eine der schönsten europäischen Elektroloks, unverwechselbar wegen ihrer langen Nase und Pleuel an den Treibrädern. Von dieser 1-C+C-1 Gelenklok wurden 33 Stück gebaut; vier jeweils 400 kW starke Motoren garantierten eine Leistung von gut 2200 PS, für die damalige Zeit wirklich bemerkenswert. Sie wurde auf schweren Güterzügen auf der Gotthardlinie eingesetzt.

In jenen Jahren waren Italien und die Schweiz mit Sicherheit die Vorreiternationen, was den Elektroantrieb von Eisenbahnen betraf. Im Übrigen besaßen beide keine Kohlevorkommen, ein Rohstoff, den sie für teures Geld importieren mussten, konnten dafür aber auf beachtliche Stromressourcen aus Wasserkraft zählen. Diese Ausgangslage hatte deutlichen Einfluss auf die Verbreitung des Elektroantriebs in Europa. In Deutschland gehen die ersten Pläne für eine ausgedehnte Elektrifizierung des Netzes auf die Dreißigerjahre zurück, während in Frankreich die Gesellschaft Paris–Orléans (PO) ihre Linien seit 1926 elektrifizierte. Großbritannien dagegen blieb in jenen Jahren der Dampftraktion treu.

156 oben Der Erfolg der E626 der italienischen Staatsbahnen war ausschlaggebend für die Entscheidung für das 3000-V-Gleichstromsystem als nationalen Standard. Von der E626 wurden 448 Stück gebaut.

156 unten links Der Triebwagen E18 der DRG, war in den Dreißigerjahren das Beste, was die deutsche Bahntechnik zu bieten hatte. Er konnte 700 t schwere Personenzüge mit einer Reisegeschwindigkeit von 150 km/h führen.

156 unten rechts Die E428.058 gehört zur ersten Baureihe. Ihr besonderes Merkmal ist die Nase, in der die elektrischen Geräte untergebracht sind. Die beiden nachfolgenden Baureihen hatten ein viel moderneres aerodynamischeres Profil.

157 Die Triebwagen der Baureihe E428 waren repräsentativ für den Elektroantrieb in Italien in den Dreißigerjahren. Sie wurden in drei Baureihen gefertigt und führten bis in die Sechzigerjahre die großen Personenzüge.

Jenseits des Ozeans, in den Vereinigten Staaten, war die Situation anders: Die Länge der Strecken machte die Kosten für eine Elektrifizierung unerschwinglich, mit Ausnahme des Netzes, das die großen Städte an der Ostküste miteinander verband. Dort hielten sich die Entfernungen in Grenzen, und der sehr viel stärkere Verkehr überzeugte die Eisenbahn- gesellschaften, auf den Elektroantrieb zu setzen. Das Symbol dieser Elektrifizierung ist sicherlich die herrliche GG1, von der ab 1934 gut 139 Exemplare für die Pennsylvania RR gebaut wurden. Gegen Ende der Zwanzigerjahre konnte sich die Gesellschaft eines sehr dichten Verkehrs auf ihren Linien rühmen, der achthundert Züge pro Tag überstieg und eine der Hauptverbindungen im Land, New York–Philadelphia–Washington, bediente. Gerade das schwindelerregende zahlenmäßige Wachstum der Züge auf dieser Linie veranlasste die Pennsylvania RR, ein Bahnstromsystem mit Wechselspannung 15 000 V 25 Hz zu wählen. Als Lokomotive setzte die Gesellschaft auf eine 2CoCo2, d. h. zwei Gruppen zu je drei fest mit dem Rahmen verbundenen Treibachsen zwischen zwei zweiachsigen Drehgestellen, die, außer die 216 t Gewicht besser zu verteilen, die Kurvenläufigkeit verbesserten. Die GG1 wurde von 12 Motoren angetrieben und hatte eine Stundenleistung von 3680 kW (die Spitzenleistung lag knapp unter 6000 kW), die es ihr gestattete, mit gut 160 km/h problemlos Konvois mit zwanzig Waggons und 1600 t zu ziehen; Leistungen, die auch heute noch allen Respekt verdienen. Zum Erfolg der Lokomotive trug auch das Karosseriedesign des bekannten Designers Raymond Loewy bei, das bereits sehr erfolgreich auf die Beplankung von Dampflokomotiven angewendet worden war.

Zurück nach Europa: Aus jenen Jahren müssen wir an zwei deutsche Elektroloks erinnern, die E44 und die E18 der DRG. Erstere, von der insgesamt 190 Stück hergestellt wurden, war das Herzstück des ersten großen deutschen Bahnstromprojekts auf der Linie Stuttgart–Ulm–München. Sie hatten ein BB-Fahrwerk (zwei zweiachsige Drehgestelle) und wurden von vier Motoren mit je 550 kW angetrieben. Mit 90 km/h waren sie nicht sonderlich schnell, und diese Einschränkung bestimmte sie vor allem für den Güterverkehr. Dagegen hatte man die E18 eigens für schnelle, schwere Züge auf den Hauptverbindungen entworfen und die Plangeschwindigkeit auf 150 km/h festgelegt. Die Konstrukteure versahen sie mit einem für jene Zeit ziemlich ungewöhnlichen 1Do1-Fahrwerk, das von 4 Motoren mit jeweils 760 kW angetrieben wurde, und wählten eine gefällige, fließende Karosserie, die auch nach dem Krieg zum Ruhm der E18 beitrug, als diese Maschinen bei der DB ihre Laufbahn fortsetzten.

Doch das Land, das zwischen den beiden Weltkriegen mehr als jedes andere auf den Elektroantrieb setzte, war Italien. Die italienischen Staatsbahnen beschlossen nicht nur, die Hauptverbindungen des Netzes zu elektrifizieren, sondern setzten mutig alles auf die Entwicklung der Elektroloks, indem sie bereits ab 1929 keine Dampflokomotiven mehr bauten.

Zudem gaben sie den Antrieb mit Dreiphasenwechselspannung auf und setzten nur noch auf Gleichspannung mit 3000 V. Die Entscheidung war nicht einfach, aber die FS waren überzeugt, dass der Antrieb mit Dreiphasenwechselspannung trotz seiner Erfolge technisch nicht weiter entwicklungsfähig sei. Die objektiven Beschränkungen des Systems (Geschwindigkeit der Lokomotiven, komplexe Technik der Oberleitung) schienen das Wachstum eines modernen Netzes zum Scheitern zu verurteilen. In der Zwischenzeit wurde die Erzeugung hochgespannten Gleichstroms durch die Einführung von Quecksilberdampfgleichrichtern sehr viel wirtschaftlicher und einfacher. Nachdem die FS in den USA einige Anwendungen studiert hatten, beschloss man, die Strecke Benevento–Foggia mit 3000 V Gleichspannung zu elektrifizieren, um die Anwendbarkeit des Systems zu testen, das unter anderem nur eine Oberleitung zur Versorgung benötigte. Bei verschiedenen Unternehmen wurden vierzehn Prototypen in Auftrag gegeben – alle jedoch nach ein und demselben Entwurf: BoBoBo, also drei zweiachsige Drehgestelle, die untereinander mit Kugelzapfen gelenkig verbunden waren. Ursprünglich genauso wie die E625 klassifiziert, erhielten die Lokomotiven dann die Bezeichnung E626, und ihr Erfolg war so aufsehenerregend, dass die FS in mehreren Aufträgen 448 weitere Exemplare bauen ließen. Die Überlegenheit sowohl des Systems als auch der Lokomotive veranlasste die italienischen Staatsbahnen, den Gleichstromantrieb als Standard zu wählen. In wenigen Jahren brachte das Ufficio Studi zahlreiche Baureihen heraus, von denen mit Sicherheit der E428 besondere Bedeutung zukam. Binnen Kurzem sammelten die italienischen Ingenieure beträchtliche Erfahrung in diesem Bereich, die sie mit dem Bau des Elektrozuges ETR 200 in den Dreißigerjahren auf beispielhafte Weise fruchtbringend umsetzten.

158–159 *Ungeachtet verschiedener Änderungen im Laufe der Jahrzehnte hatten die ETR 200 eine sehr lange Karriere und wurden bis in die Achtzigerjahre hre im Nahverkehr eingesetzt. Die Abbildung zeigt die ETR 241, hervorgegangen aus der ETR 223 AV.*

Die sechzehn ab 1936 gebauten Züge (insgesamt wurden achtzehn bestellt, aber zwei wurden noch vor der Inbetriebnahme im Ersten Weltkrieg durch Bomben zerstört) nutzten die damals verfügbaren technischen Neuerungen aufs Beste. Die neuen Stähle ermöglichten robuste, aber leichte Aufbauten, die Antriebsmotoren hatten einen sehr guten Wirkungsgrad erreicht. Die Ingenieure der Abteilung „Material E-Traktion" der FS entwarfen damals einen leichten, schnellen Zug, der auf den neuen elektrifizierten Strecken eingesetzt werden sollte. Der Erfolg der ersten, von Breda hergestellten Exemplare, die auf Anhieb 175 km/h ereichten, erregte die Aufmerksamkeit des faschistischen Regimes. Und so wurde der Zug (in dem ursprünglich Plätze der ersten und zweiten Klasse vorgesehen waren) zu einem Luxustransportmittel, das mit einer für die Zeit absoluten Ausnahmegeschwindigkeit fahren konnte und dem Faschismus damit Stolz und Ruhm einbrachte. Doch abgesehen von diesem historisch-politischen Aspekt war der ETR 200 sowohl aus ästhetischer als auch technischer Sicht wahrhaftig ein Ausnahmezug. Das Design wurde von den zwei bekannten Architekten Giuseppe Pagano und Giò Ponti entworfen, und die aerodynamische Nase, der sogenannte „Schlangenkopf" wurde im Windkanal des Polytechnikums in Turin getestet. Der erzielte Luftwiderstandswert von 0,32 war wirklich sehr bemerkenswert: etwa halb so groß wie bei herkömmlichen Elektroloks. Der Elektrozug bestand aus drei Elementen, die mit einer Länge von fast 63 m und über 100 t Gewicht auf vier Drehgestellen lagerten. Um die Aerodynamik zu verbessern, waren die drei Elemente außer mit den normalen Zwischenstücken noch mit an der Karosserie anliegenden Faltenbälgen verbunden, und der untere Wagenkastenteil war komplett verkleidet.

Der ETR 200 war mit einer Klimaanlage ausgestattet, einem wahren Luxus für die damalige Zeit; außerdem bot er einzigartige Salons und Restauration am Platz. Er wurde für eine Höchstgeschwindigkeit von 160 km/h zugelassen, die deutlich unter der lag, die er auch im Regelbetrieb erreichen und halten konnte. Doch weltweiten Ruhm errang der ETR 212 am 20. Juli 1939, als er auf der Strecke zwischen Pontenure und Piacenza mit 203 km/h den damaligen Geschwindigkeitsweltrekord auf Schienen aufstellte. An jenem Tag wurden die 316 Kilometer zwischen Mailand und Florenz mit der unglaublichen Durchschnittsgeschwindigkeit von 165 km/h in nur 1 h 55 zurückgelegt. Für die Chronisten sei daran erinnert, dass für den Rekordversuch einige Vorkehrungen getroffen wurden: Die Spannung auf der Linie wurde erhöht und die Weichenzungen entlang der Strecke blockiert, doch bei dem Zug handelte es sich um ein reines Serienprodukt. Der ETR 200 kann in jeder Hinsicht als der erste Hoch- geschwindigkeitszug der Geschichte angesehen werden: Vorläufer des berühmten japanischen Shinkansen aus dem Jahr 1964 und des franzö- sischen TGV von 1978.

„Schon immer zeichneten sich die italienischen Elektrotriebzüge durch ihr Design und die innovative Technik aus.“

1930–1945
Die Eisenbahn und der Krieg

Die Rolle der Eisenbahnen im Zweiten Weltkrieg

Seite 162

Die Rolle der Eisenbahnen im Zweiten Weltkrieg

162 oben Die Realität sieht anders aus als die Plakate, die um Rekruten werben. Ein Zug mit englischen Soldaten auf dem Weg zur Front: Allerdings drängen sich die Soldaten in Güterwaggons und reisen nicht in Personenwagen.

Freitag, den 1. September 1939: Die Truppen der Nazis marschieren in Polen ein. Das war der Auslöser für den Zweiten Weltkrieg, auch wenn in den folgenden Wochen nur wenigen bewusst war, was binnen kurzem geschehen würde. Und schon bald sahen sich die Eisenbahnen in Europa direkt in die tragischen Ereignisse verwickelt.

Bereits im Ersten Weltkrieg hatte sich gezeigt, welche Bedeutung die Eisenbahn für Kriegszwecke hatte: Das österreichisch-ungarische Reich und der italienische Staat schöpften sämtliche Kapazitäten des Netzes aus, um Soldaten, Munition und Proviant an die Front zu schaffen und umgekehrt Verwundete aus der Schusslinie zu bringen. Entlang der italienischen Küsten verteidigten bewaffnete Züge die Ufer vor den Angriffen der österreichischen Flotte, während die österreichisch-ungarischen Stellungen in Südtirol, Venetien und Friaul fast bis zur vordersten Linie von Feldbahnen versorgt wurden, die in aller Eile auf- und wieder abgebaut wurden, je nachdem welche Wendung die Kriegsereignisse nahmen.

162 unten Auf diesem Foto aus dem Ersten Weltkrieg machen deutsche Truppen ein 28-cm-Eisenbahngeschütz schussbereit: Die Eisenbahn wurde nicht nur als logistische Unterstützung, sondern auch für kriegerische Operationen benutzt.

163 „Ein rasches Kriegsende hängt vor allem von der Unterstützung der Alliierten durch die Vereinigten Staaten ab.“ Das Plakat aus dem Jahr 1917 fordert die Eisenbahner auf, im Bewusstsein ihrer Verantwortung ihren Teil beizutragen.

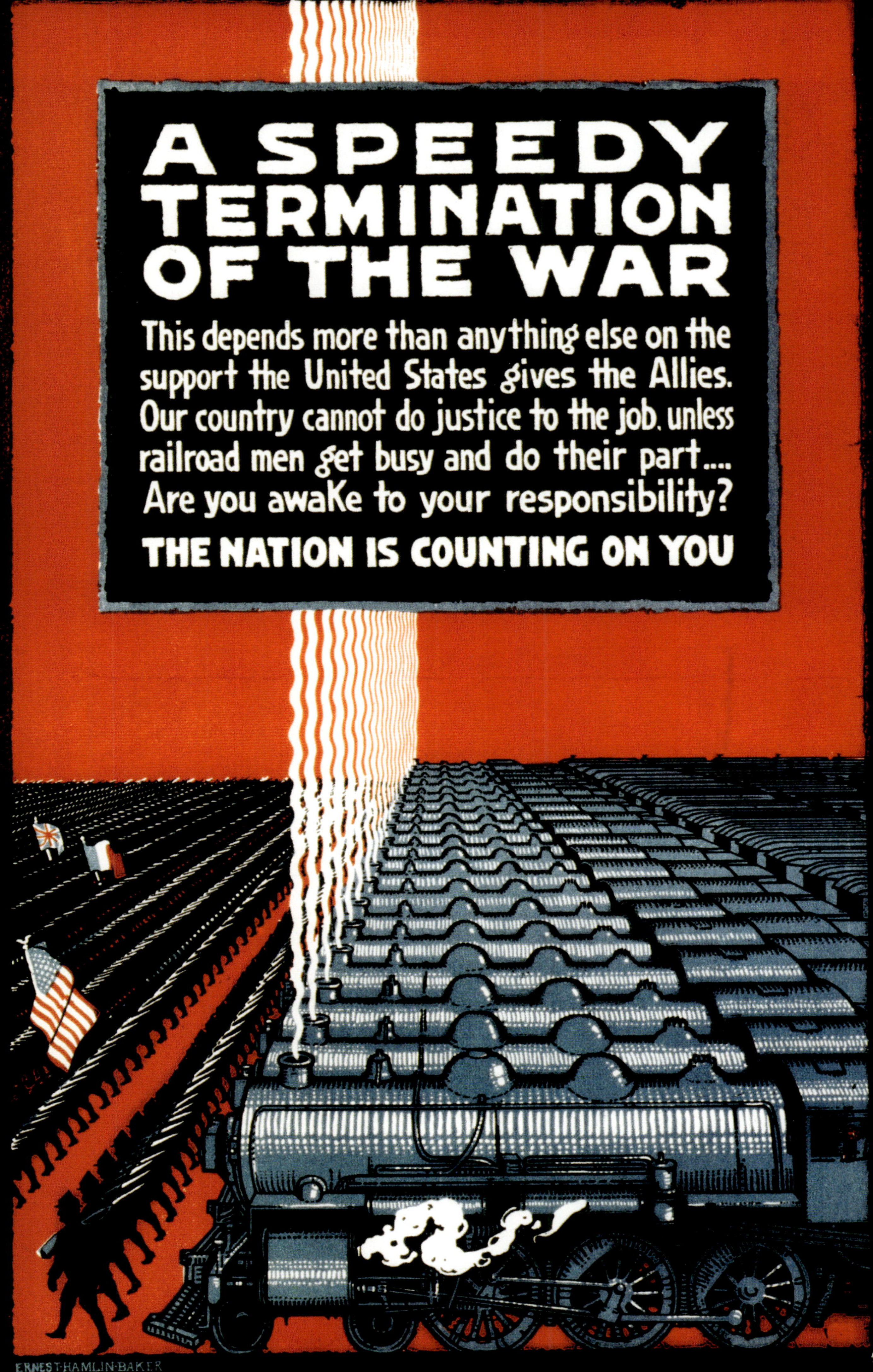
A SPEEDY TERMINATION OF THE WAR
This depends more than anything else on the support the United States gives the Allies. Our country cannot do justice to the job unless railroad men get busy and do their part.... Are you awake to your responsibility?
THE NATION IS COUNTING ON YOU
ERNEST-HAMLIN-BAKER

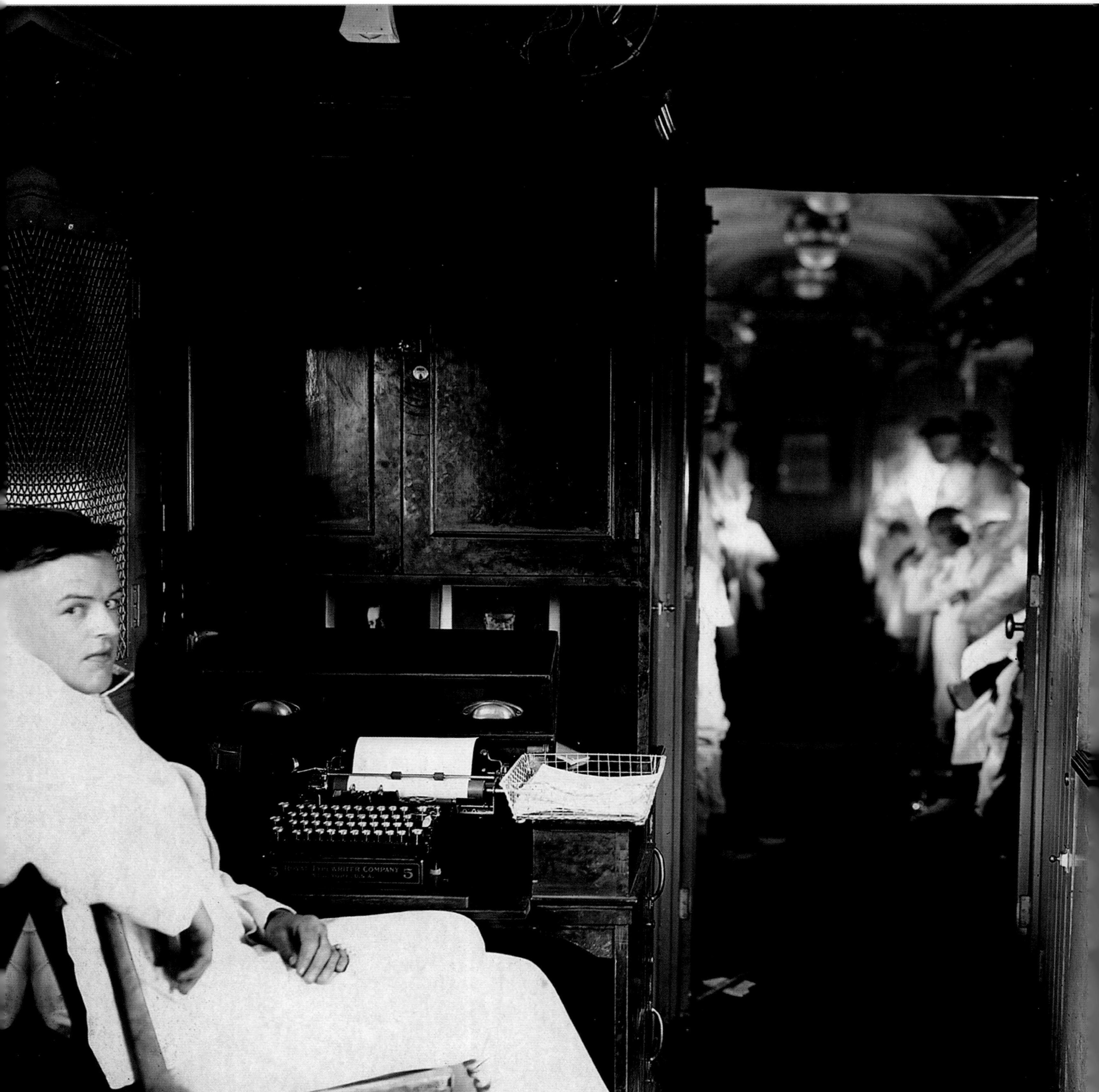

„Während des Kriegs bedeutete die Eisenbahn auch Hilfe und Rettung für Soldaten und Zivilbevölkerung.“

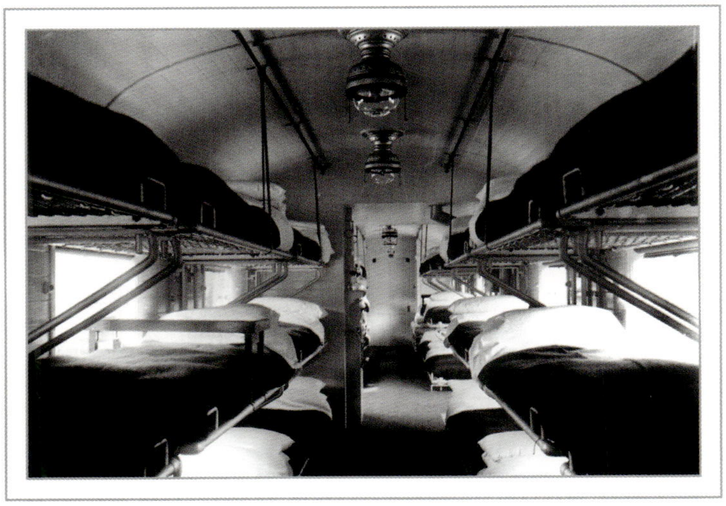

164-165 Dieses interessante Bild zeigt das Innere eines amerikanischen Hospitalwagens um 1917. Im Vordergrund das Büro der Militärärzte, getrennt vom Aufenthaltsraum, in dem die Patienten zu sehen sind.

165 oben Dank der Rotkreuz- und Hospitalzüge konnten viele Verwundete schnell von der Front weggeschafft und gerettet werden. Das Propagandafoto zeigt amerikanische Rotkreuzschwestern bei der Arbeit.

165 unten In diesem Hospitalwagen des englischen Heeres, der auf dem Kontinent eingesetzt wurde, ist die dreistöckige Anordnung der Krankenkojen gut zu sehen.

166 Eine der 150 Lokomotiven mit Achsfolge 1-5-0, die seit 1943 in Großbritannien gebaut wurden und ursprünglich unter der Bezeichnung WD 73650-73799 liefen, „zurück im Zivilleben", wo sie einen Personenzug nach Goathland führt.

167 Eine der ursprünglich als US Army Class S200 für das amerikanische Heer gebauten Lokomotiven war in den Achtzigerjahren noch in der Türkei in Betrieb. Die sogenannten MacArthur wurden im Mittleren Osten, in der Türkei und Italien eingesetzt.

Im nationalsozialistischen Deutschland war die Reichsbahn direkt dem Verkehrsministerium unter der Leitung von Julius Dorpmüller unterstellt, der von 1937 bis 1945 ohne Unterbrechung im Amt blieb. Bereits vor dem Ausbruch des Zweiten Weltkriegs hatte die Kriegsmaschinerie der Nazis im einwandfreien Funktionieren der Eisenbahnen einen Eckpfeiler der eigenen Organisation erkannt. Und die Nazi-Generäle setzten die Eisenbahn neben logistischen Aufgaben auch als Kriegswerkzeuge im eigentlichen Sinne ein. Seit 1934 stellten die Krupp-Stahlwerke eine bestimmte Zahl großkalibriger Geschütze her, die auf spezielle Eisenbahnwagen montiert wurden. Sie waren Teil der ersten beiden Pläne Hitlers, für den der militärische Angriff bereits beschlossene Sache war, zur Stärkung der deutschen Artillerie, dem „Langzeitplan" aus dem Jahr 1932 und dem 1936 folgenden „Notfallplan". Wir werden hier nicht auf die verschiedenen Arten von Lafetten eingehen, die im Laufe der Jahre auf die Waggons montiert wurden, sondern wollen an dieser Stelle nur an die 380-Millimeter-Eisenbahngeschütze „Siegfried" erinnern, die auf achtachsige Plattformwagen montiert wurden (Gesamtgewicht 294 t) und im Jahr 1940 den Strand von Dünkirchen aus mehr als vierzig Kilometer Entfernung unter Feuerhagel setzten. Doch das Fahrzeug, das stellvertretend für die enorme Belastung steht, die auch die deutschen Eisenbahnen während der Kriegsjahre aushalten mussten, war ohne Zweifel die Dampflok Br 52, allseits als Kriegslokomotive bekannt. Die erste wurde den nationalsozialistischen Behörden im September 1942 vorgestellt: Es handelte sich um eine leichtere, vereinfachte Version der hervorragenden Br 50 1-5-0 der DRG, mit der sozusagen zwei Fliegen mit einer Klappe geschlagen wurden: Die Bauzeit verkürzte sich und man bekam eine Lokomotive, die auch auf den häufig sehr viel weniger stabilen Gleisen der besetzten Länder fahren konnte. Mit der Produktion wurden unverzüglich die wichtigsten deutschen Eisenbahnfabriken beauftragt: ME, Henschel & Sohn, Jung, Krauss-Maffei, MBA, Schichau, Schwartzkopff und Floridsdorf. Bis zum Kriegsende knapp drei Jahre später waren 6239 Stück gebaut worden, und ihre Laufbahn setzte sich in den Jahren nach dem Krieg in halb Europa fort. Aber auch die Alliierten konnten sich eigener Kriegslokomotiven rühmen, wenn auch nicht in so beachtlicher Zahl. 1942 gründete das amerikanische Heer das U.S. Army Transportation Corps (USATC), das die Aufgabe hatte, den Verkehr zu Land und insbesondere der Eisenbahn zu organisieren. Es war von vornherein klar, dass man keine amerikanischen Lokomotiven würde einsetzen können, zum einen wegen deren Ausmaße und Achslasten, zum anderen wegen der benötigten Anzahl an Maschinen. Die amerikanische Industrie hatte jedoch schon Erfahrung in dem Bereich, weil Baldwin und ALCO Jahre zuvor hervorragende 1-4-0 für die italienischen und englischen Staatsbahnen gebaut hatten. Auf der Grundlage dieser Militärerfahrung bestellte die US Army über 1800 Lokomotiven 1-4-0, die ursprünglich unter der Bezeichnung G.I.2-8-0 liefen und zunächst mit Frachtschiffen nach Europa und dann Nordafrika transportiert wurden (tatsächlich gingen einige mit diesen Schiffen unter). Zunächst wurden sie zur Unterstützung der englischen Maschinen bei der Vorbereitung der Landung in der Normandie eingesetzt und folgten dann den Truppen auf dem gesamten Vormarsch über das französische Netz. Im Süden brachte man sie nach der Befreiung Siziliens in Italien an Land, von wo aus sie mit den alliierten Truppen die Halbinsel hochfuhren. Eine andere ab 1942 eigens für Kriegszwecke (allerdings in insgesamt nur zweihundert Exemplaren) gebaute amerikanische Lokomotive war die WD 2-8-2, nach dem berühmten General MacArthur benannt, die ursprünglich für den Betrieb im Mittleren Osten und Nordafrika vorgesehen und aus den Plänen einer ähnlichen, 1924 für die Wyoming & Southern gebauten Maschine entwickelt worden war. Außer in Ägypten und dem Iran wurde sie in der Türkei, Italien und Deutschland eingesetzt.

Auch Großbritannien legte starkes Augenmerk auf ein funktionierendes Eisenbahnwesen, und 1939 gründete die englische Regierung das Railway Executive Commitee (REC) mit dem Ziel, die Aktivitäten der damals auf der Insel tätigen privaten Eisenbahngesellschaften zu koordinieren. Nachdem das REC eine Analyse der verfügbaren Maschinen erstellt hatte, orientierte man sich an einer bereits existierenden 1-4-0-Lokomotive der LMS (London, Midland & Scottish) mit der Bezeichnung 8F. 51 Maschinen wurden sofort bei der LMS requiriert und ungefähr 600 weitere bei der North British Locomotive Company, Vulcan und Beyer Peacock bestellt. Die ersten wurden ab August 1940 geliefert und als WD 300-899, später WD 70300-70899 klassifiziert.

46204

Sie wiesen schon einige Änderungen gege über den Maschinen der LMS auf, von dener die wichtigste im Hinblick auf eine Nutzung außerhalb Großbritanniens die Luftdruckbremse war, da englische Lokomotiven von jeher mi Vakuumbremssystemen ausgerüstet wurden. 1943 entschied sich das REC für einen weiterer Auftrag über ganz ähnliche, jedoch weitmöglichst vereinfachte Lokomotiven, damit sie schnell und mit dem zur Verfügung stehenden Material gebaut werden konnten. So entstand eine Gruppe von 935 1-4-0 Lokomotiver bekannt als Austerity Class, die in den Fabriker der North British Locomotive Company (545 Stück) und der Vulcan (390 Stück) gefertig wurden. Sie erhielten die Klassifizierungen WD 70800-70879 und WD 77000-79312 mit nich fortlaufender Nummerierung. Ab Dezembe 1943 wurde auch eine schwerere 1-5-0-Versior der Austerity mit einer weiteren Achse gebaut deren 150 Exemplare mit WD 73650-73799 bezeichnet wurden. Zu diesen wichtigster Lokomotiven kamen natürlich noch viele andere, kleinere für den Rangierbetrieb.

168-169 Die Kriegslokomotiven der Baureihe 52 wurder zu Tausenden gefertigt. Diese beiden der österreichischen ÖBB warten im Depot Wien-Nord auf ihren Einsatz.

Bei unserem kurzen Überblick über die Ereignisse jener Jahre dürfen wir natürlich nicht die tragische Rolle vergessen, die der Eisenbahn bei der Judenvernichtung durch die Nazis zukam. Die meisten der Millionen Juden, die aus allen Teilen Europas in die Konzentrationslager deportiert wurden, wurden zu Dutzenden (meist 80–100 Personen) in der Regel ohne Wasser oder Essen in Viehwagen gepfercht. Fünf bis zehn Prozent der Unglücklichen starben schon auf dem Transport. Es lässt einen schaudern, mit welcher bürokratischen Effizienz diese Transporte organisiert wurden: Um die Deportation der Juden kümmerte sich Adolf Eichmann persönlich, der sich schon seit 1937 unheilvoll auf diesem Gebiet hervorgetan hatte und im Reichssicherheitshauptamt (RSHA) arbeitete. Aus seinem Büro beziehungsweise der entsprechenden Abteilung, dem

Referat IV B4, erging eine Anfrage an die Reichsbahn, die diese an den Fachbereich Verkehr und Tarif weiterleitete. Nachdem man dort Dringlichkeit und Kosten bestimmt hatte, wurde die Angelegenheit an den operativen Betrieb weitergegeben, der sich um die materielle Zusammenstellung der Züge und die Fahrpläne der Konvois kümmerte, die immer als Sonderzüge eingestuft wurden. Die deutschen Eisenbahnen ließen sich für diese Massentransporte bezahlen, und obwohl die verzweifelten Menschen in Viehwagen zusammengepfercht wurden, stellte man für sie einfache Fahrten der dritten Klasse mit vier Pfennig pro Kilometer in Rechnung. Betrug die Gesamtzahl der Deportierten im Zug über 400 Personen, und das war fast immer der Fall angesichts der Tatsache, dass jeder Zug zwei- bis zweieinhalbtausend Menschen transportierte, griff der „Gruppentarif", und für alle wurde unterschiedslos eine Fahrkarte zu zwei Pfennig pro Kilometer berechnet. Die Fahrkarten und Rechnungen wurden natürlich nicht auf die Deportierten ausgestellt, sondern auf eine staatliche Behörde namens „Mitteleuropäisches Reisebüro", die ungeachtet der neutralen Bezeichnung die Massendeportation der Juden organisierte. Die Rechnungen wurden übrigens mit dem beschlagnahmten Geld der Juden beglichen, die somit ihre eigene Reise in den Tod bezahlten. Dieser tragische Eisenbahnverkehr dauerte bis zum Fall des Dritten Reichs an, als russische und amerikanische Soldaten zwischen Januar und Mai 1945 die Insassen der Vernichtungslager befreiten.

Im Bewusstsein der Verantwortung der deutschen Eisenbahn in jenen Jahren – Historiker stimmen darin überein, dass ohne die logistische Unterstützung der Eisenbahn ein Massaker in diesem apokalyptischen Ausmaß nicht möglich gewesen wäre –, beschloss die DB 1998, mit einem besonderen Mahnmal an die Judendeportation zu erinnern, das auf Bahnsteig 17 des Bahnhofs Grunewald in Berlin errichtet wurde. Das Herz dieses Monuments besteht aus 186 in chronologischer Reihenfolge am Bahnsteigrand angeordneten Stahlplatten: Auf jeder einzelnen ist das Datum der Deportation, die Zahl der deportierten Personen, der Abfahrtspunkt in Berlin und der Bestimmungsort angegeben. Die Vegetation, die sich im Laufe der Jahre zwischen den Gleisen am Bahnsteig 17 ausbreitete, blieb unberührt, als Symbol dafür, dass von diesem Bahnsteig und diesem Gleis nie mehr ein Zug mit einer ähnlichen Bestimmung fahren werde.

170 links Deutsche Offiziere überwachen die Deportation einer Gruppe polnischer Juden auf dem Durchgangsbahnhof Warschau zwischen 1943 und 1944. Die Menschen wurden in unglaublich überfüllten Viehwaggons abtransportiert.

170-171 Diese schreckliche Aufnahme dokumentiert die Ankunft eines Zuges voller ungarischer Juden in dem nationalsozialistischen Vernichtungslager Auschwitz-Birkenau.

171 oben Ein tragisches Kapitel der Eisenbahngeschichte: Das Vernichtungslager der Nazis in Auschwitz-Birkenau war Ziel von Hunderten von Zügen voller Deportierter, zum Großteil Juden.

172 Dieses dramatische Bild zeigt das Innere des Anhalter Bahnhofs in Berlin nach der Zerstörung durch Bomben. Das gesamte deutsche Eisenbahnnetz wurde durch die Luftangriffe der Alliierten schwer beschädigt.

Als der Krieg vorbei war, glich ein Großteil Europas einem Trümmerhaufen. Die Kämpfe in Ost und West, aber vor allem die Bomben, die die Alliierten massiv abgeworfen hatten, um das wirtschaftliche Gefüge Nazi-Deutschlands und seiner Verbündeten zu zerstören und die Moral der Bevölkerung zu brechen, hatten ihre Spuren hinterlassen.

Aufgrund der logistischen Funktion der Eisenbahn gehörte jedes Gleis, jeder Bahnhof, jede Brücke natürlich zu den vorrangigen Zielen. Das europäische Eisenbahnnetz wurde vollkommen verwüstet. Ende 1945 gab es in ganz Deutschland und Norditalien keinen einzigen größeren Bahnhof, der nicht bombardiert worden war. Um eine Vorstellung von dem Grad der Zerstörung zu erhalten, denke man nur daran, dass laut Angaben des amerikanischen Heers im Laufe des Konflikts insgesamt 1 234 767 t Bomben abgeworfen wurden, davon 60 Prozent zwischen Juli 1944 und April 1945. Außer der Zerstörung ziviler und militärischer Fabriken, legten die Alliierten mit ihren Bombardements ab Dezember 1944 90 Prozent der Kraftstofferzeugung und 75 Prozent des Güterverkehrs auf der Schiene lahm. Zu diesen Schäden kamen noch die Sabotageakte der Widerstandskämpfer vor allem in Frankreich, Italien, den Niederlanden und auf dem Balkan.

Aber auch das deutsche Heer zerstörte auf dem Rückzug systematisch alle Infrastrukturen der Eisenbahn, damit die Alliierten sie nicht nutzen konnten. Brücken und Tunnels wurden mit TNT

gesprengt, und die Wehrmacht hatte eine Art „Egge" erfunden, die hinten an eine Lokomotive angehängt wurde und mit ihrem Haken die Holzschwellen durchtrennte, sodass die Gleise lange Zeit unbenutzbar waren. Derartige Dinge waren in Italien an der Tagesordnung, als die deutschen Truppen auf ihrem Rückzug Richtung Po-Ebene und Brenner zuerst die Gustavlinie zwischen Gaeta und der Sangro-Mündung und dann die Gotenlinie aufgeben mussten.

Um eine Vorstellung von der Belastung zu geben, die die Eisenbahnen im Krieg aushalten mussten, sei zum Beispiel an die wiederholten Luftangriffe der Alliierten auf eines der Hauptkunstwerke der Eisenbahnlinie Mailand–Venedig, die Brücke von Palazzolo sull'Oglio, erinnert. Zwischen dem 23. Juli 1944 und dem 27. April 1945 wurde die Brücke 32-mal bombardiert. 1857 erbaut, spannte sie sich mit einer Länge von 269 m über neun etwa 40 m hohe Bögen. Mit ihrer Zerstörung wären natürlich die deutschen Truppen- und Materialbewegungen auf der Haupteisenbahnverbindung der Po-Ebene blockiert oder sehr behindert worden. Doch trotz der präzisen Angriffe (unterhalb

172-173 Deutschland und insbesondere Berlin wurden im Zweiten Weltkrieg buchstäblich dem Boden gleichgemacht. Die Infrastruktur der Eisenbahn wurde durch die Bomben völlig zerstört: Dies ist alles, was vom Berliner Bahnhof übrig blieb.

173 unten Großbritannien war nicht so wie andere Länder Europas vom Krieg in Mitleidenschaft gezogen, doch die deutschen V1 und V2 fügten London viele Schäden zu. So sah die St. Pancras Station nach der Bombardierung in der Nacht vom 26. August 1942 aus.

des Bauwerks fiel die am weitesten entfernte Bombe in einem Abstand von 196 m und oberhalb von nur 182 m) hinderten die angerichteten Schäden die deutschen Ingenieure nicht daran, den Übergang nach jeder Attacke, wenn auch provisorisch, wiederherzustellen. Innerhalb weniger Tage wurden abgeschlagene Pfeiler und geborstene Bögen mit Holzkonstruktionen und Stahlträgern ausgebessert, über die das Gleis verlegt wurde. Und das Ganze unter dem ständig drohenden Maschinengewehrfeuer der alliierten Jäger, die unerbittlich jeden Zug beschossen, der sich am Tag zu zeigen wagte.

Viele italienische Eisenbahner fielen diesen Attacken zum Opfer: 2014 starben bei Luftangriffen oder Minenexplosionen und 404 bei Sabotageakten der Partisanen.

174 Endlich ist der Zweite Weltkrieg zu Ende und die befreiten Soldaten können aus den Gefangenenlagern nach Hause zurückkehren. 1945 werden zwei Züge mit Heimkehrern mit militärischen Ehren am Bahnhof von Annemasse in Hochsavoyen empfangen, während die Menge darauf wartet, ihre Lieben in die Arme schließen zu können.

Hier müssen wir eine Klammer setzen und etwas zur Rolle der Eisenbahner im Zweiten Weltkrieg sagen, denn wenn es zwar wahr ist, dass in Deutschland viele (aber nicht alle) Anhänger der Nazis waren, so entspricht es ebenfalls der Wahrheit, dass in den besetzten Ländern sehr viele, obwohl sie im regulären Dienst blieben und sich keinen Partisanengruppen anschlossen, der Zivilbevölkerung halfen, diese schrecklichen Jahre besser zu überstehen. Berühmt wurden in dieser Hinsicht auch die Handlungsweisen vieler französischer Eisenbahner, die in der Nachkriegszeit zu etlichen bekannten Filmen inspirierten.

Die Perspektive nach Kriegsende war trostlos. 1940 bestand das Netz in Italien aus 16 372 km, von denen 5173 km elektrifiziert und 4502 km zweigleisig waren. Hinzu kamen noch gut 6000 km Eisenbahnkonzessionen, davon etwa 1800 km bestromt. Der Fuhrpark umfasste 4177 Lokomotiven, 1602 Elektroloks, 130 000 Güterwaggons und ungefähr 13 200 Personen- und Gepäckwagen. Ähnlich umfangreich war der Fahrzeugbestand der Bahnkonzessionen, die über mehr als 600 Dampflokomotiven, 383 Elektroloks und Triebwagen, fast 8000 Güterwaggons und über 2000 Personenwagen verfügten. Fünf Jahre später machten diese Zahlen das Ausmaß des Desasters deutlich: 7000 km Gleise waren zerstört, praktisch das gesamte elektrifizierte Netz (5000 von 5173 km), fast 80 000 km Telefonleitungen, die für den Verkehr von grundlegender Bedeutung waren, über 4700 Bahnhöfe, Bahnwärterhäuschen und Depots. Nicht besser stand es um das rollende Material: Zum Aktivbestand zählten nur noch 1803 Dampflokomotiven, gerade mal 546 Elektroloks, die aufgrund der zerstörten Oberleitungen de facto jedoch nicht eingesetzt werden konnten, sowie etwa 40 000 Güterwagen und 1200 Personenwagen.

Desgleichen hatten die französischen Eisenbahnen die Hälfte ihrer Lokomotiven und Güterwaggons verloren und über 3200 Streckenkilometer und 1965 Brücken waren verwüstet. In Holland war die Lage noch schlimmer, da 60 Prozent der Gleise, 84 Prozent der Lokomotiven und 90 Prozent der Güter- und Personenwagen zerstört waren.

Nicht nur in Italien krempelten die Eisenbahner die Ärmel hoch und versuchten auf die eine oder andere Weise den Betrieb wieder aufzunehmen. Doch das war enorm schwierig, und in den ersten Monaten nach Kriegsende gab es, besonders in Norditalien, so gut wie keinen Eisenbahnverkehr. Natürlich wurde den Hauptverbindungen Vorrang eingeräumt, die für den Neuanfang im Land von grundlegender Bedeutung waren, und bereits im Oktober 1945 waren einige Linien, wenn auch provisorisch, wieder befahrbar. Um eine Vorstellung von der Lage zu geben: Wenn 1938 die Fahrt Mailand–Rom etwa sechs Stunden dauerte, so brauchte man dafür im Oktober 1945, wenn alles gut ging, ungefähr 33 Stunden. In Ermangelung gebrauchsfähiger Personenwagen wurden die Reisenden in geschlossenen Güterwaggons befördert, die mit spartanischen Holzbänken ausgestattet waren. Andere Waggons wurden zum provisorischen Obdach für viele, die ihr Zuhause durch die Bomben verloren hatten. Mit dem Zug begannen auch die Italiener aus Deutschland zurückzukehren, die in die Gefangenen- oder Arbeitslager deportiert worden waren, und die Soldaten von der Ostfront trafen unter dem skelettartigen Gewölbe des Mailänder Hauptbahnhofs ein.

Ein paar Monate zuvor hatte sich wegen der absolut unsicheren Verkehrsbedingungen in dem bereits von den alliierten Truppen befreiten Teil Süditaliens eines der schlimmsten Unglücke der Eisenbahngeschichte in ganz Europa ereignet – ein Unglück, von dem man damals praktisch nichts wusste und über das bis vor wenigen Jahren kaum berichtet worden war. Wir berichten hier darüber, weil es für die Lebensbedingungen jener Zeit emblematisch ist und wir, wenn auch spät, der Opfer dieses Unfalls, ausschließlich Zivilisten, gedenken wollen.

Am Abend des 2. März 1944 verließ der Zug Nr. 8017 nach Potenza den Bahnhof von Salerno. Es handelte sich nicht um einen Personenzug, sondern einen außerplanmäßigen Güterzug, der zum Großteil aus leeren Waggons bestand. Die nach der Tragödie angestellten Ermittlungen besagen, dass er aus 47 Wagen bestand, von denen 20 offen waren.

Aber wie bereits erwähnt, mangelte es an Fahrzeugen, und Dutzende und Aberdutzende von Menschen, die nach Potenza wollten, hatten unbefugterweise auf dem Konvoi Platz gefunden. Leute, die auf der Suche nach Lebensmitteln für ihre Familie waren oder Dinge, die sie von den in der Gegend stationierten Truppen erhalten hatten, gegen Fleisch, Eier oder andere Produkte erster Notwendigkeit eintauschen wollten. Je näher der Zug dem Ziel kam, desto mehr Menschen kletterten während der zahlreichen Zwischenhalte auf den Zug, und trotz der Interventionen der amerikanischen Military Police, die in Battipaglia versuchte, einen Teil zum Aussteigen zu bewegen, drängten sich in Eboli mindestens 600 Leute auf dem 8017. Mittlerweile war es Abend geworden, und in Rovagnano, nur 43 km vor Potenza, wurde zu der Zuglokomotive, einer großen 480, eine 476 österreichisch-ungarischer Herkunft dazugespannt, die benötigt wurde, um die Steigungen auf dem letzten Teilstück der Strecke zu bewältigen. Um 23:40 Uhr fuhr der Zug in Rovagnano ab und legte mit Doppeltraktion die sechs Kilometer bis zum Bahnhof Balvano zurück, wo er stehen blieb, um das grüne Signal abzuwarten, weil ein vorausfahrender Zug Probleme gehabt hatte und das Gleis noch nicht frei war. Um 0:50 Uhr gab der Bahnhofsvorsteher von Balvano die Erlaubnis zur Abfahrt, und die beiden Lokomotiven fuhren mit Höchstdruck im Kessel los, um die Galleria delle Armi in Angriff zu nehmen. Nur acht Kilometer später, mitten im Anstieg vor dem Bahnhof von Bella-Muro, fuhr der Zug langsam in den gut fünfzehnhundert Meter langen Tunnel ein, doch als er bereits ganz darin war, begann etwas schiefzulaufen: Das Gewicht war zu schwer, die Gleise nass und die Lokomotiven begannen zu rutschen, obwohl die Lokführer den Sandstreuer betätigten. Dann blieb der Zug stehen. Mittlerweile füllte sich der Tunnel immer mehr mit Rauch. Die Leute an Bord bedeckten ihre Gesichter, so gut es ging, bis der Zug wieder anfahren konnte. Die Zugführer versuchten mehrmals, den Zug in Bewegung zu setzen, aber wahrscheinlich verursachten der Lärm im Tunnel, die Dunkelheit, der hohe Schwefelgehalt der minderwertigen Kohle und die Verbrennung, die jede Menge Kohlenmonoxid produzierte, eine fatales Chaos, in dem das Einzige nicht getan wurde, was man hätte tun können: die Bremse zu lösen und schnell rückwärts aus dem Tunnel zu fahren. So erstickten fast 400 Menschen, die genaue Zahl erfuhr man nie, auch wenn auf einem Gedenkstein am Ort des Geschehens von 509 Opfern die Rede ist – während fast 200 wie durch ein Wunder dem Tod entkamen.

Das Drama wurde erst Stunden später entdeckt, weil die Telegrafenverbindungen zwischen den Bahnhöfen extrem schlecht waren und die beiden Bahnhofsvorsteher erst um 2:40 Uhr in der Nacht zu dem Schluss kamen, dass etwas Schlimmes passiert sein musste. Die Zugführer starben am Steuer der Lokomotiven. Die vordere Maschine wurde mit gelöster Bremse und eingelegtem Rückwärtsgang aufgefunden, die zweite dagegen mit angezogener Bremse und eingelegtem Vorwärtsgang. Krieg und militärische Zensur legten einen Schleier des Schweigens über die Tragödie, und erst am 6. und 7. März berichteten die Zeitungen allgemein über ein Unglück in einem süditalienischen Eisenbahntunnel. Dann geriet das Ganze viele Jahre lang in Vergessenheit.

175 Eine Gruppe ehemaliger belgischer Deportierter und Widerstandskämpfer kommt im Juli 1946 zu einer Feier in Paris an. Viele Eisenbahner in den von den Deutschen besetzten Ländern waren im Widerstand aktiv.

1945–1980
Vom Wiederaufbau zum neuen europäischen Eisenbahnnetz

PULLMAN

Die Schäden der Nachkriegszeit

178 oben Das Bild zeigt den Wiederaufbau der Brücke von Turbigo über den Ticino, nahe Mailand, nach der Zerstörung im Zweiten Weltkrieg.

178 unten Der Krieg ist noch nicht zu Ende, aber im August 1944 beginnt man in Brest schon mit der Instandsetzung der Eisenbahnlinie.

179 Diese französischen Arbeiter beim Wiederaufbau des Soullac-Viadukts auf der Strecke Toulouse–Tulle in der Gegend von Montauban müssen über beachtliche akrobatische Fähigkeiten verfügen.

Wie wir gesehen haben, war die Lage der Eisenbahn nach dem Zweiten Weltkrieg sehr heikel. In Europa war der Großteil des Schienennetzes und des rollenden Materials zerstört oder unbrauchbar. Die nicht direkt vom Krieg betroffenen Netze in den Vereinigten Staaten und Großbritannien (abgesehen von vereinzelten Schäden, die die deutschen V1 und V2 an der Infrastruktur in Südengland verursacht hatten) waren auf das Höchste beansprucht durch den immensen Kraftakt, der aufgebracht werden musste, um die militärische Intervention zu unterstützen. So beförderten die amerikanischen Eisenbahngesellschaften zum Beispiel in den Kriegsjahren neben dem normalen Verkehr ungefähr eine Million Soldaten im Monat, und die britische Eisenbahn organisierte allein für die Vorbereitung der Landung in der Normandie etwa 25 000 neue Züge.

Doch nichts sollte mehr so sein wie vor dem Krieg. Während überall Hand an den Wiederaufbau gelegt wurde, eine Aufgabe, die etliche Jahre dauern sollte, wurde mit jedem Tag offensichtlicher, dass sich die Art des Reisens und des Gütertransports aufgrund der neuen Technologien und der wirtschaftlichen Entwicklung, die innerhalb von ein paar Jahren zu einem wahren Boom werden sollte, radikal ändern würde.

Die Automobile wurden immer bequemer und preiswerter, und mit ihrer wachsenden Verbreitung wurden immer mehr neue Straßen und Autobahnen gebaut. Immer größere Lastkraftwagen brachten die Waren einfach und flexibel selbst in entlegenste Orte, wie man es von der Eisenbahn nicht kannte. Parallel dazu entwickelte sich ein effizienter Flugverkehr für Fernreisen, der ebenfalls immer sicherer und komfortabler wurde.

Die Eisenbahn sah sich fortan damit konfrontiert, als Transportmittel mit der immer schärfer werdenden Konkurrenz des Straßen- und Luftverkehrs kämpfen zu müssen, und das mit ungleichen Waffen. Zudem betrachteten die Öffentlichkeit und praktisch alle Regierungen die Massenmotorisierung als Fortschritt und Bestätigung der Freiheit des Individuums, was zweifellos richtig war, sich aber, wenn man mit einem Abstand von sechzig Jahren darauf zurückblickt, paradoxerweise in eine Art der Sklaverei verwandelte. Zu viele Autos, zu viele Lkws verstopfen die Straßen, doch erst jetzt werden wir uns bewusst, dass in all den Jahren keine wirksamen Alternativen entwickelt wurden.

Im Übrigen können die Auswirkungen einer Politik, die fünfzig Jahre lang, objektiv gesehen, in aller Welt – mit wenigen Ausnahmen – den Straßenverkehr förderte, nicht in wenigen Jahren ungeschehen gemacht werden. Ein paar Daten geben eine gute Vorstellung davon, wie sich die Dinge nach dem Krieg veränderten. Schon immer war die Schweiz eine der Nationen, die ihr (nebenbei bemerkt, im Krieg nicht beschädigtes) Eisenbahnnetz am meisten pflegte: Und doch verringerte sich in den fünfzehn Jahren zwischen 1950 und 1965 der Prozentsatz des gesamten Personenverkehrsaufkommens bei der SBB von 52 auf gerade mal 19,6 Prozent. Der Güterverkehr folgte dem gleichen Trend und sank von 20 auf 15 Prozent.

Im selben Zeitraum stiegen die von Privatautos zurückgelegten Kilometer um das Fünffache und die Tonnage der Gütertransporte auf der Straße um das Dreifache. Benzin war sehr billig, die Autos wurden immer schneller und die Dieselmotoren der Lkws immer stärker

Die Eisenbahn versuchte, auf diese „Aggression" zu reagieren, aber es war ihr, wenn auch aus von Land zu Land verschiedenen Gründen, nicht möglich, wirksame Strategien umzusetzen. Auf der einen Seite lasteten die Kosten für den Wiederaufbau ungemein schwer, auf der anderen schlug der Rückgang des Schienenverkehrs negativ auf das finanzielle Gleichgewicht der Unternehmen durch. Zudem kam der Eisenbahn historisch gesehen eine soziale Rolle zu, da sie die Beförderung von Menschen und Gütern gewährleistete, die man nicht einfach abschaffen konnte: Die Verpflichtung, irgendeine Art des Transports auch unter kaum einträglichen Umständen aufrechtzuerhalten, kollidierte mit der Notwendigkeit einer wirtschaftlich vertretbaren Betriebsführung. Und dieser Widerspruch blieb bis heute ungelöst.

Der Wiederaufbau in den 50er-Jahren

180 Das Plakat der British Rail wirbt für die neuen Dieselloks 10000 und 10001, die ersten für die Traktion großer Züge in Großbritannien: Hinter den beiden Zwillingslokomotiven schaut eine Dampflok der Baureihe 5 hervor.

Wenn man sich mit dem Wiederaufbau in den Nachkriegsjahren beschäftigt, kommt man nicht umhin, auf die tiefgreifenden Veränderungen einzugehen. Bereits vor dem Krieg hatte sich gezeigt, welche potenziellen Möglichkeiten im Elektroantrieb steckten, und auch die Anwendung von Verbrennungsmotoren begann interessante Früchte zu tragen. So hatte zum Beispiel Italien in den Jahren des Faschismus hervorragende Triebwagen mit Dieselmotoren gebaut, die sowohl auf Schnellzügen im Personenfernverkehr als auch auf Kurzstrecken deutlich bessere Betriebskosten und mehr Komfort ermöglichten als Dampflokomotiven mit herkömmlichen Waggons.

Die Kosten für den Betrieb von Elektro- und Dieselloks sind weitaus günstiger als bei Dampflokomotiven: Abgesehen von geringerem Personalaufwand und einfacheren Wartungsvoraussetzungen können sie quasi rund um die Uhr in Betrieb bleiben, und nur das Zugpersonal muss abgelöst werden. Mit derselben Anzahl von Maschinen und niedrigeren Kosten können also viel mehr Züge garantiert werden. Der Elektroantrieb, der den Bau von Oberleitungen und somit sehr teure Investitionen in die Infrastruktur voraussetzt, eignet sich für stark befahrene Linien, der Dieselantrieb ist dagegen ideal für Nebenlinien, an denen keine weiteren Änderungen vorgenommen werden müssen als höchstens die Installation einer Dieseltankstelle.

In Italien versuchte man das weitläufige 3000-Volt-Gleichspannungsnetz wiederherzustellen, das man als nationalen Standard gewählt hatte: Teile der im Krieg beschädigten, mit Dreiphasenwechselspannung betriebenen Linien wurden direkt umgestellt. An anderen, wie Modena–Turin–Genua, Genua–Ventimiglia, Genua–Voghera und Bozen–Brenner, wurde mit den Arbeiten Anfang der Sechzigerjahre begonnen. Die Nebenstrecken im Piemont wurden noch bis zur Mitte der Siebzigerjahre mit Dreiphasenwechselspannung betrieben.

Frankreich hatte bereits 1946 die Strecke Paris–Lyon mit 1500-V-Gleichspannung elektrifiziert und in den folgenden Jahren dieses System auf viele Linien im Süden des Landes ausgedehnt. Gleichzeitig experimentierte die SNCF mit Einphasenwechselspannung 25 kV 50 Hz, und 1951 wurden die 78 Streckenkilometer zwischen Aix-les-Bains und La-Roche-sur-Foron versuchsweise elektrifiziert. Das Ergebnis fiel in jeder Hinsicht positiv aus, und kurze Zeit später wurde auch Dünkirchen–Thionville auf dieses System umgestellt. Die französische Staatsbahn erweiterte also im Norden des Landes die Elektrifizierung mit 25 kV, während viele Linien im Süden noch über Jahre hinweg mit 1500-Volt-Gleichspannung bestromt wurden.

In Großbritannien setzte man die Dampftraktion noch einige Jahre lang fort, und die Elektrifizierung konzentrierte sich vor allem um die Großstädte im Süden des Landes. British Railways, die 1947 aus der Verstaatlichung der großen Privatgesellschaften entstanden war, beschloss noch 1951 den Bau neuer, modernerer Dampfloks. Für sie sprach auch die hohe Verfügbarkeit von Kohle im Land, angesichts derer die Elektrifizierung der Linien wegen der hohen Infrastrukturkosten nicht vorteilhaft erschien. Stattdessen sah der 1955 vorgelegte Modernisierungsplan vor, die Dampflokomotiven durch Dieselloks zu ersetzen; und das war auch der Weg, den die britische Eisenbahn nach dem Krieg einschlug, die als einzige in Europa entschieden auf diese Technik setzte, die in den USA bereits in den Vierzigerjahren entwickelt worden war.

In Deutschland konzentrierte man sich natürlich vor allem auf den Wiederaufbau, hielt den Dampflokbetrieb aufrecht und nahm die Elektrifizierung mit Einphasenwechselspannung 15 kV 16 2/3 Hz wieder auf. Aus der kriegsbedingten Teilung in zwei getrennte Staaten ergaben sich viele Probleme: So entstand im Westen die DB (Deutsche Bundesbahn) und im Osten die DR (Deutsche Reichsbahn), die 1990 nach dem Fall der Berliner Mauer und der Wiedervereinigung Deutschlands erneut zu einer einzigen Gesellschaft (DB) verschmolzen.

Vor der Teilung befand sich das Zentrum des deutschen Eisenbahnnetzes in Berlin. Nun musste die DB das Netz neu organisieren: Statt Ost-West-Achsen gab es nun Nord-Süd-Achsen, und die Bedeutung und Infrastruktur der Linien musste überdacht werden. Große Unterstützung kam durch die finanziellen Hilfen des Marshallplans, mit dem die USA von 1948 bis 1952 mit über dreizehn Milliarden Dollar (heute entspräche diese Summe 80 Milliarden Euro) zum Wiederaufbau der achtzehn europäischen Nationen beitrugen, die sich in der Organisation für europäische wirtschaftliche Zusammenarbeit (OEEC, Vorläuferin der OECD) zusammengeschlossen hatten.

181 links Das Plakat verweist auf den historischen Moment der Verstaatlichung der englischen Eisenbahnen am 30. Dezember 1947. Die Privatgesellschaften verschwinden, und die Eisenbahn wird der Aufsicht der British Transport Commission unterstellt.

181 rechts Am 15. Januar 1948, nur zwei Wochen nach der Verstaatlichung der Eisenbahnen, verlässt die neue dieselelektrische Lokomotive 10000, noch in den Farben der LMS, St. Pancras auf ihrer ersten Fahrt nach Derby und Manchester.

The New MIDLAND

First Class de luxe travel — Supplen

8.50 am	↓	Manchester Central	↑	9.21 pm
9.04 am		Cheadle Heath		9.07 pm
12.03 pm		St. Pancras		6.10 pm

Mondays to Fridays from 4th July

12.45 pr
2.10 pr

LONDON MIDLAND

The last word in rail comfort. Limited accommodat

182–183 Ein Plakat der British Rail wirbt für den neuen, dieselbetriebenen Luxuszug Midland Pullman. Er bestand aus acht Fahrzeugen und wurde von zwei Dieselmotoren mit 1000 PS angetrieben. Er bot 228 Fahrgästen Platz.

183 oben Der Speisewagen des Train Bleu ist 1952 voll besetzt. Es gibt erst wenige Autos, die Straßen sind schlecht, und der Zug ist noch das bequemste Transportmittel für mittlere und große Entfernungen.

183 Mitte Bei diesem Bild des Train Bleu aus dem Jahr 1952 springen Komfort und Luxus ins Auge.

183 unten Eine Gruppe Schülerinnen des Smith College lernt im Benimmunterricht den richtigen Umgang mit den Koffern.

Die Krise der Nachkriegsjahre

Wie bereits erwähnt, stieß der Neuanfang in der Praxis überall auf große finanzielle Probleme. Zum einen ließ der Lohnanstieg die Betriebskosten in die Höhe schnellen, zum anderen hatten die Eisenbahnunternehmen sehr viel Personal und waren in der Regel die größten Betriebe ihres Landes mit Hunderttausenden von Mitarbeitern, von den Bahnhofsvorstehern großer Knotenpunkte bis hin zu den Handlangern in den kleinen Landstationen. Ein Weg, um Kosten zu sparen, war die Automatisierung, eine Lösung, die für die Eisenbahn angesichts ihrer Struktur sehr gut geeignet war, aber auch hier gab es das Problem der Investitionskosten, und häufig gerieten die Betriebe dann aufgrund ihrer Statuten mit dem „Gesellschaftszweck" in Konflikt. Und wenn die Schließung einer unrentablen Linie schon schwierig war, so war eine Reduzierung des Personals praktisch unmöglich. In verschiedenen Facetten, abhängig vom Zeitgeist und der politischen Ausrichtung der jeweils im Amt befindlichen Regierungen, dauerte diese Situation von den Nachkriegsjahren bis in die Achtzigerjahre praktisch in ganz Europa an. Zwar wurden angesichts von Bilanzen mit immer mehr roten Zahlen einige Einschnitte gemacht, aber keine Regierung wusste oder konnte auf wirklich radikale Weise den gordischen Knoten der Effizienz und Wettbewerbsfähigkeit des Schienenverkehrs lösen. In den meisten Fällen beschränkte man sich darauf, Dienstleistungen und schwach frequentierte Linien einzustellen, also sozusagen die dürren Zweige abzuschneiden. Doch wenn der Gärtner, um bei dem Bild zu bleiben, es bei dem Schnitt beließ und sich nicht um den Rest des Baums kümmerte, gelang es ihm lediglich, den Baum am Leben zu erhalten, während umfassendere systematische Überlegungen erforderlich gewesen wären.

Gehen wir rasch auf einige dieser Pläne ein, die zwar sehr interessant, aber eher für eine Wirtschaftsstudie als einen Bildband zur Eisenbahngeschichte geeignet sind. Zuerst versuchten sich die britischen Eisenbahnen an einer Neustrukturierung: Die englische Regierung war zutiefst beunruhigt, als Anfang der Sechzigerjahre trotz des 1955 verabschiedeten Modernisierungsplans das im Weißbuch von 1956 festgeschriebene Ziel einer ausgeglichenen Bilanz nicht erreicht wurde. Man berief Richard Beeching (dem später der Titel Lord verliehen wurde) in die Unternehmensführung, einen hochgeschätzten Ingenieur – zumindest war er das vor seinem Amt bei der Eisenbahn, das ihn später bei der britischen Öffentlichkeit sehr unbeliebt machte –, der mit Erfolg Betriebe der chemischen Industrie geleitet hatte und den man jetzt mit der Aufgabe betraute, die British Railways total neu zu organisieren. Dr. Beeching stellte einen radikalen Plan auf, der einige der strukturellen Kernpunkte der Eisenbahnorganisation anpackte. In seiner Beeching Axe (Beeching Axt) behauptete er, dass die Eisenbahn nicht mehr die gleiche Rolle wie im neunzehnten Jahrhundert spielen und selbst praktisch leere Züge mit einem einzigen Wagen in einer weltabgeschiedenen Region aufrechterhalten könne. Der Fuhrpark müsse im Verhältnis zu den zu erbringenden Dienstleistungen stehen. Außerdem müsse der Arbeitstakt der Fahrzeuge, d. h. die erforderliche Zeit, bis ein Güterwaggon wieder für eine neue Ladung zur Verfügung steht, drastisch verkürzt werden (damals wurden dafür etwa zwölf Tage gerechnet). In gewisser Weise ist es schon beeindruckend, diese Analyse aus dem Jahr 1963 zu lesen. Die Themen und Probleme sind denen sehr ähnlich, mit denen heutzutage, wenn auch in einem ganz anderen Gesetzeskontext, viele europäische Eisenbahnunternehmen zu kämpfen haben.

Tatsache ist, dass die englischen Eisenbahnen zwischen 1963 und 1968 einer Radikalkur unterzogen wurden: Die Streckenlänge wurde von 76 513 km auf 54 679 km, die Güterbahnhöfe von 5162 auf 912, die Güterwaggons von 862 000 auf 437 000 und die Personenwagen von 33 821 auf 19 540 reduziert. Auch das Personal wurde drastisch abgebaut: Von 476 545 blieben nur 296 274 Mitarbeiter übrig. Doch Jahre später zeigte sich trotz der rigiden Abmagerungskur immer noch ein Defizit.

184 Während eines landesweiten Streiks gegen den Beeching-Plan, der starke Einschnitte in das Eisen- bahnsystem vorsah, wartet eine Menge von Fahrgästen in der Londoner King's Cross Station darauf, in den Flying Scotsman einsteigen zu können.

185 oben Am 1. Oktober 1962 kommt Dr. Richard Beeching auf dem Bahnhof Grinsfead an, in der Tasche eine Kopie des Sanierungsplans für die British Rail, der Einschnitte bei Service und Personal vorsieht.

185 unten Arbeiter der British Rail richten die Weichen für den Umbau der Zufahrtsgleise zur Cannon Street Station in London. Die britischen Eisenbahnen benötigten auch neue Infrastrukturen.

186 Das Plakat der Schweizer Bundesbahnen von Hans Hartman mit dem Slogan „Hauptstrasse der Wirtschaft" hebt die Schlüsselrolle der Eisenbahn bei der Entwicklung Europas nach dem Krieg hervor.

187 Das Plakat des 1922 gegründeten Internationalen Eisenbahnverbands UIC erinnert an die fundamentale Bedeutung des Eisenbahnnetzes. Ein Güterzug fährt unter dem Schriftzug „Das Förderband der europäischen Wirtschaft".

Anders verlief es in den anderen europäischen Staaten, in denen etwas Ähnliches versucht wurde: 1968 sah der Leber-Plan auch in Deutschland die Abschaffung von circa 5100 km unproduktiver Linien vor, aber der Widerstand der Landesregierungen blockierte das Vorhaben im Wesentlichen. Ehrlich gesagt, beschränkte sich der Plan nicht auf die Schließung von Nebenstrecken, sondern wollte auch die Nutzung der Eisenbahn für den Transport schwerer Güter wie Kohle und Stahl fördern, indem er deren Beförderung auf der Straße verbot. Natürlich bestand die Lobby der Speditionsunternehmen auf einer Abschwächung der Maßnahmen, sodass sie quasi inexistent wurden. Gegen 1975 schlug die DB der Regierung vor, ihren Wirkungsradius auf das Hauptnetz zu beschränken, auf das sich neunzig Prozent des Verkehrs konzentrierten, aber der Auftrag des „öffentlichen Dienstes", den die Regierung der Bahn gegeben hatte, verhinderte, dass sich das Projekt konkretisierte. Das Gleiche geschah in Italien, als der Verkehrsminister, der Sozialist Claudio Signorile, 1985 eine „Liste der Linien ohne nationales Interesse" erstellen ließ, die innerhalb weniger Monate zu schließen waren. In Wirklichkeit wurden nur wenige Gleiskilometer stillgelegt, und heute ist klar, dass so ein Schnitt ein grober Fehler gewesen wäre. Auch Belgien und Norwegen prüften damals ähnliche Lösungen und kamen zu analogen Ergebnissen.

Trotz dieser Widerstände wurden viele Nebenstrecken in ganz Europa stillgelegt. Ein viel düstereres Los traf die Linien, die nicht direkt von den großen Staatsunternehmen betrieben wurden, die Straßenbahnen und kleinen Bergbahnen, mit Ausnahme der Schweiz und teilweise Österreichs. Der Axt des Fortschritts fielen erbarmungslos kleine Strecken zum Opfer, was heute alle bedauern, sowohl als mögliche Alternative für den Transport auf der Straße als auch aus touristischem Interesse, wie zum Beispiel – es seien hier nur zwei allgemein bekannte italienische Linien genannt – in den Dolomiten die Bahnen Calalzo–Cortina d'Ampezzo, die stillgelegt wurde, um den Omnibussen bei den Olympischen Winterspielen 1956 Platz zu machen, und die Grödnertalbahn, eine der spektakulärsten Schmalspurbergbahnen, die im Mai 1960 eingestellt wurde.

Im nächsten Kapitel werden wir sehen, wie die absolute Notwendigkeit der Verlagerung des Verkehrs von der Straße auf die Schiene aufgrund der totalen Überlastung der Straßen heute dazu geführt hat, das Problem auf andere Weise anzugehen.

European railways

The conveyor belt of European economy

188 oben Eine der 75 Lokomotiven der Baureihe SD60M der Conrail, gebaut 1993 von der Electro Motive Division, am 11. November 1995 an der Spitze eines schweren Güterzugs in der Nähe von Gary/Indiana.

188 unten Zwei SD80MAC der Conrail führen einen langen Güterzug aus box cars: Diese normalerweise mehrsystemfähigen Lokomotiven bringen eine beachtliche Leistung von jeweils 5000 PS auf die Schiene.

189 Ein Zug der Amtrak auf der Southwest Chief, einer der spektakulärsten Linien des amerikanischen Eisenbahnnetzes, die von Chicago durch Missouri, Kansas, Colorado, New Mexico und Arizona nach Los Angeles führt.

Was in den Nachkriegsjahren mit den Eisenbahnen der Vereinigten Staaten geschah, verdient dagegen besondere Aufmerksamkeit. Auch in den USA verzeichneten die Massenmotorisierung und der Luftverkehr drastische Zuwächse, während gleichzeitig die Rentabilität der Eisenbahnunternehmen dramatisch zurückging, die – wie wir uns erinnern – alle in privater Hand lagen. Obwohl die großen Entfernungen für Gütertransport auf der Schiene sprachen, war auch in diesem Segment die Konkurrenz der Straße sehr stark. Viele Gesellschaften machten einfach Konkurs, andere überlebten dank einer umsichtigen Politik der Fusionen und Diversifizierung. So entstand beispielsweise 1970 durch die Verschmelzung von sieben Gesellschaften die Burlington Northern, die zu einem der Hauptbahnunternehmen des Landes wurde, mit einem Netz von fast 37 000 Km. Doch nicht immer liefen die Dinge in die richtige Richtung: Zum Beispiel musste die amerikanische Regierung – die sich seit jeher ungern in Angelegenheiten der Eisenbahn einmischte, die sie traditionell als das Feld für Konfrontationen zwischen Privatunternehmern betrachtete – eingreifen, indem sie die United States Railway Association gründete mit dem Auftrag, den Bahnverkehr im Nordosten des Landes zu betreiben, der ganz eingestellt zu werden drohte. 1976 wurde der Rail Revitalization and Reform Act verabschiedet, mit dem die Consolidated Rail Corporation – später allgemein bekannt als Conrail – mit dem Betrieb der in Konkurs geratenen Gesellschaften beauftragt wurde.

Die Conrail sah sich mit einem Netz von gut 39 000 km konfrontiert, das sie betreiben sollte. Im Rest des Landes standen die Dinge nicht besser: Die Gesellschaften konzentrierten sich auf den Güterverkehr, bei dem noch Gewinnspannen möglich waren, und gaben den Personenverkehr immer mehr auf, der im Übrigen mit Erfolg auf Langstrecken durch Flugzeuge und auf mittleren durch die zum Mythos gewordenen GreyhoundBusse ersetzt wurde. Vom Kriegsende bis zu den Sechzigerahren schrumpfte der Personenverkehr von über 750 auf etwa 300 Millionen Fahrgäste pro Jahr und die Zahl der Züge von über 2500 auf etwa 500. 1967 beschloss auch der amerikanische Postdienst US Post, einer der Hauptkunden der Eisenbahngesellschaften, nur noch Lkws und Flugzeuge zu benutzen. Diese Entscheidung brachte etliche Gesellschaften in Schwierigkeiten, unter anderem die Santa Fe, die nun beschloss, ihren Personenverkehr auf einige Verbindungen zwischen den wichtigsten Städten Chicago, Los Angeles und San Francisco zu beschränken. Das war der Tropfen, der das Fass zum Überlaufen brachte: Zu diesem Zeitpunkt drohten die Passagierdienste völlig aus dem amerikanischen Netz zu verschwinden, und die öffentliche Meinung, die bis dahin der Sache im Grunde gleichgültig gegenüberstand, begann sich Sorgen zu machen und verlangte nach dem Eingreifen der Regierung. 1970 verabschiedete der Kongress der Vereinigten Staaten den Rail Passenger Service Act, ein Gesetz zur finanziellen Unterstützung der Eisenbahnen auf Mittelstreckenentfernungen, und am 1. Mai 1971 wurde mit öffentlichen Geldern eine Bundesgesellschaft gegründet, die direkt ein agiles Personenverkehrsnetz in den gesamten USA betreiben sollte. Die Amtrak war geboren, eine aus zwei Wörtern zusammengesetzte Abkürzung, american und track (amerikanische Gleise), die eigentlich die offizielle Bezeichnung National Railroad Passenger Corporation trägt. Die Privatgesellschaften traten ihre eigenen Passagierdienste (und das dafür notwendige rollende Material) an die Amtrak ab, die im Mai 1971 mit etwa 180 Zügen den Betrieb aufnahm, der Hälfte der vorher existierenden Verbindungen. Heute bedient die Amtrak ein Netz von ungefähr 35 000 km in 46 US-Staaten einschließlich einiger Linien nach Kanada. 2004 beförderte sie über 25 Millionen Reisende. Die Privatgesellschaften konzentrierten sich auf den Güterverkehr und entwickelten im Laufe der Jahrzehnte ein effizientes Transportnetz mit den längsten und schwersten Güterzügen der Welt.

Amtrak

254
254
Amtrak

„In den USA decken die Züge der Amtrak ein Netz von 35 000 km Länge ab und bedienen 500 Orte."

190–191 Das Foto zeigt zwei große Dieselloks am Kopf eines Personenzugs der Linie Chicago–Los Angeles, die sechs Staaten durchquert.

191 oben Ein Koch des Speisewagens des Sunset Limited gönnt sich eine Pause und bewundert den Sonnenuntergang während des Aufenthalts in Phoenix, Arizona. Der Sunset Limited ist einer der schönsten amerikanischen Züge.

191 unten In einem Panoramawagen der Amtrak durch die USA reisen und in aller Ruhe die Landschaft bewundern zu können, ist ein unvergessliches Erlebnis.

DER NIEDERGANG DER DAMPFTRAKTION

Wie bereits erwähnt, baute Großbritannien nach dem Krieg noch einige Jahre lang Dampflokomotiven, von denen die Baureihe 9F mit Sicherheit die repräsentativste war und den Schwanengesang auf die Dampftraktion jenseits des Ärmelkanals darstellte. Bezeichnenderweise wurde die letzte 9F mit der Nr. 92220, die im März 1960 das Werk in Swindon verließ, von der British Railways auf den Namen Evening Star (Abendstern) getauft und in Wagengrün anstatt des gewohnten Schwarz lackiert.

Die Reihe 9F war die letzte große Standardgruppe, die British Railways für den Güterschwerverkehr herausbrachte: Ihr 1-5-0-Fahrgestell war eine ungewöhnliche Wahl für das britische Netz mit seinen vielen, ziemlich engen Kurven, in denen die fünf gekuppelten Achsen einige Schwierigkeiten mit der Kurvenläufigkeit bereiten konnten. Die 251 Lokomotiven der Reihe 9F konnten jedoch von der Erfahrung profitieren, die man mit dem Bau von 25 Maschinen mit der gleichen Achsfolge für Kriegszwecke gemacht hatte. Aus technischer Sicht waren sie ein unbestrittener Erfolg: Leistungsstark erreichten sie mühelos 145 km/h und konnten bis zur vollständigen Umstellung auf Dieselantrieb auf breiter Front im gesamten Netz vor schwere Güterzüge gespannt werden.

Auch in der Tschechoslowakei vertraute man nach dem Krieg weiterhin auf die Dampftraktion: Das Netz war nicht elektrifiziert und die Einführung von Dieselmotoren stand noch am Anfang. 1954 bestellten die CSD bei Skoda eine Reihe neuer 2-4-1-Lokomotiven für Expresszüge. Mit dem Projekt wurde der französische Ingenieur André Chapelon beauftragt, der sämtliche Konstruktionsprinzipien auf die Maschine anwandte, die ihn weltweit berühmt gemacht hatten. Und so entstand aus seiner Feder die vielleicht schönste Dampflok der Nachkriegszeit, die CSD 498.1. Es handelte sich um eine Heißdampflokomotive mit einfacher Dampfausdehnung und drei Zylindern, die eine Spitzengeschwindigkeit von 150 km/h erreichen und an der Spitze von Personenzügen leicht 120 km/h halten konnte. Chapelon hatte sie nach dem neuesten Stand der Technik ausgerüstet: Stahlrahmen, automatische Kohlezufuhr, kugelgelagerte Achsen und Kylchap-Blasrohr. Die Faszination der fünfzehn Lokomotiven wurde noch verstärkt durch die ungewohnte Lackierung der tschechoslowakischen Eisenbahn: dunkelblau mit weißen Streifen und roten Rädern.

192 Die 498.1 der tschechoslowakischen CSD führt einen historischen Zug mit voller Geschwindigkeit.

192–193 Die 92220 Evening Star war die letzte Dampflok, die in Großbritannien für die BR gebaut wurde.

193 oben Die Evening Star gehört zur Baureihe 9F der British Rail. Sie wurde von dem Ingenieur Riddles entworfen und seit 1954 in 251 Exemplaren gefertigt. Die letzte Lok der Baureihe verließ im März 1960 das Werk in Swindon.

194 oben Wasser ist häufig ein Problem für die südafrikanischen Lokomotiven. Die 25NC verfügt über einen Tender mit besonders großem Fassungsvermögen, an den normalerweise noch ein Tankwagen gekoppelt ist, um die Maschine unabhängiger vom Nachschub zu machen.

194–195 Die Lokomotive Nr. 3450 der Reihe 26, gebaut von dem Ingenieur David Wardale, wurde rot lackiert und erhielt wegen ihrer Farbe und ihrer technischen Neuerungen den Beinamen Red Devil.

Europäische und amerikanische Fabriken fertigten noch etliche Jahre Dampfloks für Südamerika, Asien und Afrika. Unter anderem sei hier an die große, von Ansaldo gebaute 1-5-1 Ma für die griechische Eisenbahn und die 2-4-2-Baureihe 25 der South African Railways erinnert, die 1953/54 von Henschel und North British gefertigt wurde.

Die Reihe 25 der SAR wurde in zwei Versionen gebaut: fünfzig in herkömmlicher Bauart und neunzig mit einem Kondensationstender, mit dem man Hunderte von Kilometern fahren konnte, ohne Wasser nachtanken zu müssen. Es waren die größten Kondensationslokomotiven, die je gebaut wurden, was angesichts der südafrikanischen Spurweite von nur 1067 mm umso bezeichnender ist. Bei dem Kondensationssystem wird der Abdampf durch entsprechende Rohre in den Tender geleitet, wo er von großen Lüftern abgekühlt wird und sich als Wasser niederschlägt. Das hört sich einfach an, aber natürlich ist ein Filter- und Reinigungssystem vonnöten, das den Dampf von den unvermeidlich vorhandenen Verbrennungs- und Fettrückständen befreit, und gerade dieses System war die Achillesferse bei den Kondensationstendern. Deshalb wurden im Laufe der Jahre viele Kondensationslokomotiven der

195 *Die südafrikanischen Eisenbahnen versuchten das Problem des Wassermangels zu lösen, indem sie 90 Lokomotiven der Baureihe 25 mit einem Kondensationstender ausstatteten: Der Abdampf wird zurückgeführt, gekühlt und schlägt sich als Wasser nieder.*

Reihe 25 zu konventionellen Maschinen umgebaut. Jedenfalls konnte eine Lokomotive mit Kondensationstender laut Angabe in einer Henschel-Publikation aus jener Zeit über 1100 km zurücklegen, ohne Wasser nachzutanken, und die Wasserersparnis gegenüber konventionellen Maschinen betrug 90 Prozent.

An dieser Stelle muss auch der Umbau erwähnt werden, den der englische Ingenieur David Wardale in Zusammenarbeit mit dem bekannten argentinischen Konstrukteur Livio Dante Porta 1981 an der 25NC Nr. 3450 vornahm. Die Maschine mit der neuen Bezeichnung 26 blieb ein Einzelstück, wurde aber weltweit sowohl wegen der Ergebnisse, die sie nach der Umrüstung erzielte, als auch wegen ihrer feuerroten Lackierung bekannt, die ihr den Namen Red Devil (Roter Teufel) einbrachte. Wardales Lokomotive ist bedeutend wegen der Zeit, in der sie gebaut wurde, und wegen des gewählten Typs: damals eines der modernsten Konstruktionskonzepte der Welt. Obwohl ein ausgezeichneter Ingenieur, war Wardale mit Sicherheit auch ein Romantiker, der sich nicht mit dem Ende des Dampfantriebs abfinden wollte. Er war davon überzeugt, dass der Dampftraktion mit dem in den Siebzigerjahren zur Verfügung stehenden Know-how „neues Leben" eingehaucht werden konnte. Und nach einer Reihe von Versuchen mit einer Lokomotive der Reihe 19D wurde seine Theorie durch die mit der Red Devil erzielten Leistungssteigerung bestätigt: mehr als 4000 PS bei gleichzeitiger Brennstoffeinsparung von über 38 Prozent. Nichtsdestotrotz beschloss die SAR, den Dampfantrieb einzustellen, und Wardales Traum löste sich in Luft auf.

196 oben Die kleine Dampflok mit dem Beinamen Toy Train versieht ihren Dienst zwischen Siliguri (100 m ü. d. M.) und Darjeeling (2200 m ü. d. M.) in Indien.

196 unten Diese beiden pakistanischen Loks, die hier einen Personenzug führen, sind englischer Bauart, gehen auf das Ende des 19. Jahrhunderts zurück und haben die archaische Achsfolge 2-2-0. Auch die Flügelsignale stammen aus England.

196–197 Eine große 1-5-0-Lok deutscher Konstruktion, Baureihe 56 der türkischen Eisenbahn, wartet mit einem Güterzug auf freie Fahrt.

197 unten links Eine spektakuläre Doppeltraktion am Kopf eines Sonderzugs auf der Strecke zwischen den türkischen Städten Malatya und Adana.

197 unten rechts Eine Lokomotive Baureihe 55 deutscher Konstruktion führt Mitte der Achtzigerjahre einen kurzen Personenzug bei Isparta/Türkei. In Europa waren Lokomotiven wie diese schon seit Jahrzehnten verschwunden.

Ende der Siebzigerjahre verschwanden die Dampflokomotiven rasch aus Europa. Im Westen überlebten sie auf Nebenstrecken, im Osten waren sie noch ziemlich verbreitet wegen der wirtschaftlichen Probleme in diesen Ländern. Die Türkei war sozusagen ein Live-Museum mit Dutzenden Lokomotiven verschiedenster Herkunft, die noch in Betrieb waren. In Indien und Pakistan herrschte weiterhin der Dampfantrieb vor: Insbesondere in Letzterem waren englische Lokomotiven des Baujahrs 1880 noch regulär in Betrieb! Parallel zum Verschwinden des Dampfs wuchs in Europa das historische und technische Interesse an diesen Fahrzeugen, und so wurden, zunächst in Großbritannien und Deutschland, später auch anderswo, entsprechende Museen eingerichtet und viele Exemplare erhalten. Viele Eisenbahnfreunde gründeten auch Vereine, dank deren Engagement etliche historisch und technisch bedeutende Lokomotiven vor dem Verschrotten gerettet werden konnten. Der nächste Schritt bestand darin, diese Lokomotiven wieder unter Dampf zu setzen und an der Spitze von Jubiläums- und Touristenzügen einzusetzen, und zwar in manchen Fällen mit außerordentlichem Erfolg. Parallel dazu hielten andere Eisenbahnfreunde und Wissenschaftler den Niedergang und das Aussterben dieser wahren Dinosaurier der Eisenbahn gewissenhaft auf Filmen und Bildern fest und schufen so historische Dokumente von primärer Bedeutung. Der berühmteste von allen ist mit Sicherheit der Engländer Colin Garrat, nicht von ungefähr bekannt als der David Attenborough der Dampflokomotiven, der über dreißig Jahre lang auf seinen Reisen durch die ganze Welt, unter anderem mit Bildern von unbestrittener Faszination, praktisch alle noch in Betrieb befindlichen Dampfloks von China bis zu den Zuckerrohrplantagen auf den Philippinen fotografierte.

TCDD
56115

Das Aufkommen des Dieselantriebs

198–199 Die Dieseltriebwagen ALn 668 mit mechanischem Antrieb wurden ab 1956 in verschiedenen Modellserien gebaut. Sie waren in der Nachkriegszeit die tragende Säule des Personenverkehrs auf den italienischen Nebenlinien.

Bereits 1897 erfand Rudolf Diesel den nach ihm benannten Antrieb, aber seine Anwendung im Eisenbahnbereich ging weder schnell noch einfach vonstatten. Das Hauptproblem lag nicht in der Zuverlässigkeit, sondern dem Gewicht und der Größe der Motoren. Um die für die Eisenbahn notwendigen Leistungen zu erbringen, wurden die Motoren so schwer, dass sich ihr Einbau von selbst verbot. Erst gegen 1930 konnte das Problem technisch gelöst werden, und das Interesse am Einsatz von Dieselmotoren in Zügen nahm zu. Den Konstrukteuren war praktisch von vornherein bewusst, dass der gleiche, bei Lastkraftwagen benutzte mechanische Antrieb mit Getriebe und Antriebswelle bei den Leistungen, um die es ging, nur auf leichte oder Rangierfahrzeuge Anwendung finden konnte. Für leistungsstärkere Maschinen musste eine andere Technik gefunden werden. Es gab zwei Alternativen: den Elektroantrieb, für den man sich seit 1930 in den USA entschieden hatte, und den Hydraulikantrieb, der vor allem von der deutschen Schule mit Erfolg entwickelt worden war. Im ersten Fall wird der Dieselmo-

199 oben Vor seiner Ausmusterung und Verschrottung wurde der italienische Triebwagen ALn 56 2037 zu einem mobilen Tagungsraum für die nationale Unfallverhütungskampagne umgebaut und erhielt dieses seltsame Design.

tor an einen Generator angeschlossen, der die für Gleichstrommotoren benötigte Energie erzeugt. Im zweiten Fall wird der Dieselantrieb mit einem Hydraulikgetriebe verbunden, das die Untersetzungsgetriebe über den Öldruck betätigt. Meister des mechanischen Antriebs waren die italienischen Ingenieure mit einer Reihe von Fahrzeugen mit Eigenantrieb, den sogenannten Triebwagen, die von zwei untereinander synchronisierten Dieselmotoren angetrieben wurden. Vor dem Krieg ursprünglich mit Benzinmotor entwickelt, wurden die Triebwagen zum von den Faschisten für ihre Zwecke vereinnahmten Symbol des italienischen Fortschritts, das sie „littorine" tauften, mit explizitem Bezug auf die Liktorenbündel, dem aus dem antiken Rom entliehenen Symbol des faschistischen Regimes.

199 Mitte ALn 56 und 556 waren die ersten Triebwagen, die für die italienische Staatsbahn zu einem großen Erfolg wurden und weite Verbreitung erlangten. Sie wurden vor dem Krieg von Fiat und Breda gebaut und brachten es insgesamt, die verschiedenen Aufträge zusammengenommen, auf gut 532 Exemplare.

199 unten Der ALn 990 3018 hält im Sommer 1992 in der Bahnstation Aulla in der Toskana. Diese Maschine, die letzte Überlebende ihrer Baureihe, wurde zu touristischen Zwecken genutzt und leider bei einem Brand zerstört.

„932 legte der Fliegende Hamburger die 286 km zwischen Berlin und Hamburg mit einer Durchschnittsgeschwindigkeit von 124 km/h zurück.“

Fiat und Breda bauten die berühmten ALn 56 und 556 (wobei ALn für automotrice leggera a nafta [leichter Dieseltriebwagen] und 56 für die Anzahl der Sitzplätze steht, während die Wiederholung der ersten Zahl 5 die Möglichkeit angibt, mehrere Zwillingseinheiten anzukuppeln). Charakteristisch für diese Maschinen war, dass Motor und Getriebe direkt auf dem Drehgestell montiert waren: ein Vorteil für die Wartung (bei Störungen wurde die ganze Einheit ausgetauscht), aber problematisch, weil Schwingungen und Stöße sich direkt auf den Antrieb übertrugen. Nach dem Krieg wurden die ALn 880 und 990 herausgebracht, aber insbesondere die ALn 772 (ausgeliefert zwischen 1939 und 1949 von OM und Fiat) sollte zum Synonym der Lokalbahn auf den Nebenstrecken des italienischen Netzes werden, bis 1956 die ALn 668 1400 von Fiat herauskam, die erste Baureihe einer von Erfolg gekrönten Familie, die das Turiner Haus auch im Ausland mit Erfolg verkaufte. Alle diese Triebwagen liefen mit mechanischem Antrieb, auch wenn ab den ALn 880 aufwärts der Motor unter dem Boden angeordnet und nicht mehr fest mit dem Drehgestell verbunden ist.

Auch Frankreich und Deutschland entwickelten Leichtfahrzeuge mit Verbrennungsmotor, aber nicht so massiv wie Italien. Bedeutsam für Frankreich waren die Triebwagen, die Ettore Bugatti 1933 für die Gesellschaften PLM und ETAT baute. Das Konzept stammte klar erkennbar aus dem Automobilbau (sie wurden von vier Bugatti-Royale-Motoren mit je 200 PS angetrieben mit direktem mechanischem Antrieb und Hydraulikkupplung). Als Luxuszüge ausgelegt, wurden sie in 76 Exemplaren gebaut, die ihren Ruf nicht zuletzt dem innovativen Design verdankten. Im selben Jahr nahm die Deutsche Reichsbahn den berühmten Fliegenden Hamburger in Betrieb, der in nur 2.18 Stunden die Städte Berlin und Hamburg verband. Der Zug bestand aus zwei Wagenkästen, die auf drei Drehgestellen auflagen: Das mittlere war ein Jacobs-Drehgestell, auf das sich beide Einheiten aufstützten. Das Ganze wurde von zwei 410 PS starken Maybach-Dieselmotoren angetrieben, die als Generatoren für die Elektromotoren fungierten. Dank der sensationellen Leistungen (Reisegeschwindigkeit um 150 km/h) wurde der Fliegende Hamburger rasch zu einem Mythos jener Zeit.

200 Die Dieseltriebwagen SVT 877 wurden 1933 für den Express Der Fliegende Hamburger gebaut, der die Strecke Berlin–Hamburg in nur 2.18 Stunden zurücklegte. Jeder Zug bestand aus zwei Elementen, die auf drei Drehgestellen auflagen.

201 Ein Plakat der PLM warb für die Verbindung Paris–Clermont-Ferrand mit den berühmten aerodynamischen Bugatti-Triebwagen. Zu den Besonderheiten des Zuges gehörte die Kraftstoffmischung aus Benzol, Alkohol und Benzin.

PARIS-VICHY
3 H.49
E.A. Schefer
AUTOMOTRICE RAPIDE BUGATTI
PARIS : 15H.45
VICHY : 19H.34
CLERMONT-FD : 20H.15
PLM
CLERMONT-FD : 7H.50
VICHY : 8H.28
PARIS : 12H.26
SAUF DIMANCHES & FÊTES
IMP. CHAIX_PARIS_5-35.

Crossing
GREAT SALT LAKE
on Southern Pacific

Aber auch jenseits des Ozeans wurde Ernst gemacht und schon 1943 brachte Burlington einen Luxuspersonentriebwagen mit dieselelektrischem Antrieb heraus, den Burlinghton Zephyr. Die drei Zugelemente besaßen eine aerodynamische Edelstahlkarosserie, Klimaanlage, Neonlichter, Funk und verstellbare Sitze: für die Zeit ein wahrer Luxus. Der Zug erreichte mühelos 180 km/h und bewies, dass Dieselmotoren auch auf sehr schnellen Zügen eingesetzt werden konnten.

Doch es waren noch ein paar Jahre nötig, bis die Diesellokomotiven Aufwind bekamen: Dies geschah ab 1939 dank der legendären Baureihe F, gebaut in über 7000 Exemplaren von der Electro Motive Division der General Motors. Die GM-Ingenieure hatten die geniale Idee, eine „Baukastenlokomotive" zu kreieren: Jede Einheit verfügte über zwei zweiachsige Drehgestelle, einen Dieselmotor mit mehr als 1700 PS und einen an vier Elektromotoren angeschlossenen Generator. An eine Einheit mit Führerhaus konnte man drei weitere „Sklaven" (slaves) anhängen, die von der ersten ferngesteuert wurden und einen Komplex bildeten, der problemlos jeden beliebigen Zug ziehen konnte.

Nach dem Krieg entwickelte General Motors eine neue, moderner konzipierte Lokomotive mit der Bezeichnung GP als Abkürzung für General Purpose, für die sie wieder auf die bereits für die Baureihe F verwendeten EMD 567 Motoren zurückgriff. Der Gedanke war, den amerikanischen Gesellschaften eine universelle, für jeden Betrieb geeignete Maschine anzubieten. Das war ein Volltreffer, denn GM verkaufte insgesamt 10 647GP aus sieben verschiedenen Serien. Ab den Sechzigerjahren brachte GM ein neues Modell heraus, nun mit der Achsfolge CoCo anstelle BoBo. Die Lokomotive stützte sich auf zwei Drehgestelle mit jeweils drei anstatt zwei Treibachsen. Bei gleichem Gewicht der Lokomotive barg diese Konzeption einen zweifachen Vorteil: geringere Achslast und somit ruhigeres Laufverhalten auch auf Nebenlinien oder Strecken mit leichteren Schienen sowie stärkere Adhäsion mit verbesserter Zugkraft. Im Laufe der Jahre gab es mehrere Versionen der Baureihe SD (Special Duty): 1972 wurde die SD40-2 vorgestellt, die über eine hochmoderne elektronische Steuerung der Motoren verfügte und tausendfach verkauft wurde.

202 Ein elegantes Plakat der Southern Pacific lädt zu einer Überquerung des Großen Salzsees mit den Zügen der Gesellschaft ein.

203 oben Der dieselelektrische Burlington Zephyr wurde in den USA ab 1934 in 72 Exemplaren gebaut und bot einen schnellen und luxuriösen Service. Jeder dieser aerodynamischen Züge bestand aus drei Fahrzeugen.

203 unten Um zu demonstrieren, wie leicht der Edelstahlzug Zephyr im Vergleich zu den anderen Zügen war, veranstaltete Burlington im April 1934 in Philadelphia dieses nette Tauziehen.

204 oben Die Diesellok Nr. 1437 der Baltimore & Ohio rangiert im Bahnhof von St. Louis: Diese Maschine wurde 1937 von der EMC Electro Motive Division gebaut und gehörte neben weiteren dieser Baureihe zu den ersten Lokomotiven der B&O.

204 Mitte Die LA-4 der Union Pacific führt den berühmten The City of Los Angeles.

204 unten und 204-205 Die ersten dieselelektrischen Lokomotiven, die als Ersatz für die Dampfloks in den USA in Großserie hergestellt wurden, waren die GM-EMD der Baureihe F. Auf dem Foto rechts ist die Diesellok der Baureihe F7 der Royal Gorge Railroad vor einen Zug aus jener Zeit gespannt, der für Touristen auf der spektakulärsten Strecke der ehemaligen Denver & Rio Grande Western Line in Colorado verkehrt.

Royal Gorge
403
403

206 oben Die SD60M der Union Pacific führt im März 2000 einen Güterzug in Kalifornien. Sie wurde 1992 gebaut, erhielt im August 2001 die neue Bezeichnung 2470, bringt eine Leistung von 3800 PS und hat die Achsfolge CC.

206 unten Eine Lokomotive der Baureihe GP9 der Wisconsin & Southern rangiert am Kopf eines Zuges. Von diesen vierachsigen Loks wurden zwischen 1954 und 1963 insgesamt 3436 Stück für diverse amerikanische Gesellschaften gebaut.

206–207 Zwei GM-EMD der Baureihe GP (General Purpose) im Dienst der New England Central Railroad ziehen zusammen mit einer weiteren, nicht identifizierten Einheit einen schweren Güterzug. Von diesen Maschinen gab es über 10 600 Exemplare.

9533
9533
Pride of Palmer
NEW ENGLAND
CENTRAL
NECR
9533
NECR

208 Vier Deltic der British Rail warten auf ihren Einsatz. Ab 1961 baute English Electric 23 dieser Maschinen, die aufgrund der deltaförmigen Anordnung der drei Zylindergruppen berühmt wurden.

209 Auf diesem Plakat zum hundertsten Geburtstag des Flying Scotsman ist ein Jahrhundert der britischen Eisenbahngeschichte zusammengefasst: oben der Zug von 1862, unten hundert Jahre später der neue dieselelektrische Triebwagen Deltic.

In Europa wurden Dieselloks zwar immer nur in kleineren Stückzahlen gebaut, doch die Maschinen unterschieden sich durch die jeweiligen technischen Lösungen. Für Großbritannien, wo der Antrieb durch Verbrennungsmotoren schon immer von großer Bedeutung war, sei hier hauptsächlich an zwei Lokomotiven erinnert: die Deltic von 1961, gebaut von der English Electric Company in Zusammenarbeit mit Napier unter Verwendung eines Schiffsdieselmotors, bei dem die Zylinder kurioserweise in einem gleichseitigen Dreieck angeordnet waren. Bei gleicher Leistung war dieser Motor nur halb so schwer wie die anderen seiner Zeit. Die in 23 Exemplaren gebaute Deltic war ein absoluter Erfolg und beendete ihre Karriere 1982. Im Jahr 1963 brachte die British Rail eine weitere dieselelektrische Lokomotive heraus, die Baureihe 47, die noch 528-mal gebaut wurde und zur Universallok des britischen Fuhrparks wurde. Sie besaß zwei Drehgestelle mit jeweils drei Treibachsen und lief mit ihren 2750 PS problemlos 150 km/h. Auch Frankreich entwickelte einen bedeutenden Park von Diesellokomotiven, die auf vielen noch nicht elektrifizierten Strecken mit starkem Verkehr eingesetzt wurden. An dieser Stelle ist die Familie der BB67000 zu nennen, von der ab 1963 insgesamt 492 Exemplare in verschiedenen Versionen gebaut wurden (67200, 67300 bis 67600): echte Allzweckmaschinen mit einem Bo'Bo'-Fahrgestell, Elektroantrieb und Leistungen zwischen 830 und 1470 kW, je nach Modell. Im Jahr 1967, vor der großen Ölkrise 1973, hatte die SNCF eine leistungsstarke Diesellok für schwere Schnellzüge auf Strecken wie Paris–Basel und Paris–Clermont-Ferrand entworfen, die noch nicht elektrifiziert waren. Und so wurden 92 Exemplare der CC72000 gebaut, einer Maschine mit gut 2250 kW, die 160 km/h erreichen konnte. In Deutschland dagegen zog man den Hydraulikantrieb vor: Zu den gelungensten Lokomotiven gehörte sicherlich die V 200, deren 136 Exemplare ab 1953 gut zehn Jahre lang von Krauss-Maffei und MaK gebaut wurden. Die ersten Modelle besaßen zwei Maybach-Dieselmotoren mit jeweils zwölf Zylindern und 809 kW sowie Voith-Hydraulikantrieb (später dann zwei MTU-Motoren mit 1010 kW und Mekydro-Hydraulikantrieb), die sie stark und schnell machten. Die V 200 (wobei V für Verbrennung steht) und später die 220 und 221 DB mit den neuen Computernummern wurden viele Jahre lang auf den deutschen Hauptpassagierzügen eingesetzt. In Deutschland und im Ausland gibt es noch etliche davon, die häufig auch als Baustellenzüge eingesetzt werden.

„Mit der berühmten Deltic *begann das Zeitalter der Dieseltraktion in Großbritannien."*

THE

FLYING SCOTSMAN

1862 - 1962

BRITISH RAILWAYS

BRITISH RAILWAYS

210 oben In den Sechzigerjahren entwickelten die französischen Staatsbahnen eine robuste dieselelektrische Allzwecklok. Von der BB67000 wurden 492 Stück in mehreren Modellen gebaut und häufig in Mehrfachtraktion eingesetzt.

210–211 Die Class 47 ist eine der erfolgreichsten Universallokomotiven der britischen Eisenbahnen, die mit über 500 Exemplaren allein mehr als die Hälfte des gesamten Traktionsparks der BR stellte.

211 oben Die dieselhydraulische V 200 der DB, von der Krauss-Maffei seit 1953 86 Exemplare baute, wurde in Deutschland auf den nicht elektrifizierten Hauptlinien im Schnellzug- und TEE-Betrieb eingesetzt.

211 unten Eine Deltic der British Rail zieht einen schweren Personenzug. Dank des Erfolgs von Maschinen wie der Deltic und dann der Class 47 war es BR möglich, ganz auf Wärmekraftantrieb zu setzen und die kostspieligen Elektrifizierungen zu vermeiden.

Die Entwicklung des Elektroantriebs

212 Die E646.070 der Ferrovie Italiane schiebt eine Interregionalbahn: 1961 für die großen Linien entworfen, werden sie heute noch im Regional- und Nahverkehr sowie im Gütertransport eingesetzt.

213 oben In den Nachkriegsjahren war diese Lok wirklich „Mädchen für alles" bei der DB: Sie wurde in zwei Versionen, Baureihe 140 (vor 1968: E40) und 139, mit Rheostatbremse und insgesamt ungefähr 900 Exemplaren gebaut.

Man bräuchte einen weiteren, eigenen Band, wenn man näher auf die Entwicklung des Elektroantriebs zwischen Kriegsende und den Siebzigerjahren eingehen wollte. Daher werden wir uns auf die wichtigsten Ereignisse und bedeutendsten Lokomotiven beschränken. Natürlich beginnen wir mit der CC7107 der französischen Staatsbahnen SNCF, die am 28. und 29. März 1955 mit 331 km/h den Geschwindigkeitsweltrekord für Lokomotiven aufstellte, der 51 Jahre lang ungeschlagen blieb und erst am 2. September 2006 in Deutschland von einer Siemens-Multisystem-Lokomotive ES64U4 der Typenfamilie Eurosprinter eingestellt wurde. Die Maschine aus dem Fuhrpark der ÖBB mit der Kennnummer 1216 050 erreichte zwischen Ingolstadt und Nürnberg 357 km/h. Die Baureihe CC7100 war die erste, die die SNCF mit der Achsfolge Co'Co' eingeführt hatte. Sie wurden vor allem an der Spitze der wichtigsten Expresszüge jener Zeit auf den mit 1500 V Gleichspannung bestromten Linien im Süden eingesetzt. Ihr Topzug war zweifellos der Mistral Paris–Lyon–Marseille. Ab 1952 in 58 Exemplaren von Alstom gebaut, brachten sie eine Leistung von 3500 kW und eine Höchstgeschwindigkeit von 150km/h auf die Schiene. Die letzte wurde 2001 ausgemustert, aber die Rekordinhaberin wurde natürlich vor der Verschrottung bewahrt.

213 unten Besonders mit dieser rotbeigen Farbgebung ist die 103 eine der schönsten deutschen Lokomotiven, von der 149 Stück hergestellt wurden. Bis zum Aufkommen des ICE wurde sie auf den großen deutschen Zügen eingesetzt.

214 Das Plakat der französischen Staatsbahnen SNCF verspricht Mitte der Sechzigerjahre schnelles, pünktliches und bequemes Reisen. Bei der Lokomotive handelt es sich um eine ganz neue BB16000. Zwischen 1958 und 1962 wurden von dieser Maschine 62 Exemplare gebaut.

215 Dieses ausgesprochen gelungene Plakat von Albert Brenet wirbt für den TEE Paris–Brüssel–Amsterdam, der von mehrsystemfähigen CC40100-Lokomotiven geführt wurde, sodass die Zugmaschine an der Grenze nicht gewechselt werden musste.

Eine andere, technisch interessante Lokomotive der SNCF war auf jeden Fall die CC40100, von der ab 1964 zehn Stück gebaut wurden. Es war der erste konkrete Versuch, die durch die verschiedenen Bahnstromsysteme verursachten Verbindungsprobleme zwischen den nationalen Netzen zu überwinden. Die CC40100 waren Mehrsystemlokomotiven, die unterschiedslos auf vier verschiedenen Spannungssystemen laufen konnten: 1500 V Gleichspannung, 3000 V Gleichspannung, 15 000 V Wechselspannung 16 2/3 Hz und 25 000 V Wechselspannung 50 Hz. Dahinter stand die Idee, sie in Frankreich, Belgien, Holland und Deutschland einsetzen zu können. Aber das Projekt war wohl zu modern für die Zeit, und die Maschine stellte sich als heikel und komplex heraus, sodass sie in Holland und Deutschland nie zum Einsatz kam. Die CC40100 hatte die Achsfolge Co'Co' und eine Stundenleistung von 3670 kW. Hervorzuheben ist auch das besondere Frontdesign, das entworfen worden war, um das Sichtfeld des Zugführers zu verbessern wie auch die Assoziation von Geschwindigkeit zu unterstreichen, und danach für sehr viele französische Loks beibehalten wurde. Es sei angemerkt, dass sich die Eisenbahnindustrie letztlich erst ab den Achtzigerjahren für die Herstellung von Mehrsystemlokomotiven entschied: Die CC40100 war also ihrer Zeit weit voraus. Wir beschließen diesen Abschnitt über die französischen Lokomotiven der Nachkriegszeit mit der CC6500, die einen Wendepunkt hinsichtlich Leistung und Geschwindigkeit markierte: Ziel waren nun Lokomotiven, die Züge mit normalem Material bei 200 km/h führen konnten.

Und die CC6500, mit Gleichspannung 1500 V, erfüllte diese Aufgabe vortrefflich, indem sie beispielsweise berühmte Züge wie den Capitole Paris–Toulouse mit 200 km/h über den Großteil der Strecke führte.

Nicht weniger interessant ist die Entwicklung in Deutschland ab den Lokomotiven E40, später dann 140, die von fundamentaler Bedeutung für den deutschen Streckenelektrifizierungsplan waren, den die DB ab Mitte der Fünfzigerjahre umsetzte. Mit Achsfolge Bo'Bo', Wechselspannung 15 000 V 16 2/3 Hz und einer Stundenleistung von 3700 kW stellten sie mit etwa 900 Exemplaren das Rückgrat der deutschen Elektrotraktion dar. Dank ihrer extremen Vielseitigkeit und Zuverlässigkeit wurden sie sowohl im Personen- als auch im Güterverkehr praktisch für sämtliche Aufgaben eingesetzt. Die Königin der deutschen E-Loks ist jedoch die E103, von der ab 1970 149 Stück gebaut wurden. Mit einer Leistung von mehr als 7000 kW waren die E103 die stärksten Maschinen des gesamten Fuhrparks und mit ihren 200 km/h auch die schnellsten. Ungeachtet ihres Alters erreichte die E103.003 im Jahr 1985 bei einem Testlauf 283 km/h und bewies damit, dass das Konzept noch nicht überholt war. In jenen Jahren wurde die Nennleistung der Baureihe auf 7440 kW erhöht. Besonders gelungen ist auch die aerodynamische Linienführung der Karosserie, die im Windkanal entwickelt wurde. Im Laufe der Jahre erhielten die Maschinen verschiedene Anstriche, aber die rotbeige Farbgebung aus den Siebzigerjahren gilt allgemein als die schönste.

In Italien, wo man als Bahnstromsystem Gleichspannung 3000 V eingeführt hatte, entwickelte sich eine besondere Schule: Die FS setzten auf Lokomotiven mit sechs Treibachsen, verwarfen aber sofort die Achsfolge Co'Co', weil dreiachsige Drehgestelle größeren Verschleiß an den Gleisen verursachten und aufgrund ihres Bogenlaufverhaltens für das kurvenreiche italienische Netz weniger geeignet waren. Man wählte also Bo'Bo'Bo', drei zweiachsige Triebgestelle, eine andernorts wenig verbreitete Konstellation, und eine – ebenfalls ungewöhnliche – aus zwei gelenkig verbundenen Halbkästen bestehende Karosserie. Eine geniale Lösung, die von den ersten E636 bis zu den letzten E656 von 1940 bis 1989 beibehalten wurde. Alle diese Lokomotiven wurden nach demselben Schema gebaut: drei Drehgestelle mit zwölf elektromechanisch angetriebenen Motoren. Mit den Jahren steigerte man sich von den 1400 kW der E636 auf 4800 kW bei den E656. Zwischen der ersten und letzten Maschine der Typenfamilie wurden 1958 die E645 und 1961 die E646 gebaut. Insgesamt ließen die FS 1223 Lokomotiven nach diesem Schema fertigen, 469 der Reihe E636, 97 der E645, 198 der E646 und schließlich 459 der E656. Die einzige Ausnahme bildete die E444, die im Widerspruch zu ihren Sprintleistungen den hübschen Beinamen Schildkröte erhielt und eine herkömmlichere Bo'Bo'-Achsfolge und einen normalen Wagenkasten besaß. Zwischen 1967 und 1974 wurden einschließlich Prototypen und Serienproduktion insgesamt 117 Exemplare gebaut; sie liefen bis zu 200 km/h und waren für namhafte Schnellzüge bestimmt, die bislang mit Elektrotriebwagen bespannt worden waren und langsam in die Jahre kamen. Das Projekt war gelungen, aber verschiedene Probleme (ungeeignete Strecken, Mangel an 200-km/h-geeigneten Wagen) verhinderten eine Nutzung ihrer Schnellläufereigenschaften auf breiter Ebene.

A Brenot
VITESSE
EXACTITUDE
CONFORT
SOCIÉTÉ NATIONALE DES CHEMINS DE FER FRANÇAIS
SAPHO-PARIS
PRINTED IN FRANCE FOR AND BY
THE FRENCH NATIONAL RAILWAYS

LOCOMOTIVE QUADRICOURANT CC 40100

TRANS EUROP EXPRESS

PARIS - BRUXELLES - AMSTERDAM

DER TRANS-EUROP-EXPRESS UND ANDERE NAMHAFTE ZÜGE

216–217 Diese suggestive Luftaufnahme zeigt den einzigen restaurierten und noch fahrbereiten VT601, der heute gelegentlich für touristische Zwecke eingesetzt wird, wie er die Rampen der Brennereisenbahn erklimmt.

Die Trans-Europ-Express (TEE) bildeten das wichtigste internationale Zugverbindungsnetz der Nachkriegszeit in Europa. Sie wurden 1957 nach einer Idee des holländischen Eisenbahnpräsidenten verwirklicht, der die deutschen, italienischen, französischen, schweizerischen und später auch belgischen und luxemburgischen Eisenbahnen an Bord holte.

Die Kriterien für den TEE-Betrieb wurden genau festgelegt, auch wenn im Laufe der Jahre viele Ausnahmen gemacht wurden. Es waren: Dieselantrieb, um die Lokomotiven aufgrund der verschiedenen Bahnstromsysteme nicht an der Grenze wechseln zu müssen; festgeschriebene Zugzusammensetzung und Umkehrbarkeit der Züge, um Zeitverluste in den – seinerzeit sehr häufigen – Kopfbahnhöfen zu vermeiden; Wagen und Bordservice der Luxusklasse; tägliche Fahrten und schließlich Grenzkontrollen an Bord (damals mussten die Reisenden an den Grenzen zur Pass-

217 Für den TEE-Betrieb ließen die Schweizer Bundesbahnen die mehrsystemfähigen Elektrozüge Rae II 1051-1055 bauen. Ursprünglich bestanden sie aus fünf Fahrzeugen. Aufgrund des großen Erfolges wurde jedoch ein weiterer Wagen mit 42 Plätzen hinzugefügt.

kontrolle aussteigen). Die TEE versahen bis 1974 ihren Dienst, als sie durch normale Züge mit erster und zweiter Klasse ersetzt wurden.

Auf diesen Linien fuhren einige der schönsten Züge Europas, alle in dem für den TEE charakteristischen rotbeige Design. Die italienischen Staatsbahnen ließen bei Breda eigens einen Zug mit zwei permanent aneinander gekuppelten Dieselloks ALn 442/448 bauen. Nach der mit Dieselloks bereits umfangreich erprobten Philosophie – zwei Motoren mit insgesamt 980 PS, mechanischer Wilson-Antrieb mit Hydraulikkupplung, Geschwindigkeit 140 km/h – wurden neun Züge gefertigt. Die neunzig Plätze an Bord waren großzügig in Dreierreihen angeordnet, es gab einen Restaurationsservice auf versenkbaren Wandklapptischen und eine Klimaanlage. Ab August 1957 wurden sie auf den TEE-Zügen Ligure Mailand–Genua–Marseille, Mediolanum Mailand–Verona–München und Lemano Mailand–Domodossola–Lausanne–Genf eingesetzt. Der große Erfolg machte jedoch schon bald deutlich, dass zu wenige Plätze zur Verfügung standen, und innerhalb weniger Jahre wurden sie durch normale Züge ersetzt. In demselben Jahr gab auch die DB einen Dieseltriebzug in Auftrag, der ursprünglich die Bezeichnung VT11.5, später VT601 erhielt und wegen des unverwechselbaren Profils der Zugmaschine in ganz Europa bekannt war. Er bestand aus sieben Elementen und bot insgesamt 122 Sitzplätze. Die Fahrzeuge waren wie folgt angeordnet: Triebwagen, Abteilwagen, Salonwagen, Speisewagen mit Bar (aber ohne Küche) und Triebwagen am Ende. Jeder Zug verfügte über zwei Motoren mit einer Gesamtleistung von 2058 kW und Hydraulikantrieb und erreichte 140 km/h. Die SNCF setzte zunächst zehn bereits vorhandene Triebwagen plus Steuerwagen ein, die man für den TEE-Betrieb umgebaut hatte. Sie trugen die Bezeichnung X2771-2781 (die Steuerwagen XRS7771-7779) und verfügten über 39 Sitzplätze im Triebwagen, in dem sich auch die kleine Küche befand, und 42 im Steuerwagen.

In der Schweiz und Holland begann der Betrieb mit einem bereits vorhandenen Dieseltriebzug mit der Nummer NS1001-1003 bei der NS beziehungsweise Ram501-502 bei der SBB. 1961 nahmen die Schweizer jedoch einen Mehrsystemzug in Betrieb, der sowohl im deutschen Netz, das mit dem schweizerischen identisch war, als auch im italienischen und den beiden französischen fahren konnte. Die TEE mit der Bezeichnung Rae II 1051-1055 wurden die bekanntesten in ganz Europa. Ihre Standardzusammensetzung bestand zunächst aus Steuerwagen mit 42 Sitzplätzen, Triebwagen, Speisewagen mit 48 Plätzen plus sechs an der Bar, Salonwagen mit 42 Plätzen und Steuerwagen, wieder mit 42 Plätzen. In den darauffolgenden Jahren wurde ein weiterer Mittelwagen mit 42 Plätzen eingefügt.

Wir können diesen Überblick über die namhaften Züge nicht abschließen, ohne den berühmten ETR 301 Settebello der italienischen Staatsbahnen zu erwähnen. Der 1953 in drei Exemplaren gebaute Zug stellte über Jahre hinweg das Nonplusultra in Sachen Eleganz und Luxus bei den Eisenbahnen in ganz Europa dar. Hier kurz seine herausragenden Eigenschaften: Vor allem war er ein Elektrotriebzug, die Motoren waren also nicht in einer Antriebseinheit konzentriert, sondern auf die Drehgestelle des ganzen Zuges verteilt. Der siebenteilige Komplex bestand aus drei Untergruppen: Die erste wurde gebildet aus Wagen 1 und 2, die zweite aus Wagen 3, 4 und 5 und die dritte aus Wagen 6 und 7. Die drei Gruppen waren durch eine Automatikkupplung miteinander verbunden. So stützte sich der siebenteilige Zug auf zehn Drehgestelle. Der Zugführer hockte oben in einer engen Kabine, weil die Zugköpfe, die wahren Erkennungsmerkmale des Zuges, einen kleinen Aussichtssalon mit Drehsesseln beherbergten. Der gesamte Innenraum wurde von den berühmten Architekten Giò Ponti und Giulio Minoletti gestaltet und brachte zusammen mit der stilvollen Wahl der Karosserie das italienische Design der Fünfzigerjahre vollkommen zum Ausdruck.

Der zweite TEE, der nicht unerwähnt bleiben darf, ist der spanische Talgo, der von 1941 bis 2000 in verschiedenen Versionen gebaut wurde. Die Originalität dieses Zuges liegt in seiner technischen Konzeption. Der Talgo, abgekürzt für Tren Articulado Ligero Goicoechea Oriol, ist ein tiefer gelegter Gliederzug mit Einzelradaufhängung, der heute von der gleichnamigen Gesellschaft gebaut und in alle Welt verkauft wird.

Es handelt sich um einen Gliederzug, der sich aus einer Reihe von permanent miteinander verbundenen Wagen zusammensetzt. Jeder Wagen stützt sich an dem einen Ende auf lediglich eine Achse mit freien Rädern, die nicht, wie im Eisenbahnbau üblich, starr verbunden, sondern einzeln aufgehängt sind, an dem anderen ist er mit einem Gelenk auf den folgenden Wagen „aufgedeichselt". In der Praxis bedeutet dies, dass mit Ausnahme der Kopffahrzeuge sich immer zwei Wagen eine Achse teilen. Diese Konfiguration der Achse mit Einzelradaufhängung macht es möglich, die Züge viel leichter und niedriger als gewöhnlich zu bauen. Folglich liegt der Schwerpunkt tiefer, was sich vor allem bei hohen Geschwindigkeiten in einer größeren Laufruhe niederschlägt. Im Laufe der Jahrzehnte wurden viele Versionen des Talgo gebaut, sowohl mit der spanischen Breitspur als auch mit Normalspur. Seit den Sechzigerjahren stellte man auch Fahrzeuge mit verstellbarer Spurweite her, mit denen direkte Verbindungen zwischen verschiedenen europäischen Städten möglich wurden. Bis vor wenigen Jahren wurde der Talgo entweder von herkömmlichen Lokomotiven oder speziellen Triebwagen gezogen: Mit der Baureihe XXI brachte die spanische Firma einen Zug mit verstellbarer Spurweite und integrierter Traktion heraus. Zu den Projektentwicklungen gehört auch der Talgo Pendular – ein Zug mit passiver Neigetechnik, die es ermöglichte, die Geschwindigkeit noch weiter zu erhöhen, ohne Abstriche beim Komfort machen zu müssen – und der Hochgeschwindigkeitszug Talgo 350 für die Spanischen Eisenbahnen, der auch als AVE S-102 bekannt ist.

218–219 Der Settebello war der bekannteste italienische Elektrozug der Sechzigerjahre. In beiden Zugköpfen befindet sich ein Salon, während der Führerstand erhöht ist.

219 oben Beim Talgo I und II wurden besondere Lokomotiven vor die speziellen Gelenkwagen gespannt. Die Lokomotive des Talgo II, Virgen de Begona, steht zusammen mit einigen Wagen im Eisenbahnmuseum von Vilanova in der Nähe von Barcelona.

219 unten Eine 252 der spanischen Eisenbahn führt einen Talgo mit der charakteristischen abgeflachten Silhouette. Seit 1941, als der Talgo herauskam, wurden zahlreiche Modelle für die Eisenbahnen in aller Welt gebaut.

Von 1980 bis heute Von Hochgeschwindigkeitszügen bis zur Zukunft der Nachhaltigkeit

16

Die Wende

222–223 Der Güterverkehr in den USA ist hoch entwickelt, nicht zuletzt wegen der großen Entfernungen, die den Transport per Bahn wirtschaftlicher machen. Nicht selten haben amerikanische Güterzüge ein Gewicht von über 8000 t.

Am Ende der Sechziger- und in den Siebzigerjahren glaubten viele, die Eisenbahn hätte keine Zukunft mehr. Diese Art des Reisens galt als altmodisch und unbequem, höchstens dazu geeignet, die großen Massen der Pendler in die Städte zu befördern. Erst nach und nach wurde man sich bewusst, dass Zugfahren auch Vorteile haben konnte: Die Straßenverkehrsopfer stiegen exponentiell an, die Verkehrsprobleme mit Staus und Parkplatzsuche machten die unbestrittenen Vorteile des Autos immer mehr zunichte. Dann begann die Öffentlichkeit, die Umweltprobleme auf unserem Planeten wahrzunehmen: die Luftverschmutzung, den immer schnelleren Verbrauch nicht erneuerbarer Energieressourcen.

In dieser Hinsicht bergen Züge große Vorteile: Sie haben nur etwa 2,5 Prozent der Abgasemissionen durch den Verkehr zu verantworten, und für den Transport einer Tonne Waren verbrauchen sie halb so viel Energie wie ein Lkw und gerade mal ein Zwölftel eines Flugzeugs. Außerdem ist die Gefahr eines tödlichen Unfalls mit dem Auto statistisch 37-mal größer als mit der Bahn.

223 Das Rangieren der Waggons für die Zusammenstellung der Züge ist ein komplexer Vorgang, für den die amerikanischen Eisenbahngesellschaften spezielle Dieselloks verwenden.

„Mit den Hochgeschwindigkeitszügen begann die Eisenbahn dem Luftverkehr Konkurrenz zu machen.“

Doch damit diese Vorteile zu konkreten Ergebnissen führen konnten, musste das ganze System sowohl im Personen- als auch Güterverkehr geändert werden. Ein Weg, den alle Eisenbahnen – wenn auch mit unvermeidlichen Widersprüchen – seit Ende der Siebzigerjahre eingeschlagen haben. Höhere Geschwindigkeit und Komfort im Personenfern- verkehr und dessen Abtrennung vom Großstadtverkehr, Neuorganisation des Güterverkehrs, Einführung neuer Kontroll- und Sicherheitssysteme – so lauteten die Hauptziele.

Der eigenständig begonnene Wandel wurde dann von der Europäischen Union geleitet, die ab 1991 Vorschriften zur Förderung und Entwicklung des Schienenverkehrs erließ, die das – noch nicht vollständig erreichte – Ziel verfolgten, den Eisenbahnverkehr stufenweise dem Markt zu öffnen, um einen Anreiz für bessere Effizienz und Wettbewerbsfähigkeit zu schaffen, wie man es schon für den Luftverkehr getan hatte.

Die Auswirkungen dieser Richtlinien auf die Eisenbahnen des alten Kontinents waren derart, dass hier näher, wenn auch vereinfacht, darauf eingegangen werden soll. Die erste Richtlinie mit der Nummer 91/440 stammt von 1991 und bezieht sich hauptsächlich auf die Entwicklung und Liberalisierung des internationalen Gütertransports, hat aber auch einige unabdingbare Fixpunkte verankert: die Unabhängigkeit der Bahnunternehmen vom Staat, die Trennung von Eisenbahnunternehmen und Betreibern der Infrastruktur, das Zugangsrecht zu den Netzen für Unternehmen, die internationale Gütertransporte durchführen, zu nicht diskriminierenden Bedingungen. Im Laufe des Jahres 1991 definierte die EU auch die notwendigen Kriterien für die Ausstellung der Lizenz, um auf allen Netzen operativ tätig werden zu können. So wurde für Privatunternehmen und nicht nur für die traditionellen staatlichen Eisenbahnen die Möglichkeit geschaffen, auf denselben Netzen in Konkurrenz zu treten. Diese ersten Normen wurden 2001 mit einer Reihe von Maßnahmen überarbeitet und verfeinert, die als „Erstes Eisenbahnpaket“ bekannt wurden.

Italien war das erste Land, das die Richtlinien der Gemeinschaft effektiv umsetzte, dank der Weitsicht des damaligen Verkehrsministers Pier Luigi Bersanis: Im September 2001 brach die FNM (Ferrovie Nord Milano, ein hundertjähriges Unternehmen, das von der Region Lombardei kontrolliert wird) symbolisch das Monopol der FS mit dem ersten internationalen Gütertransport von Melzo nach Zeebrügge in Belgien. Die wahre Wende kam jedoch einen Monat später, als die erste private, eigens nach der Liberalisierung gegründete Eisenbahngesellschaft den Betrieb auf der Linie Verona–Brenner–München aufnahm.

Es handelte sich um die Rail Traction Company (RTC), die erst im Februar 2000 unter den skeptischen Blicken vieler Mitarbeiter gegründet worden war. Heute kontrolliert sie gut 30 Prozent des gesamten Warenverkehrs auf der Brennerachse, und dank der direkten Konkurrenz sind auch die Leistungen der Züge des ehemaligen Monopolisten FS (Ferrovie dello Stato), heute Trenitalia Logistica, in Sachen Qualität und planmäßigem Service viel besser geworden. Der Geist der EU-Richtlinien hat – in diesem Fall – perfekt funktioniert. 2004 legte die Union in einem „Zweiten Eisenbahnpaket" die Fristen für die vollständige Liberalisierung des internationalen (1.1.2006) und nationalen (1.1.2007) Güterverkehrs fest. Kontroverser war die Zulassung des Wettbewerbs auch für den Personenverkehr aufgrund des starken Widerstandes der Ex-Monopolisten in allen Nationen. Das von der Europäischen Kommission 2007 auf den Weg gebrachte „Dritte Eisenbahnpaket" sah die Liberalisierung des grenzüberschreitenden Personenverkehrs ab 2010 und des nationalen Verkehrs ab 2012 vor. Schließlich wurde 2016 das „Vierte Eisenbahnpaket" auf den Weg gebracht. Sein Hauptziel ist es, einen einheitlichen europäischen Eisenbahnraum auf den Weg zu bringen und den Markt für inländische Schienenpersonenverkehrsdienste weiter zu öffnen.
Neben der Gesetzgebung im engeren Sinne hat sich die Europäische Union verpflichtet, die Integration der nationalen Netze zu fördern, die Unterschiede in der Stromversorgung und der Signalgebung zu überwinden und der Schaffung eines Hochgeschwindigkeitsnetzes, das die wichtigsten Städte des Kontinents miteinander verbindet, Priorität einzuräumen. Während die Überwindung von Unterschieden in der Stromversorgung heute dank der Entwicklung von Mehrspannungslokomotiven, die mit unterschiedlichen Spannungen fahren können, von den Fahrzeugherstellern relativ einfach zu bewerkstelligen ist, sind die Signal- und Sicherheitssysteme wesentlich komplizierter. Hier hat jede Verwaltung aus historischen und technischen Gründen ein oder mehrere nationale Systeme entwickelt, die untereinander völlig unvereinbar sind. Der Einbau aller Geräte in jede Lokomotive ist nicht nur äußerst kostspielig, sondern in einigen Fällen auch technisch unmöglich und löst nicht das Dickicht der Vorschriften, die jeder Lokführer kennen sollte. Daher wurde beschlossen, ein neues Signalgebungs- und Leitsystem mit der Bezeichnung ERTMS (European Railway Traffic Management System) zu entwickeln, das vorrangig auf den neuen, im Bau befindlichen Hauptstrecken zum Einsatz kommen und dann auf die anderen Strecken ausgedehnt werden soll, wobei natürlich mit den internationalen Strecken begonnen wird.

224 Die Rail Traction Company setzt ebenfalls mehrsystemfähige E-Loks (im Bild die E189 von Siemens) ein, um ein Umspannen an der Grenze wegen der unterschiedlichen Bahnstromsysteme in Italien und Österreich zu vermeiden.

224–225 Zwei EU43 der Rail Traction Company (RTC), der ersten privaten italienischen Eisenbahngesellschaft, die auf der Brennerlinie operativ tätig ist, fahren im Schneesturm in den 1300 m hoch liegenden Bahnhof von Valico ein.

EU43 008RT

Tokaido Shinkansen: die neue Eisenbahn

Die Geschichte der Hochgeschwindigkeitszüge reicht weit zurück: Wie wir in den vorherigen Kapiteln gesehen haben, ist das Streben nach immer höheren Geschwindigkeiten und kürzeren Verbindungen so alt wie die Eisenbahn selbst. Allerdings gibt es die Hochgeschwindigkeit, wie wir sie heute verstehen – also nicht als einen bestimmten Zug mit außergewöhnlichen Eigenschaften, sondern als ganzes Verkehrssystem – erst seit 1964, als Japan den legendären Shinkansen auf der Linie Tokaido-Osaka einführte. Der Genauigkeit wegen sei hier erwähnt, dass der japanische Superzug im Westen als Shinkansen oder Tokaido Shinkansen bekannt ist. Eigentlich heißt Tokaido Shinkansen auf Japanisch einfach nur „neue Eisenbahn" und bezieht sich auf die Linie und nicht auf den Zug. Als die japanische Regierung 1958 den Bau einer weiteren innovativen Verbindung zwischen Tokio und Osaka genehmigte, da die alte Strecke nicht weiter ausgebaut werden konnte, taufte sie das Projekt einfach Tokaido Shinkansen. Die Züge werden mit einer dem Modell entsprechenden Seriennummer und höchstens einem Beinamen bezeichnet. So hieß die erste Baureihe 0 Kodama (Donner), die Baureihe 100 Hikari (Blitz), die Baureihe 300 Nazomi (Hoffnung). Die allgemeine japanische Bezeichnung lautet Dangan Ressha (Geschoss) wegen der hohen Geschwindigkeit und der Nasenform der Baureihe 0. Seinerzeit sorgten die 210 km/h des ersten Shinkansen (wir werden weiterhin den im Westen üblichen Namen verwenden) weltweit für Verblüffung: Doch wenn die breite Öffentlichkeit von der Geschwindigkeit beeindruckt war, so waren die Fachleute vom Gesamtprojekt fasziniert. Das Neue daran war nämlich, dass Hochgeschwindigkeit als spezielles System konzipiert wurde, mit dem Bau einer eigenen Linie, eigens entworfenen Verkehrsmitteln und einer technischen Umgebung, die die noch nie da gewesenen Leistungen unterstrich. Das Projekt verfolgte auch politische Ziele: Bei den Olympischen Spielen 1964 wollte man die unglaublichen Fortschritte einer Nation unter Beweis stellen, die – womöglich noch mehr als das Deutschland der Nazis – wirtschaftlich und moralisch zerstört aus dem Zweiten Weltkrieg hervorgegangen war. Mit dem japanischen Pragmatismus, den wir in den folgenden Jahrzehnten gut kennenlernen sollten, hatte die Japanese National Railways sofort begriffen, dass die Shinkansen das Problem der Personenbeförderung auf alten, obsoleten Netzen auf radikale Weise lösen konnten. Die herkömmlichen japanischen Schmalspurlinien (1067 mm) waren kurvenreich und langsam. Der neue Zug wurde mit Normalspur konzipiert und fuhr auf eigenen Strecken

226 Mit ihrer gut 15 m langen Nase gehören die Züge der Baureihe 550 der West Japanese Railway zu den außergewöhnlichsten der Shinkansen-Familie. Die Gesellschaft ließ 16 dieser Leichtmetallzüge bauen, die 350 km/h erreichen können.

227 oben Die Züge der Baureihe 300 wurden im Jahr 1992 für die Linien Tokaido und Sanyo Shinkansen gebaut und lösten die älteren Hikari ab. Sie bestehen aus 16 Elementen und fahren mit einer Reisegeschwindigkeit von 285 km/h.

mit weiten Kurvenbögen und zahlreichen Unterführungen und Brücken. Hinzu kam ein Modellbetrieb mit Zügen im Fünf-Minuten-Takt und einer Pünktlichkeit, die anderswo noch undenkbar war und die sprichwörtliche Schweizer Präzision vor Neid erblassen ließ. 2004 entschuldigte sich ein führender Mitarbeiter der Japanese Central Railway öffentlich bei den Fahrgästen, weil die Shinkansen im Vorjahr eine durchschnittliche Verspätung von zwölf Sekunden gehabt hatten. „Nur zwölf Sekunden!" für unsere westlichen Vorstellungen, „zwölf Sekunden zu viel" für den äußerst strengen örtlichen Kodex der Pünktlichkeit und Effizienz. Ich glaube mich nicht zu irren, wenn ich behaupte, dass wir in ganz Europa in Begeisterung ausbrechen würden, wenn die Verspätungen unserer Züge weniger als fünf Minuten betragen würden ...

Im Laufe der Jahre wurde das Netz erweitert und umfasst heute außer der Tokaido Shinkansen (Tokio–Osaka) die Linien Tohoku Shinkansen (Tokio–Hachinohe), Hokuriku Shinkansen (Takasaki–Nagano), Joetsu Shinkansen (Omiya–Niigata) und Sanyo Shinkansen (Osaka–Hakata), die als Hauptnetz zu betrachten sind, sowie die drei kürzeren Nord-Süd-Strecken Akita, Yamagata und Kyushu (Gesamtlänge: circa 2000 km).

Ursprünglich wurde das Netz von den Japanese National Railways (JNR) betrieben, doch seit 1987 ist sie privatisiert und in verschiedene Gesellschaften aufgeteilt, die kollektiv als JR Group (Japan Railway Group) firmieren: die East Japan Railway Company, West Japan Railway Company, Central Japan Railway Company u. a. Jede von ihnen betreibt einen Teil des Shinkansen-Netzes und entwickelt unabhängig eigene Züge, die sich daher in vieler Hinsicht unterscheiden. Betrachten wir einige der wichtigsten: Die Züge der Baureihe 0 bestanden aus 16 Elementen, alle über eine Länge von 400 m (Standard-Höchstmaß, das auch für die folgenden Baureihen beibehalten wurde), Motoren mit 25 000-V-50-Hz-Einphasenwechselspannung, Höchstgeschwindigkeit 210 km/h; die Baureihe 300X der Central JRC hält den japanischen Geschwindigkeitsrekord mit 443 km/h, fährt aber normalerweise mit 300 km/h Reisegeschwindigkeit; die Baureihe 400 der East JRC ist auch als Mini-Shinkansen bekannt, weil die Züge hinsichtlich der Profilgröße begrenzt sind, da sie auf den aus den alten Schmalspurlinien umgebauten Strecken fahren müssen: Die Gleise wurden von 1067 auf 1435 mm erweitert, aber die lichte Weite der Tunnels und Brücken blieb unverändert; wichtig ist auch die Baureihe E1 Max der East JRC, der weltweit erste doppelstöckige Hochgeschwindigkeitszug, der mit seinen standardmäßig sieben Waggons bis zu 1000 Personen befördern kann. Kürzlich wurden die Zwölf-Waggon-Triebzüge der Baureihe W7 für JR WEST in Betrieb genommen, während am 1. Juli 2020 die N700A-Triebzüge von JRC, die jüngste Weiterentwicklung der 2007 eingeführten N700-Familie, ihr Debüt feierten. Die neuen Züge der Serie E8 von GFS werden 2024 eingeführt und ersetzen die 1997 gebaute Serie E3.

227 Mitte Die Züge der Baureihe 700 erkennt man auch an dem charakteristischen Triebkopf mit dem „Entenschnabel". Zwischen 1997 und 2004 wurden insgesamt 83 Exemplare produziert, davon einige acht- und die Mehrzahl sechzehnteilig.

227 unten Die Baureihe 400 der East Japanese Railway ist wegen ihrer kleineren Ausmaße auch als Mini-Shinkansen bekannt. Diese sind erforderlich, weil sie der alten Streckenführung angepasst werden mussten, deren Spurbreite auf 1435 mm erweitert wurde.

7-R
279-1

228-229 Der Sinkansen 700 ist einer der beliebtesten Hochgeschwindigkeitszüge Japans. Von ihm wurden 91 Exemplare gebaut. Er besteht aus 16 Elementen und erreicht eine Geschwindigkeit von 285 km/h.

229 oben Ein zwölfteiliger Zug der Serie E7, die auf der Strecke Tokio-Kanazawa der EAST JRC verkehrt. Diese Strecke ist nach der Region, durch die sie führt, als Hokuriku Shinkansen bekannt.

229 unten Die Triebzüge der Serie N700 erreichen eine Geschwindigkeit von 300 km/h, und dank des Pendelkörpers können sie Kurven mit einem Radius von 2500 m, in denen die Höchstgeschwindigkeit normalerweise 255 km/h beträgt, mit 270 km/h durchfahren.

DER FRANZÖSISCHE CHAMPION: DER TGV

Der große Erfolg der Shinkansen überzeugte auch die europäischen Eisenbahnverwaltungen, auf die Hochgeschwindigkeit zu setzen. Man schlug andere Wege ein, die zu interessanten Ergebnissen führten. Doch fassen wir zunächst die Vorteile von Hochgeschwindigkeitszügen auf europäischen Netzen zusammen: Konkurrenzfähigkeit mit dem Luftverkehr bei Entfernungen um 600–700 km (de facto wurden die Flugverbindungen auf der Strecke Lyon–Paris, auf der seit Jahren der TGV verkehrt, praktisch eingestellt; dies geschieht gerade auch mit Paris–Brüssel), freie Verkehrskapazitäten auf den traditionellen Eisenbahnlinien, Entlastung des Straßenverkehrs, damit einhergehend geringere Umweltverschmutzung und rückläufige Unfallzahlen. Außer den direkten Vorteilen für die Passagiere – eine schnellere Reise bedeutet auch mehr Zeit für andere Dinge, ganz davon abgesehen, dass man im Zug, im Unterschied zum Auto und, in geringerem Maße, Flugzeug bequem viele andere Sachen tun kann – müsste man korrekterweise auch die indirekten Vorteile berücksichtigen: vernünftigerer Umgang mit Energie, geringe Umweltverschmutzung, weniger Tote und Verletzte bei Autounfällen mit Kosteneinsparungen für das Land und somit die Allgemeinheit. Dagegen ist der Bau neuer Linien teuer und kann in Ländern mit schwieriger Orografie, wie Italien, besonders heikel sein. 1978 verwirklichten die Franzosen das erste Hochgeschwindigkeitsnetz in Europa mit dem TGV (Abkürzung für: Train à Grande Vitesse / Hochgeschwindigkeitszug) und der Eröffnung der Linie Paris–Lyon für den gewerblichen Verkehr am 27. September 1981. Die Studien hatten jedoch bereits 1966 mit der Gründung der Forschungsabteilung (Service de la Recherche) der SNCF begonnen.

230-231 Ein TGV Thalys, links, neben einem TGV Atlantique im Bahnhof von Paris. Das TGV-Netz erstreckt sich über ganz Frankreich, und jeden Tag werden 250 Bahnhöfe von etwa 650 Zügen bedient.

Für die Projektierung eines Hochgeschwindigkeitsnetzes gibt es zwei verschiedene Philosophien: Die erste, von den Franzosen angewendete, sieht Strecken vor, die nur Hochgeschwindigkeitszügen vorbehalten sind und eigens für diese gebaut werden. Keine anderen Zugtypen, weder Personen- noch Güterzüge, fahren darauf, und das hat zwei Konsequenzen: Alle Züge fahren mit der gleichen Geschwindigkeit, und es ist somit einfacher, den Verkehr mit zeitlich sehr nahe beieinander liegenden Zügen zu leiten, d. h. angesichts der leistungsstarken, leichten Hochgeschwindigkeitszüge braucht man keine Infrastrukturen für lange, schwere Konvois zu planen. Es können also auch, wie es die SNCF getan hat, Gefälle bis 35 Promille vorgesehen werden, was wiederum beträchtliche Kosteneinsparungen beim Bau von Brücken, Tunnel und Unterführungen bedeutet. Die zweite Philo-

sophie, die Deutsche und Italiener umsetzten, beinhaltet Linien, die von Hochgeschwindigkeitszügen befahren werden können, aber – falls notwendig – auch von herkömmlichen Zügen oder Güterzügen (zum Beispiel nachts, wenn der Personenverkehr nachlässt). In diesem Fall wäre es – insbesondere in Italien – korrekter, von einer Doppelung, wenn auch mit innovativen Merkmalen, der bestehenden Linien zu sprechen. Die Baukosten sind teurer, ebenso die Schnittstellen mit dem traditionellen Netz. Wie bereits erwähnt, optierte die SNCF für die erstere Lösung und schuf ein sehr effizientes System, das sich auch außerhalb Frankreichs ausbreitete. Nur eineinhalb Jahre nach der Eröffnung der ersten Trasse Paris–Lyon hatten bereits mehr als acht Millionen Fahrgäste den TGV gewählt. 1989 wurde die Atlantik-Linie Richtung Brest, Rennes und Nantes im Westen eröffnet, 1990 gefolgt von der Verbindung Bordeaux–Toulouse im Südwesten. 1993 wurde die Nord-Verbindung nach Lille und Calais fertiggestellt, die dann ab November 1994 durch den Tunnel unter dem Ärmelkanal fortgeführt wurde. Noch im selben Jahr wurde eine Verbindung aufgenommen, die die Süd-, Ost-, Atlantik- und Nord-Linien über den internationalen Flughafen Charles de Gaulle miteinander verbindet. Dank der neuen Trasse sind die wichtigsten französischen Städte in kürzester Zeit untereinander zu erreichen (z. B. Lille–Lyon in nur drei Stunden). Ein neuer Wendepunkt kam 2001, als die 250 km lange Mittelmeertrasse Valence–Avignon–Marseille hinzugefügt wurde. Für die achthundert Kilometer von Paris bis Marseille benötigt man drei Stunden, während man zum Vergleich für die etwa gleich lange Strecke Mailand–Neapel noch acht Stunden braucht. Parallel dazu wurde die technische Entwicklung des TGV weiter verfolgt, dessen Reisegeschwindigkeit von 270 auf 300 km/h gesteigert wurde. Der neue Geschwindigkeitsrekord von 574,8 km/h wurde ebenfalls vom TGV im Versuchszug V150 am 3. April 2007 um 13.16 Uhr bei Kilometer 191 auf der Süd-Ost-Linie aufgestellt. Der bisherige Höchstwert von 515,3 km/h im Jahr 1990 wurde ebenfalls von einem TGV Atlantique erreicht. Mit einer Länge von 106 Metern und einem Gewicht von 268 Tonnen erreichte die von Alstom in Zusammenarbeit mit der SNCF gebaute V150 in etwa zehn Minuten eine Geschwindigkeit von 574,8 km/h und erzeugte dabei eine Leistung von 19,6 Megawatt (über 25 000 Pferdestärken): fast das Doppelte der Leistung aller Rennwagen zusammen beim Start eines F1-Grand Prix..

231 oben Am 3. April 2007 um 13.16 Uhr stellte der Versuchs-TGV V150 mit 574,8 km/h einen neuen Geschwindigkeitsweltrekord auf Schienen auf. Die vorhergehende Marke von 515,3 km/h war 1990 ebenfalls von einem TGV erzielt worden.

1996 wurde der doppelstöckige TGV Duplex eingeführt und erhöhte die Kapazität jedes Zuges von 386 auf 516 Plätze. Die Eurostar-Züge, die Paris und Brüssel über den Kanaltunnel mit London verbinden, sind ebenfalls TGV-Derivate, und seit dem Jahr 2000 verkehrt auf der Strecke Paris–Brüssel–Köln–Amsterdam eine vierteilige Version des TGV namens Thalys, dessen Flotte sich die französische, belgische und niederländische Bahn teilen. Allein im Jahr 2005 beförderte der TGV dank der 650 Züge, die täglich auf 1540 km Streckenlänge und 250 Bahnhöfen verkehren, mehr als 80 Millionen Fahrgäste in Frankreich und 20 Millionen in Europa.

Seit Juni 2007 verbindet der TGV Est Européenne Paris mit rund 30 Städten östlich der Hauptstadt, darunter auch einige in Deutschland und Luxemburg. Im Dezember 2010 wurde der Abschnitt Perpignan–Figueres mit Anschluss an das spanische Netz eröffnet, während am 11. Dezember 2011 die TGV-Linie Rhin-Rhone zwischen Lyon-Dijon und Mulhouse in Betrieb genommen wurde. Im Juli 2016 wurde die Hochgeschwindigkeitsstrecke TGV Ost nach Straßburg mit dem Bau des fehlenden Abschnitts zwischen Baudrecourt und Vendenheim fertiggestellt, während am 2. Juli 2017 die Strecken Tours–Bordeaux, eine Verlängerung des TGV Atlantique, und Le Mans–Rennes, getauft auf den Namen TGV Bretagne Pays de la Loire, dem Verkehr übergeben wurden. Andere Strecken, wie die Verbindung Lyon–Turin oder diejenige zur spanischen Grenze, sind bereits geplant, ihre Realisierung wurde jedoch auf eine fernere Zukunft verschoben. Was das rollende Material betrifft, so wurde 2013 ein neuer TGV2N2, auch Euroduplex genannt, in Betrieb genommen.

Die Triebfahrzeuge verfügen über asynchrone Drehstrommotoren und das europäische Signalsystem ERTMS/ETCS, während die Doppelstockwagen neu gestaltet wurden, um insbesondere auf dem Oberdeck mehr Komfort zu bieten. Die neueste Generation von TGVs, TGV-M genannt, wobei M für modern und modular steht, wurde im Mai 2021 von SNCF und Alstom vorgestellt. Der Zug wurde auf der Grundlage der Avelia-Plattform von Alstom entwickelt und kann in Echtzeit auf verschiedene Weise konfiguriert werden (von sieben bis neun Wagen), wobei sogar die Anzahl der Sitze in der ersten oder zweiten Klasse je nach Marktnachfrage variiert werden kann. Sie werden 2024 in Betrieb genommen, und es wird erwartet, dass die 100 TGV-M-Züge bis 2030 ein Drittel der französischen Hochgeschwindigkeitszugflotte ausmachen werden, während sie gleichzeitig von 400 auf 300 Triebwagen reduziert werden soll.

232 links Der Triebkopf des neuen TGV-M, der vierten Generation französischer Hochgeschwindigkeitszüge, im Alstom-Werk. Die ersten Züge werden 2024 in Betrieb genommen und sollen bis 2030 gebaut werden.

232-233 Die Lokomotive eines TGV Duplex (Doppelstockwagen) am Pariser Bahnhof Gare de Lyon: Der zehnteilige Zug hat 508 Sitzplätze und erreicht eine Geschwindigkeit von 320 km/h.

233 links Drei TGV PSE (Paris Sud Est) warten auf grünes Licht: Diese zehnteiligen Züge wurden ab 1978 für die Linie Paris–Lyon, die am 27. September 1981 endgültig eingeweiht wurde, gebaut.

233 rechts Der TGV Euroduplex ist die dritte Generation der doppelstöckigen TGVs und zeichnet sich dadurch aus, dass er als Polytransitsystem einsatzfähig und mit dem Management- und Steuerungssystem ERTMS ausgestattet ist.

234–235 Ein TGV Atlantique fährt zwischen Sonnenblumenfeldern entlang der Trasse, die Paris mit der Bretagne und Normandie verbindet. Diese Strecke wurde 1989 dem Verkehr übergeben und wird von 105 graublauen TGV-A befahren.

SNCF
233
TGV 29 065
13

TGV

SNCF

Hochgeschwindigkeit in Italien: Pendolino, Frecciarossa 1000, Italo

Italien hat sich schon früh für Hochgeschwindigkeitszüge interessiert: 1970 wurde der Grundstein für die Direttissima Firenze–Roma gelegt, die erste zu diesem Zweck gebaute Hochgeschwindigkeitstrasse. Es ist bedauerlich, dass es 22 Jahre gedauert hat, diese nur 240 km lange Strecke fertigzustellen. Der erste funktionstüchtige Abschnitt mit 122 km von Settebagni nach Città della Pieve wurde am 24. Februar 1977 eingeweiht, der letzte von Figline nach Valdarno Sud im Sommer 1992. Damals begann die Regierung mit dem Bau eines umfassenden Hochgeschwindigkeitsnetzes, das für Personenzüge mit einer Geschwindigkeit von 300 km/h ausgelegt ist, aber auch von Güterzügen genutzt werden kann. Das Netz umfasst die Nord-Süd-Verbindung Mailand–Bologna–Florenz–Rom–Neapel–Salerno und die Ost-West-Transversale Turin–Mailand–Brescia–Verona–Padua–Venedig. Am 13. Dezember 2009 wurde die Strecke Turin–Mailand–Rom–Neapel–Salerno mit der Verkehrsfreigabe des fast vollständig in Tunneln verlaufenden Abschnitts zwischen Bologna und Florenz fertiggestellt, während die Fertigstellung des Abschnitts Mailand–Venedig noch im Gange ist.

Die Strecken zwischen Mailand und Brescia sowie zwischen Padua und Venedig sind in Betrieb, während die Abschnitte zwischen Brescia und Padua entweder im Bau oder noch in der Planungsphase sind. Zwei internationale Verbindungen sind ebenfalls im Bau: Turin–Lyon mit dem Basistunnel im Val di Susa und die Verbindung Bozen–Innsbruck mit dem langen Brenner-Basistunnel, der den Güter- und Personenverkehr zwischen Italien, Deutschland und Nordeuropa erheblich steigern wird. Darüber hinaus gibt es neue Strecken von Neapel nach Bari sowie von Genua nach Novi Ligure (Alessandria–Turin) und Tortona (nach Mailand). Hier geht es vor allem um zwei Hauptinteressen: die Förderung des für den Im- und Export des Landes wesentlichen Warenverkehrs von und nach Genua sowie eine bessere Verbindung zwischen Genua und Mailand bzw. Turin. Der geplante Bau einer Hochgeschwindigkeitsstrecke von Venedig nach Triest, die die Ost-West-Achse in der Poebene vervollständigen soll, wird wegen der hohen Kosten, die durch die künftigen Verkehrsprognosen, insbesondere im Güterverkehr, nicht gerechtfertigt zu sein scheinen, infrage gestellt. Die realistischste Planung scheint eine Verdopplung einer modernen traditionellen Trasse mit Geschwindigkeiten von maximal 200–220 km/h zu sein.

Neben der Geschwindigkeit von 300 km/h (mit Ausnahme des Abschnitts Florenz–Rom, der weiterhin mit 250 km/h befahren wird) zeichnet sich der italienische Hochgeschwindigkeitszug durch die Verwendung des 2x25-

Kilovolt-Stromversorgungssystems mit 50 Hz und vor allem durch den Einsatz des ERTMS (European Rail Traffic Management System) für die Verkehrssteuerung und Sicherheit aus. Technisch gesehen basiert ERTMS auf der Integration des neuen Zugsteuerungs- und -sicherungssystems ETCS (European Train Control System) und des Funkkommunikationssystems für Sprache und Daten GSM-R (Global System for Mobile Communications-Railways), das speziell für Eisenbahnanwendungen von GSM abgeleitet wurde. ERTMS/ETCS hat drei verschiedene Anwendungsebenen. Derzeit verwendet das italienische Hochgeschwindigkeitssystem die ERTMS/ETCS-Anwendungsebene 2. RFI (Rete Ferroviaria Italiana) ist der erste Netzbetreiber in Europa, der dieses System auf dem gesamten Hochgeschwindigkeitsnetz im kommerziellen Betrieb einsetzt, und zwar ohne jegliches Reservesystem, das im Falle von Störungen eine Verkehrskontrolle mit herkömmlichen Systemen ermöglicht.

Die zweite Besonderheit ist, dass das italienische Hochgeschwindigkeitsnetz als erstes in Europa für den Wettbewerb geöffnet wurde und heute zwei Betreiber auf seinen Strecken konkurrieren: Trenitalia, ein Verkehrsunternehmen der italienischen FS-Gruppe, und seit dem 28. April 2012 Nuovo Trasporto Viaggiatori (NTV), ein von einer italienischen Unternehmergruppe gegründetes, rein privates Unternehmen. Dieser Wettbewerb hat zu einer Senkung von Preisen und Fahrzeiten geführt. Die Strecke Rom–Mailand beträgt nonstop nur noch 2 Stunden und 55 Minuten. Doch bevor wir die Züge beschreiben, mit denen NTV und Trenitalia konkurrieren, und erzählen, wie die Namen Italo für NTV und Frecciarossa bzw. Frecciargento für Trenitalia entstanden sind, müssen wir einen Schritt zurückgehen und kurz darlegen, wie einer der erfolgreichsten Züge der Welt, der Pendolino, auch dank der italienischen Hochgeschwindigkeitsbahn entstanden ist. Als der erste Abschnitt der Direttissima in Betrieb genommen wurde, stand die italienische Eisenbahn ohne einen echten Hochgeschwindigkeitszug da. Sie übernahm das von Fiat Ferroviaria (heute Alstom) 1976 entwickelte Projekt eines Schnellzugs mit variabler Spurweite, den ETR 401 „Pendolino", und gab einen Zug mit ähnlichen Eigenschaften in Auftrag, der zum ETR 450 wurde. Der Pendolino ist eine der herausragendsten Errungenschaften der italienischen Eisenbahntechnik. Die Idee bestand darin, die Geschwindigkeit der Züge auf den damals kurvenreichen Strecken zu erhöhen, indem der Wagenkasten in Kurven geneigt wurde. Diese Fähigkeit war auf der neuen Hochgeschwindigkeitstrasse, die im Wesentlichen fast gerade verläuft, nicht unbedingt nötig, erwies sich aber auf dem übrigen Streckennetz als äußerst nützlich.

Fiat Ferroviaria hatte die Idee, die Neigung des Zugs statt über einen Beschleunigungsmesser am Wagenkasten über zwei an den Drehgestellen montierte Kreisel zu steuern. Die Technologie war so erfolgreich, dass von der Pendolino-Plattform abgeleitete Züge in Italien (ETR 460, ETR 470 und ETR 480/485) und in Europa noch immer im Einsatz sind: in Finnland (S220), Spanien (Alaris), Portugal (Alfa Pendular), Slowenien (ETR310), Deutschland (VT610), Großbritannien (Virgin360) und in der Tschechischen Republik (CD680). Seit Kurzem verkehren Züge, die von der Plattform des Nuovo Pendolino abgeleitet sind, auch in Russland (der Zug Sm6 „Allegro", der St. Petersburg mit Helsinki verbindet) und in China, wo sie als CRH5 klassifiziert sind. In Italien wurde 2008 die neueste Pendolino-Generation mit den Bezeichnungen ETR 600 und 610 (sie unterscheiden sich durch die verfügbaren Kraftstoffsysteme) in Dienst gestellt. Zusammen mit dem ETR 485 und dem neueren ETR 700 (Züge einer anderen Konzeption) sind sie die Frecciargento-Züge von Trenitalia, die teilweise auf dem Hochgeschwindigkeits- und teilweise auf dem traditionellen Netz, wo sie das Pendel ausnutzen können, verkehren. Die ETR 600 bestehen aus sieben Elementen, zwei erste Klasse und fünf zweite Klasse, darunter ein Wagen mit Bar/Bistro, und verfügen über 432 Sitzplätze. Der ETR 610 besteht ebenfalls aus sieben Wagen, jedoch mit einer anderen Sitzplatzanordnung: drei Wagen sind erste Klasse, davon einer mit Bar/Bistro, und vier zweite Klasse, insgesamt gibt es 412 Plätze.

236 Der brandneue AGV-Hochgeschwindigkeitszug von Alstom, der von der privaten italienischen Eisenbahngesellschaft NTV hier in Roma Tiburtina auf den Namen Italo getauft wurde.

237 oben Der Zug ETR500 Frecciarossa von Trenitalia legt die Strecke Turin–Salerno mit einer Reisegeschwindigkeit von 300 km/h zurück.

237 unten Der Pendolino Trenitalia ETR 600 Frecciargento in voller Fahrt. Der Zug verfügt über einen neigbaren Aufbau, um den Kurvenkomfort zu verbessern.

Der ETR 485 hingegen besteht aus neun Elementen, davon drei Wagen für die erste Klasse, fünf für die zweite und ein Restaurant-/Barwagen, und bietet insgesamt 489 Sitzplätze.

Kürzlich wurden 17 ETR 700-Züge, die vom Hersteller AnsaldoBreda (jetzt Hitachi Rail Italy) auf den Namen Albatros getauft wurden und für den Frecciargento-Verkehr bestimmt sind, in die Flotte aufgenommen. Sie waren ursprünglich für den HS-Verkehr zwischen den Niederlanden und Belgien vorgesehen, wurden dann aber von Trenitalia gekauft, als sich die Betreiber der beiden nordeuropäischen Länder für andere Lösungen entschieden. Die ETR 700 bestehen aus acht Wagen (davon drei Business, einer Premium und vier Standard) mit insgesamt 500 Sitzplätzen.

Die Hochgeschwindigkeitsdienste, die Trenitalia unter der Marke Frecciarossa anbietet, werden von den Zügen ETR 500 und ETR 1000, deren Handelsname Frecciarossa 1000 lautet, erbracht. Die Flotte des ETR 500 besteht aus 59 Triebzügen, die aus zwei Lokomotiven an den Enden und elf Zwischenwagen bestehen und vier Serviceebenen mit insgesamt 574 Sitzplätzen bieten. Derzeit sind 50 Frecciarossa 1000 im Einsatz, aber Trenitalia hat den Herstellern der Züge, einem Konsortium aus Hitachi Rail und Bombardier (inzwischen von Alstom übernommen), einen weiteren Auftrag über 37 Züge erteilt, von denen 14 verkehren sollen, während die anderen 23 in Spanien eingesetzt werden, wo der italienische Betreiber dank der Liberalisierung des europäischen Personenverkehrsmarktes mit der spanischen Staatsbahn RENFE konkurrieren wird.

Der brandneue Frecciarossa 1000, der auf der V300Zefiro-Plattform von Bombardier basiert, ist der Vorreiter für Hochgeschwindigkeitszüge in Europa. Er fährt mit einer Durchschnittsgeschwindigkeit von 360 km/h (400 maximal) und ist vollständig interoperabel. Eine der technischen Herausforderungen bestand darin, bei einer Geschwindigkeit von 360 km/h die gleichen Belastungen auf die Infrastruktur zu übertra-

238-239 *Zwei Frecciarossa-1000-Züge nebeneinander in Milano Centrale. Diese Züge gelten als die Speerspitze des Hochgeschwindigkeitsverkehrs in Europa.*

239 oben *Ein Italo-EVO-Zug des privaten Betreibers NTV in Milano Centrale. Der EVO gehört zur Avelia-Familie der Hoch- und Höchstgeschwindigkeitszüge von Alstom.*

239 unten *Das jüngste Mitglied der HS-Zugflotte von Trenitalia, der ETR 700, hier in Milano Centrale, ist für die Frecciargento-Dienste bestimmt. Wegen seiner markanten Nase trägt er den Spitznamen „Albatros".*

gen wie ein Zug, der mit 300 km/h, der Auslegungsgeschwindigkeit für alle Hochgeschwindigkeitsstrecken, fährt. Jeder Zug mit verteilter Stromversorgung ist 202 m lang und verfügt über 459 Sitzplätze, die auf acht Wagen verteilt sind. Der Antrieb erfolgt über acht von insgesamt 16 motorisierten Drehgestellen, die auf die Wagen 1, 3, 6 und 8 des Zuges verteilt sind. In der Praxis haben vier Wagen zwei motorisierte Drehgestelle, während die anderen vier Wagen gezogen werden. Diese Lösung verleiht dem Zug eine bemerkenswerte Beschleunigung: In nur vier Minuten erreicht er aus dem Stand 300 km/h.

Die Trenitalia-Konkurrenz NTV (Nuovo Trasporto Viaggiatori) hat sich für Alstom entschieden, um ihre Hochgeschwindigkeitsflotte zu bauen, und nannte ihre Züge Italo. In einem ersten Auftrag im Jahr 2008 kaufte sie 25 AGV-Züge des Typs ETR 575. Es handelt sich um Triebzüge mit verteiltem Antrieb, die für 300 km/h zugelassen sind und aus elf Wagen mit 460 Sitzplätzen bestehen. Die Vorteile dieses neuen Zuges decken alle Leistungsaspekte ab: Verhältnis zwischen Gewicht und Leistung, Platz und Komfort an Bord, Energieverbrauch, Sicherheit und Wartung. Dank der geringeren Anzahl von Drehgestellen und der speziellen Aerodynamik wird der Energieverbrauch pro Sitzplatz im Vergleich zu einem TGV um 30 Prozent reduziert. Seit Dezember 2017 ist die Flotte der NTV durch den Kauf von 26 zusätzlichen Triebzügen (vier wurden im Mai 2021 bestellt), die als ETR 675 klassifiziert sind und zur Avelia-Familie von Alstom gehören, gewachsen. Sie bestehen aus sieben Wagen, haben eine Gesamtlänge von 187,3 m, können bis zu 472 Passagiere befördern und erreichen eine Höchstgeschwindigkeit von 250 km/h. Sie wurden auf den Namen Italo EVO getauft und sind eine Weiterentwicklung der Pendolino-Familie von Alstom, auch wenn sie nicht über das Pendelsystem verfügen. Eine weitere Besonderheit dieser Triebzüge ist das Traktionssystem, mit dem der AGV 575 der französischen SNCF am 3. April 2007 mit 574,8 km/h den jüngsten Geschwindigkeitsweltrekord aufgestellt hat.

Deutschland: Das Land des ICE

Verglichen mit Japan und Frankreich, ist die Geschichte des Hochgeschwindigkeitsverkehrs in Deutschland noch relativ jung. Die ersten Tests mit dem ICE (ein Akronym für Intercity-Express) gehen auf Mitte der 1980er-Jahre zurück. Am 14. November 1985 erreichte der ICE Experimental zum ersten Mal 300 km/h. Der erste kommerzielle Dienst geht jedoch auf das Jahr 1991 zurück, als am 2. Juni die ersten ICEs zwischen Hamburg und München eingesetzt wurden. Anfangs war die Höchstgeschwindigkeit auf 250 km/h festgelegt, später wurde sie auf 280 km/h erhöht, und schon bald wurde der weiße DB-Zug zu einem festen Begriff für deutsche Reisende. Die ersten gebauten Trassen waren die 327 km lange Strecke Hannover–Würzburg und die 99 km lange Strecke Mannheim–Stuttgart. Die DB stellte eine Flotte aus 60 von Siemens gebauten ICEs in Dienst, die später als ICE1 bezeichnet wurden. Es handelte sich um einen klassischen Zug mit einer Lokomotive an jedem Ende und 14 Wagen. Er bietet Platz für bis zu 759 Personen und verfügt über ein Restaurant und einen Barservice. Ursprünglich war geplant, die Zusammensetzung je nach Bedarf zu ändern, was sich jedoch bald als unpraktisch und unzweckmäßig erwies.

Seit 1997 wurden die Verbindungen auch auf die neuen Bundesländer (Berlin–Hannover) ausgedehnt, unter anderem dank der Inbetriebnahme der ICEs der zweiten Generation, der ICE2, deren wichtigste Neuerung ihre Modularität ist. Sie bestehen aus einer Lokomotive, fünf Wagen und einem Steuerwagen am anderen Ende, können aber mit der automatischen Scharfenberg-Kupplung schnell zu einem Zug der Kapazität des ICE1 gekoppelt werden.

So ist es möglich, zwei Ziele mit demselben Zug zu bedienen, indem der Zug bei Bedarf einfach in zwei Züge aufgeteilt wird.

Der nächste Schritt war 1998 die Einführung des Neigezugs ICE-T zur Erhöhung der Geschwindigkeit auf traditionellen Strecken. Dieses Fahrzeug, wie auch der nachfolgende ICE3, ist im Gegensatz zum ICE1 und ICE2 ein elektrischer Zug, d. h. ein Konvoi, bei dem die Leistung auf alle Drehgestelle verteilt ist. Er erreicht selbst auf sehr kurvenreichen Strecken 230 km/h und hat, auch dank einer Dieselversion, die

240 oben Der deutsche Hochgeschwindigkeitszug ICE (Intercity-Express) läuft in den Bahnhof ein. Die erste Verbindung war Hamburg–München im Sommer 1991 mit einer Geschwindigkeit von 250 km/h.

240-241 Ein ICE3 der DB (Deutsche Bahn) wartet darauf, den Kölner Bahnhof zu verlassen. Es wurde von Siemens gebaut und ist seit 2000 in Betrieb.

241 oben links Die ersten Züge, die in Betrieb genommen wurden, heißen heute ICE1 (hier auf dem Foto). Sie bestehen aus zwei Triebwagen mit 14 Zwischenwagen.

241 oben rechts Vom ICE-T gibt es zwei Versionen, eine mit Elektro- und eine mit Dieselantrieb. Durch seinen Einsatz wurden die Fahrzeiten auch auf besonders kurvenreichen Strecken, die nicht direkt von den Hochgeschwindigkeitslinien bedient werden, drastisch reduziert.

Fahrzeiten auf vielen traditionellen Strecken drastisch verkürzt. Der ICE3 besteht aus 16 Wagen, die in zwei permanent gekoppelte Halbzüge aufgeteilt sind und ist in zwei Versionen erhältlich, der Einspannungsversion und der als ICE3M (Multivoltage) bezeichneten Mehrspannungsversion, die mit vier verschiedenen Stromversorgungsarten betrieben werden kann. Die Geschwindigkeit dieser Triebzüge beträgt 300 km/h. Eine neue Generation von ICE3 (Baureihe 407) wurde 2013 in Betrieb genommen. Es handelt sich um die Züge Velaro D, die jüngste Weiterentwicklung dieser von Siemens gebauten Zugfamilie: Die Durchschnittsgeschwindigkeit steigt auf 320 Stundenkilometer, die Innenräume sind größer und leiser, und die Sicherheitsspezifikationen erlauben auch den Einsatz im Kanaltunnel.

Der jüngste Spross der ICE-Familie ist der ICE4, der von der DB als Gruppe 412 bezeichnet wird. Die ersten Serienzüge, die von Siemens in Zusammenarbeit mit Bombardier gebaut wurden, gingen Ende 2017 in Betrieb. Sie sind als Ersatz für die verbliebenen Normalzüge gedacht, und sollen im Laufe der Jahre, auch dank späterer Nachbestellungen, den Platz der inzwischen veralteten ICE1 und ICE2 einnehmen. Es gibt zwei Zugkonfigurationen mit verteilter Leistung: den K1n mit sieben Einheiten, von denen drei angetrieben und vier gezogen werden, und den K3 mit zwölf Einheiten (sechs angetrieben und sechs gezogen). Am 8. Juni 2021 wurde anlässlich des 30-jährigen Jubiläums des ICE-Verkehrs in Berlin der erste von 50 neuen ICE4 in einer 13-teiligen Konfiguration namens XXL-ICE vorgestellt. Sie kann im Gegensatz zu 499 Personen im ICE4 K1n und 830 im ICE4 K3 bis zu 918 Fahrgäste befördern. Insgesamt bestellte die DB 220 ICE4-Züge mit einer Option für weitere 80.

242-243 Ein eindrucksvolles Bild des ICE4, des jüngsten Mitglieds der deutschen ICE-Familie in voller Fahrt durch die deutsche Landschaft.

243 oben Die Premiere des ICE4 auf seiner ersten Fahrt zwischen Berlin und München.

243 unten Die futuristische Kabine des ICE4, des neuen Hochgeschwindigkeitszuges der Deutschen Bahn.

Hochgeschwindigkeit in Spanien und im übrigen Europa

Spanien verfügt heute mit fünf Strecken und zehn Hauptlinien über ein Hochgeschwindigkeitsnetz mit einer Gesamtlänge von 3240 km und ist damit das Land mit dem umfangreichsten europäischen Netz und nach China dem zweitgrößten der Welt. Dieser Rekord ist umso interessanter, als der Hochgeschwindigkeitsverkehr in Spanien noch recht jung ist, da die erste Strecke überhaupt, die Verbindung Madrid–Sevilla, erst 1992 in Betrieb genommen wurde. Ziel der spanischen Eisenbahn ist ein Netz, das die Provinzhauptstädte in weniger als drei Stunden mit der Hauptstadt Madrid verbindet und Barcelona in weniger als sechs Stunden erreicht. Unter den technischen Merkmalen des spanischen Hochgeschwindigkeitsnetzes sticht die Spurweite hervor: Die für das Hochgeschwindigkeitsnetz gewählte Spurweite beträgt die in ganz Europa üblichen 1435 mm, das herkömmliche iberische Netz dagegen ist mit 1668 mm breiter.

244-245 und 245 Spanien ist dabei, den infrastrukturellen Rückstand aus den letzten Jahrzehnten rasch aufzuholen: Die beiden Bilder zeigen die ersten spanischen Hochgeschwindigkeitszüge AVE (Alta Velocidad Española), die iberische Version der TGV Reseau.

Dies hat den Vorteil, das eigene Hochgeschwindigkeitsnetz mit dem französischen verbinden zu können, eine Möglichkeit, die auf der Strecke zwischen Perpignan (Frankreich) und Barcelona genutzt wird. Der Nachteil ist jedoch, dass die HS-Züge nicht auf dem normalen Netz weiterfahren können, um entlegenere Orte anzuschließen. Die RENFE hat dieses Problem durch den Bau spezieller Züge mit variabler Spurweite, die auf beiden Netzen verkehren können, gelöst.

Aufgrund der technischen Komplexität dieser Lösung ist ihre Geschwindigkeit im Hochgeschwindigkeitsnetz jedoch auf 250 km/h begrenzt. Der iberische HS-Dienst heißt AVE (Alta Velocidad Española), ein Akronym, das auch ein Wortspiel ist, denn AVE bedeutet auf Spanisch „Vogel", was auch im Logo wieder aufgenommen wird. Die Strecken führen hauptsächlich von der Hauptstadt Madrid in andere Landesteile und sind für Geschwindigkeiten von bis zu 310 km/h ausgelegt. Das rollende Material ist vielfältig und umfasst mehrere Serien von Triebzügen verschiedener Hersteller: den AVE S-100 von Alstom, der direkt von den TGVs abgeleitet ist, die S-102 und S-112 (mit unterschiedlicher Innenausstattung) von Talgo und Bombardier, die wegen der markanten Nase der Triebwagen „Pato" (Ente) genannt werden, und den S-103 von Siemens, der auf der Velaro-Plattform basiert.

Andere Züge fahren mit bis zu 250 km/h (Alvia und Avant), allerdings nicht unter der Marke AVE, werden aber dennoch als AV bezeichnet. Es handelt sich um Triebwagen, die auf dem normalspurigen HS-Netz sowie auf dem herkömmlichen spanischen Breitspurnetz verkehren können. Bald werden auch die brandneuen ETR-1000-Frecciarossa-Züge von Trenitalia, die die Ausschreibung für Hochgeschwindigkeitsverbindungen im Wettbewerb mit der spanischen RENFE gewonnen haben, auf den spanischen Hochgeschwindigkeitsstrecken verkehren.

246-247 Ein RENFE-Zug der Klasse 103, die spanische Version des Velaro von Siemens im Bahnhof von Saragossa.

247 oben Im modernen Bahnhof von Sevilla stehen zwei HS-Züge der RENFE: links ein „Pato"-Zug der Baureihe 102 und rechts ein Zug der Baureihe 100, der eindeutig von den französischen TGVs abgeleitet ist.

247 unten Die neue Lackierung der von Talgo und Bombardier gebauten Triebzüge der Baureihe 112 (die den 102er-Triebzügen ähneln) für den im Juni 2021 eingeführten kostengünstigen Hochgeschwindigkeitsdienst Avlo.

Look what you gain when you travel by train
Inter-City 125
Now: London to Bath, a comfortable 69 minutes
Inter-City 125
Now: London to Bristol Temple Meads, a smooth 85 minutes
Inter-City 125
Now: London to Cardiff, a relaxing 105 minutes
Inter-City 125
Now: London to Swansea, an easy 163 minutes
Pick up a free copy of the pocket timetable
Inter-City 125 makes the going easy
PUBLISHED BY BRITISH RAILWAYS BOARD 4647/477
INDF
PRINTED BY ST. MICHAEL'S PRESS . LONDON . ENGLAND

248 Das Plakat wirbt für die die Intercity-125-Verbindungen von London in den Westen des Landes. Diese Züge bestehen aus zwei Dieselloks der Baureihe 43 mit Zwischenwagen vom Typ Mark 3.

249 oben Die britischen Privatgesellschaften kämpfen um die Hauptlinien, indem sie nicht zuletzt auf das beste rollende Material setzen: Auf dem Foto sehen wir einen der 14 Dieselzüge Adelante der Baureihe 180 der First Great Western.

249 unten Die britischen Gesellschaften Hull Trains und Midland Mainline haben neunteilige Dieselzüge der Baureihe 222 in Betrieb genommen, von denen Bombardier bis jetzt 27 Stück gebaut hat.

Derzeit gibt es in Großbritannien nur eine Hochgeschwindigkeitsstrecke, HS1 (High Speed 1), die den Londoner Bahnhof St. Pancras mit dem Kanaltunnel verbindet und auf der Eurostar-Züge von und nach Europa verkehren, sowie einen internen Dienst von Southeastern zwischen St. Pancras und Ashford International mit Lokomotiven der Baureihe 395 und einer Höchstgeschwindigkeit von 225 km/h. Die Eurostar-Züge sind von den französischen TGVs abgeleitet und fahren auf einem dritten Schienensystem über das britische Netz. Erwähnenswert sind natürlich auch die Triebzüge Intercity 125 und Intercity 225, die auf zahlreichen Inlandsstrecken verkehren: Der Intercity 125 ist ein Dieselzug mit Mark-3-Wagen und zwei Diesellokomotiven der Baureihe 43, der Intercity 225 wird elektrisch betrieben und besteht aus einer Lokomotive der Baureihe 9, Mark-4-Wagen und einem Steuerwagen. Alle diese Züge erreichen eine Höchstgeschwindigkeit von 200 km/h.

In jüngster Zeit wurden auch 14 Dieseltriebzüge der Baureihe „Adelante" für First Great Western, Züge der Baureihe 220 Voyager und 221 SuperVoyager für Virgin sowie Züge der Baureihe 222 für Hull Trains und Midland Mainline in Betrieb genommen. Schließlich hat VirginTrain seit 2001 53 von Alstom gebaute Triebzüge der Baureihe 390 „Pendolino" mit variabler Trimmung in Dienst gestellt. Sie erreichen eine Geschwindigkeit von 225 km/h.

Belgien verfügt über vier Hochgeschwindigkeitsstrecken, während die Niederlande ihre einzige Strecke, HSL-Zuid zwischen Amsterdam und Rotterdam am 13. Dezember 2009 eröffnet haben. Diese Strecken werden von TGV-Thalys- und ICE-Zügen bedient. In Dänemark gibt es derzeit nur eine einzige Trasse, die 60 km lange Strecke Kopenhagen–Ringsted, die Geschwindigkeiten von 250 km/h zulässt und bis 2028 um 115 Kilometer bis Femharn verlängert werden soll.

250 und 250–251 Diese herrlichen Bilder zeigen zwei Züge der Virgin, des Unternehmens des Milliardärs Richard Branson, mit ihrem unverwechselbaren Äußeren. Auf dem Bild links ein Voyager der Baureihe 220 auf einer geraden Strecke – der West Coast Main Line. Rechts ist deutlich die Kurvenneigung des „Pendolino" der Baureihe 390 zu sehen.

252-253 Die Londoner Waterloo Station ist der Zielbahnhof der Eurostar-Züge, die durch den Tunnel unter dem Ärmelkanal aus Paris und Brüssel ankommen. Die Züge stammen vom französischen TGV ab, sind aber an das unterschiedliche Streckenprofil und Bahnstromsystem in England angepasst.

253 oben Ein Zug der TGV-Eurostar-Flotte, die zwischen London und Paris verkehrt, im Bahnhof Ashford International in Kent, etwa 80 km von London entfernt.

253 unten Der Eurostar hieß zunächst Transmanche Super Train. Er setzt sich aus zwei Triebköpfen und acht Zwischenwagen zusammen und ist dreisystemfähig für 25 kV Wechselstrom in Frankreich, 3 kV Gleichstrom in Belgien und 750 V Wechselstrom sowie dritte Schiene in England.

EUROSTAR
4014

izy
3224

Auguste Piccard
BOMBARDIER
ALSTOM

254 links Ein Siemens Velaro E 320 aus der Eurostar-Flotte im Bahnhof Amsterdam, bereit zur Abfahrt nach London. Diese Triebzüge wurden Ende 2015 in Betrieb genommen.

254 rechts Ein TGV des kostengünstigen „IZY"-Services zwischen Paris und Brüssel der Eisenbahngesellschaft Thalys, die durch eine Vereinbarung zwischen SNCF, SNCB und DB zum Betrieb von Hochgeschwindigkeitszügen auf den Strecken Paris–Brüssel–Köln–Amsterdam entstanden ist.

254-255 Der Intercity-Neigezug RABDe 500 der zweiten Serie, Nummer 039, hier im Bahnhof Zürich, wurde auf den Namen August Piccard getauft.

255 unten Einer von zwölf TCDD-Triebzügen der Serie HT65000, die von der spanischen Firma CAF gebaut wurden und aus der Cepia-Familie stammen. Sie werden auf den Strecken Ankara–Istanbul und Istanbul–Konya eingesetzt.

Österreich baut die neue 125 km lange Koralmbahn (zu der auch ein 33 km langer Tunnel gehört), die Klagenfurt und Graz in einer statt in drei Stunden verbindet. Die Strecke wird eine Geschwindigkeit von 250 km/h ermöglichen, genauso wie die beiden Basistunnel, die derzeit im Bau sind: der 27,3 km lange Semmering-Tunnel und der 56 km lange Brenner-Tunnel, die 2026 bzw. 2032 eröffnet werden sollen.

In der Schweiz gibt es keine reinen Hochgeschwindigkeitsstrecken, man hat sich für eine Modernisierung des Rollmaterials entschieden, indem der ICN (InterCity Neigezug) in Betrieb genommen wurde: ein Zug mit variabler Geschwindigkeit, der die wichtigsten Städte der Eidgenossenschaft verbindet. Der ICN, der die mit dem Pendolino (Fiat/Alstom) entwickelte, aktive variable Trimmung nutzt, ist ein siebenteiliger elektrischer Zug mit 463 Sitzplätzen und einer Geschwindigkeit von 200 km/h. In der Schweiz fahren die Züge derzeit mit 200 km/h durch die Basistunnel Mattstetten-Rothrist, Solothurn-Wanzwil, Lötschberg und Gotthard sowie seit September 2020 durch den Ceneri-Tunnel, der die Alpentransitstrecke komplettiert.

Die Türkei eröffnete im März 2009 ihre erste HS-Strecke zwischen Ankara und Eskisehir, die Teil der 533 km langen Verbindung mit Istanbul ist. Die zweite Linie, die seit August 2011 in Betrieb ist, ist die Strecke Ankara–Konya. Diese Linie teilt sich mit der Linie Ankara–Istanbul den Abschnitt bis Polati. Die Strecken Ankara–Sivas und Ankara–Izmir befinden sich im Bau. Die Dienste werden betrieben mit 17 Velaro-TR-Triebzügen (abgeleitet vom Velaro D) von Siemens (von der TCDD als HT80000 mit 300 km/h klassifiziert) sowie mit zwölf HT65000-Zügen der spanischen CAF, die 250 km/h erreichen können.

China und der Rest der Welt

Der Erfolg der Hochgeschwindigkeitsdienste in Europa und Japan hat das Interesse vieler Länder auf fast allen Kontinenten geweckt. Der Aufbau eines HS-Netzes ist auch ein sichtbarer Beweis für die wirtschaftliche und technologische Entwicklung eines Landes. Dies ist in China der Fall, dessen rasantes Wachstum in nur wenigen Jahren zum Bau eines beeindruckenden Hochgeschwindigkeitsnetzes geführt hat. Ende 2020 verfügte das Netz über unglaubliche 37 900 km (9300 km Ende 2012). Heute und auch künftig ist es das umfangreichste Netz der Welt, denn für 2035 ist eine Gesamtlänge von 70 000 km geplant. Dies ist ein absoluter Rekord, der auch dann gelten würde, wenn man die UIC-Parameter, die Strecken mit einer Höchstgeschwindigkeit von mindestens 250 km/h als Hochgeschwindigkeitsstrecken einstufen, auf das chinesische Netz anwendet, während China sie ab 200 km/h als solche betrachtet. Dies wurde sowohl durch die Beschleunigung bestehender Strecken als auch durch den Bau von neuen Trassen erreicht. Die chinesische Eisenbahn kann sich nun rühmen, die längste Hochgeschwindigkeitsstrecke der Welt zu haben: Die 2298 km lange Strecke Peking–Guangzhou wurde am 25. Dezember 2012 eröffnet. Eine enorme Leistung, wenn man bedenkt, dass die erste ausschließlich für Hochgeschwindigkeitszüge bestimmte Strecke, die etwa 400 km lange Strecke Qinhuangdao–Shenyang, erst im April 2007 eingeweiht wurde. Bezüglich des rollenden Materials hat die chinesische Eisenbahn, nachdem sie zunächst eigene Triebzüge entwickelt hat, die 250 km/h und in Tests sogar 321 km/h erreichen können (CR DJJ2 China Star), beschlossen, mit den weltweit führenden Herstellern zusammenzuarbeiten, wobei es jedoch nicht nur um den Kauf von Triebzügen geht, sondern auch um den Technologietransfer durch Joint Ventures mit chinesischen Unternehmen.

Diese Strategie hat zu zwei Generationen von HS-Zügen geführt: Die erste umfasst die CRH1A-Triebzüge von Bombardier, den CRH2A des japanischen Herstellers Kawasaki, der aus dem E2-Projekt hervorging, den auf dem deutschen ICE3-Design basierenden CRH3C von Siemens und den CRH5 von Alstom, der auf dem New-Pendolino-Design basiert. Mit dem Baubeginn der neuen Hochgeschwindigkeitsstrecke zwischen Peking und Shanghai im April 2008, der weltweit ersten mit einer Verkehrsgeschwindigkeit von 380 km/h, wurde auch die zweite Generation der chinesischen Hochgeschwindigkeitszüge geboren. Es gibt vier für 380 km/h ausgelegte Triebzüge: den CRH380A, der 2010 in Betrieb genommen und vollständig vom chinesischen Hersteller China South Locomotive & Rolling Stock Corporation Ltd. gebaut wurde; den CRH380B, der von Tangshan Railway Vehicle in einem Joint Venture mit Siemens auf einer Velaro-Plattform entwickelt wurde; den CRH380C, eine weiterentwickelte Version des CRH380B mit einem anderen Frontdesign und einer anderen elektrischen Ausrüstung von Hitachi sowie den CRH380D, ein Joint Venture zwischen CSR Sifang Rolling Stock und Bombardier auf der Zefiro-Plattform. In der Folgezeit begann die von der Regierung kontrollierte chinesische Eisenbahnindustrie ihre Züge vollständig selbst zu entwickeln und zu produzieren, wobei sie ihre eigenen Technologien und Komponenten patentieren ließ. Damit war es nun auch möglich, ihre Züge als Teil der wirtschaftlichen Expansionspolitik des asia-

256-257 Der chinesische Hochgeschwindigkeitszug CRH380A: einer von vier Zugtypen, die für den Verkehr auf den brandneuen 380-km/h-Strecken vorgesehen sind.

257 links Die aggressive Frontpartie eines CRH2C HS der chinesischen Eisenbahn im Südbahnhof von Peking. Er basiert auf einem japanischen Design und erreicht Geschwindigkeiten von bis zu 250 km/h.

257 rechts Chinesische HS-Züge stehen im Südbahnhof von Peking. Auf der linken Seite ein CRH1E (Bombardier/Sifang) und rechts ein CRH2 (Sifang/Kawasaki).

tischen Riesen auf anderen Kontinenten, angefangen bei Afrika und Südamerika, anzubieten und das Angebot um schlüsselfertige Hochgeschwindigkeitszüge zu vervollständigen. Um ihre technologische Unabhängigkeit zu unterstreichen, haben die chinesischen Eisenbahnen die zahlreichen in Betrieb befindlichen Züge in zwei große Familien unterteilt: die in Zusammenarbeit mit der ausländischen Industrie entwickelten Züge, die Hexie Hao, und die Züge, deren technologisches und geistiges Eigentum ausschließlich in China liegt, die sogenannten Fuxing Hao. Zu diesen neueren Triebzügen gehören der CR400AF „Blue/Red Dolphin" und der CR400BF „Golden Phoenix". Diese beiden Triebzüge sind mit einer Geschwindigkeit von 350 km/h die schnellsten, regelmäßig verkehrenden Hochgeschwindigkeitszüge der Welt. Die Entwicklung dieser Züge begann 2012 unter der Leitung der CRC (China Railway Corporation), an der eine große Gruppe von Unternehmen, Forschungsinstituten und Universitäten beteiligt war, und wurde 2013 mit der Festlegung der allgemeinen technischen Merkmale fortgesetzt, bis im September 2014 der endgültige Entwurf vorlag. Die erste Zuggarnitur dieser neuen Generation verließ das Werk am 30. Juni 2015. Die sehr kurze Zeitspanne zwischen der Entscheidung, einen von Grund auf neuen Zug dieser Komplexität zu entwickeln, und seinem tatsächlichen Einsatz auf den Gleisen vermittelt einen guten Eindruck von den Konstruktions- und Produktionsfähigkeiten der chinesischen Eisenbahnindustrie. Es sei daran erinnert, dass sich bei Streckentests im Juli 2016 zwei dieser mit 420 km/h fahrenden Triebzüge kreuzten, ohne dass die Relativgeschwindigkeit von bis zu 840 km/h zwischen den beiden Zügen zu Problemen führte. Der erste Zug ging dann am 15. August 2016 auf der Strecke Harbin–Dalian in Nordchina in den Regelbetrieb. Der Standardzug der Baureihe CR400 Fuxing besteht aus acht Elementen mit einer Gesamtlänge von 209 m, einer maximalen Achslast von 17 Tonnen, einer Spurbreite von 3360 mm und einer -höhe von 4060 mm. In dieser Konfiguration hat er eine Kapazität von 556 Passagieren (zehn in der Business-Klasse, 28 in der ersten und 518 in der zweiten Klasse), aber die Kapazität erhöht sich beträchtlich, wenn wir die abgeleiteten Versionen betrachten, die eine Länge von 449 m und bis zu 17 Elementen erreichen. Bis heute wurden 19 Versionen gebaut, von denen drei speziell für den Einsatz unter extremen Wetterbedingungen wie Sand- und Schneestürme vorgesehen sind.

258 oben Ein Zug der CR400AF-Gruppe der chinesischen Eisenbahnen, auch bekannt als Fuxing Hao. Diese Züge sind mit einer Geschwindigkeit von 350 km/h im Regelbetrieb die schnellsten HS-Züge der Welt

258-259 Ein chinesischer Hochgeschwindigkeitszug CRH2 fährt durch einen Personenbahnhof. Das chinesische Netz ist heute das umfangreichste der Welt.

268-269 Zwei Hochgeschwindigkeitszüge THSR 700T im Bahnhof Kaohsiung in Taiwan: Die 300 km/h schnellen Züge wurden von einem Zusammenschluss der Unternehmen Kawasaki, Hitachi und Nippon Sharyo gebaut.

12

In Taiwan gibt es seit 2007 eine 345 km lange Hochgeschwindigkeitsstrecke von Taipeh nach Kaohsiung. Kürzlich wurden zwei Erweiterungen geplant, eine südlich bis Pingtung und eine nördlich bis Yilan. Die Züge werden von Kawasaki hergestellt und sind im Wesentlichen von der japanischen Shinkansen-Serie 700 abgeleitet. Die Flotte, die ursprünglich 30 Züge umfasste, wurde vor Kurzem durch die Bestellung von vier weiteren Zügen erweitert. Zurzeit werden weitere Hochgeschwindigkeitsstrecken, die nicht ausschließlich von HS-Zügen befahren werden, untersucht, um ein integriertes Netz auf der gesamten Insel zu schaffen.

Das südkoreanische HS-Netz wurde 2004 mit einer ersten Strecke von Seoul nach Busan eingeweiht und ist sowohl in Bezug auf die Infrastruktur als auch die Züge direkt vom französischen TGV abgeleitet. Heute sind mehrere Strecken mit Höchstgeschwindigkeiten zwischen 250 und 305 km/h in Betrieb, weitere Ausbauten sind geplant. Zu den ursprünglichen 46 vom TGV Reseaux abgeleiteten und von Alstom gebauten Triebzügen stellte Korail, das Unternehmen, das die koreanischen Züge betreibt, zunächst einen neuen Zug namens KTX II vor: Er wurde in 24 Einheiten von Hyundai Rotem gebaut und auf den Namen Sancheon, in der Landessprache eine bestimmte Lachsart, getauft. Der jüngste Neuzugang ist der KTX Eum, der ebenfalls von Hyundai Rotem in 60 Einheiten gebaut und dessen erster Zug am 4. Januar 2021 eingesetzt wurde. Die Technologie dieser Züge ist von dem Versuchszug HEMU-430X, der von Korail umfangreichen Tests und Studien unterzogen wurde, abgeleitet. Diese neuen Triebzüge bestehen aus sechs Elementen und verfügen über eine verteilte Traktion mit der kuriosen Möglichkeit, die beiden Steuerwagen mit dem Führerstand abzuschleppen und alle vier mittleren Wagen anzutreiben. Sie können 381 Passagiere mit einer Geschwindigkeit von 260 km/h befördern. Die Einrichtung ähnelt der von Flugzeugen, mit Sitzen, die mit Monitoren, USB-Anschlüssen und kabellosen Ladestationen für die neuesten elektronischen Geräte ausgestattet sind.

262 Parade der von Alstom gebauten und vom TGV Atlantique abgeleiteten KTX-I-Triebzüge im Bahnhof Gwangmyeong.

262-263 Der von Hyundai Rotem gebaute KTX-II-Hochgeschwindigkeitszug Sancheon in voller Fahrt in der Nähe der Stadt Ganggyeong. Diese Züge wurden im Februar 2010 in Betrieb genommen.

264–265 Ein Sapsan-Zug der Russischen Eisenbahnen im Einsatz zwischen Moskau und St. Petersburg bei voller Geschwindigkeit: Der Zug schafft 250 km/h.

265 Der von Siemens gebaute Sapsan-(Falco)-Zug der Russischen Eisenbahnen auf dem Velaro-Bahnsteig im Bahnbetriebswerk St. Petersburg vor der Rückfahrt nach Moskau.

Auch Russland entwickelt Hochgeschwindigkeitsverbindungen, wenn auch weniger umfangreich als andere Länder. Derzeit betreiben die Russischen Eisenbahnen drei Hochgeschwindigkeitsstrecken: Die wichtigste und bekannteste ist die seit 2009 betriebene Breitspurstrecke (1520 mm) Moskau–St. Petersburg mit einer Länge von rund 650 km und einer Verkehrsgeschwindigkeit von 250 km/h. Der Dienst wird mit Sapsan-Zügen (russisch für „Wanderfalke"), die von Siemens auf der Velaro-Plattform gebaut wurden, betrieben. Die acht verkehrenden Triebzüge bestehen aus zehn Elementen und können bis zu 604 Fahrgäste befördern. Die zweite Verbindung, die seit Dezember 2010 in Betrieb ist, ist die Strecke St. Petersburg–Helsinki, die von vier Alstom-Pendolino-Zügen namens Allegro befahren wird. Sie erreichen eine Geschwindigkeit von 220 km/h. Die Fahrtzeit verkürzt sich dadurch von 5,5 Stunden auf etwa 3,5 Stunden. Die dritte Strecke führt von Moskau nach Nischni Nowgorod, der fünftgrößten Stadt Russlands. Zu den wichtigsten derzeitigen Bauprojekten gehört die

neue 772 km lange Hochgeschwindigkeitsstrecke Moskau–Kasan, die durch die Städte Wladimir, Nischni Nowgorod und Tscheboksary führt. Das Projekt soll bis 2023 fertiggestellt sein und den ersten Abschnitt einer ehrgeizigen transnationalen Hochgeschwindigkeitsstrecke bilden. Sie soll Peking und Moskau über eine Entfernung von mehr als 7000 km verbinden und wird derzeit von den Regierungen Russlands und Chinas geprüft.

Auf dem amerikanischen Kontinent ist derzeit weder in Nord- noch in Südamerika eine echte Hochgeschwindigkeitsstrecke in Betrieb. Der einzige Dienst, der als Hochgeschwindigkeitszug eingestuft wird, ist der Acela Express von Amtrak. Die US-Regierung betrachtet jede Verbindung, die mindestens 175 km/h schnell ist, als Hochgeschwindigkeitsverbindung. Der Acela Express fährt auf dem Nordost-Korridor von Boston nach Washington mit einer Durchschnittsgeschwindigkeit von nur 130 km/h, erreicht aber auf einigen Abschnitten bis zu 240 km/h.

Außerdem teilt der Acela Express, der von Alstom und Bombardier gemeinsam gebaut wurde, die Infrastruktur mit allen normalen Zügen. Es wird erwartet, dass der Acela bei der Inbetriebnahme neuer Züge in den nächsten Jahren auch Spitzengeschwindigkeiten von 300 km/h erreichen wird. Daneben gibt es in den USA weitere Strecken, die mit einer Geschwindigkeit von 200 km/h befahren und offiziell als Hochgeschwindigkeitsstrecken eingestuft werden.

Kalifornien arbeitet über die California High-Speed Rail Authority am Projekt California High-Speed Rail, und die Bauarbeiten an den Abschnitten durch das Central Valley sind im Gange. Die Eröffnung des Central-Valley-Abschnitts ist für 2029, die Fertigstellung des Projekts für 2033 geplant. Ziel ist es, die Anaheim Regional Transit Station und die Union Station in der Innenstadt von Los Angeles mit dem Salesforce Transit Center in San Francisco zu verbinden und die 610 km lange Strecke in zwei Stunden und 40 Minuten zurückzulegen. Die Strecke wird auf einer eigenen Trasse mit einer bauartbedingten Höchstgeschwindigkeit von bis zu 350 km/h von San José nach Burbank verlaufen, während sich die Abschnitte San Francisco–San José und Los Angeles–Anaheim die Gleise mit Regionalzügen teilen..

Anders sieht es in Südamerika aus, hier haben Argentinien und vor allem Brasilien in den letzten Jahren auf Hochgeschwindigkeitsstrecken nach europäischem Standard gesetzt. Die Wirtschaftskrise in den südamerikanischen Ländern hat jedoch dazu geführt, dass alle aktuellen Projekte eingefroren oder gestrichen wurden. Zu ihnen gehören z. B. die 710 km lange Verbindung zwischen Buenos Aires und Cordoba in Argentinien und das Projekt des „Trem Bala", des brasilianischen Hochgeschwindigkeitszuges, der Rio de Janeiro mit São Paulo und Campinas auf einer Länge von rund 520 km verbinden sollte.

Afrika hat endlich seine erste und bisher einzige HS-Strecke: In Marokko wurde eine 350 km lange Trasse zwischen den Städten Tanger und Casablanca mit einer Betriebsgeschwindigkeit von 320 km/h hauptsächlich entlang der Atlantikküste gebaut. Die marokkanischen Eisenbahnen haben für die Hochgeschwindigkeitsstrecke den Namen Al Boraq gewählt, was so viel wie „geflügeltes Pferd" bedeutet, ein symbolischer Name, der mit der islamischen Tradition verbunden ist. Dieses Pferd, so heißt es im Koran, trug den Propheten Mohammed von Mekka nach Jerusalem und von dort in den Himmel.

Nordea
ALLEGRO

266-267 und 267 unten Einer der vier von Alstom auf einer Pendolino-Plattform gebauten Allegro-Züge, die die finnische Hauptstadt Helsinki mit St. Petersburg in Russland verbinden.

267 oben und Mitte Der Acela -Zug von Amtrak, der mit 240 km/h zwischen den amerikanischen Städten Washington und Boston über New York und Philadelphia verkehrt.

Im Nahen Osten betreibt Saudi-Arabien den Haramain-HS-Zug, der auch als Mekka-Medina-Zug bekannt ist: Auf einer Länge von 453 km verbindet er die beiden heiligen muslimischen Städte über eine 449,2 km lange Hauptstrecke und eine 3,75 km lange Nebenstrecke zum internationalen Flughafen King Abdulaziz in Jeddah.
Die für eine Höchstgeschwindigkeit von 300 km/h ausgelegte Trasse wurde am 11. Oktober 2018 in Betrieb genommen. Strecke und Zug wurden unter Berücksichtigung der besonderen klimatischen Bedingungen der Region mit Lufttemperaturen von bis zu 50 °C im Schatten und Wüstensand, der sich im Wind bewegt, gebaut. Die 36 im Einsatz befindlichen Züge wurden von der spanischen Firma Talgo (mit Drehgestellen von Bombardier) gebaut und sind von den Triebzügen der Baureihe 102, die auf dem iberischen Hochgeschwindigkeitsnetz eingesetzt werden, abgeleitet.

268 oben Ein Hochgeschwindigkeitszug der marokkanischen Eisenbahn ONCB im Bahnhof von Casablanca. Der Al Boraq (geflügeltes Pferd) genannte Zug leitet sich vom TGV Duplex ab, der von Alstom für die französische Eisenbahn gebaut wurde.

268-269 Auch Saudi-Arabien hat jetzt eine Hochgeschwindigkeitsstrecke: zwei von den S-102 des spanischen Talgo abgeleitete Triebzüge im Bahnhof Medina.

المدينة المنورة
Madinah

Technologie verändert die Bahn: Wasserstoff hält Einzug

Die immer schneller werdende technologische Innovation revolutioniert auch die Welt der Bahn. Neue Materialien machen die Züge immer nachhaltiger, und die meisten ihrer Bestandteile können am Ende ihres Lebenszyklus recycelt werden. Aber vor allem die Entwicklung neuer Lösungen für den Antrieb elektrischer Fahrmotoren hat in den letzten Jahren eine rasante Entwicklung genommen, die mit der Einführung des weltweit ersten wasserstoffbetriebenen Personenzugs in den Regelbetrieb ihren Höhepunkt erreicht hat. Eine Option, die vor einigen Jahren noch experimentell erschien, ist heute konkrete Realität in der laufenden industriellen Produktion und findet immer mehr Anhänger. Aber beginnen wir von vorn: Moderne Züge werden heute alle von leistungsstarken Elektromotoren angetrieben. Die Antriebsenergie kommt entweder aus der Oberleitung (seltener aus einer dritten Schiene) oder wird vom Zug selbst über einen eingebauten Dieselgenerator erzeugt. Während die Hauptstrecken inzwischen alle elektrifiziert sind und daher von Elektrolokomotiven bedient werden, muss der Rest des Netzes, zu dem auch Nebenstrecken sowie Knotenpunkte und Güterterminals in Häfen und Binnenhäfen gehören, aus Kostengründen und wegen der technischen Inkompatibilität – z. B. mit Be- und Entladekränen – immer noch von Dieselfahrzeugen bedient werden, bei denen der bordeigene Generator die Fahrmotoren mit Strom versorgt. Die Bahn ist heute das umweltfreundlichste Massentransportmittel für Personen und Güter, aber die neuen Ziele zur Begrenzung der Schadstoffemissionen, insbesondere des CO_2-Ausstoßes, und die Notwendigkeit, bestimmte technische Beschränkungen zu überwinden und den Dienst wirtschaftlicher und flexibler zu gestalten, haben die Zugindustrie veranlasst, neue und innovative Lösungen für das Problem der Stromversorgung nicht elektrifizierter Bahnstrecken zu finden.

270-271 Eine von Stadler gebaute Zweisystemlokomotive der Gruppe 88 in der Lackierung des britischen Betreibers DRS (Direct Rail Services). Der Antrieb erfolgt unabhängig von der Oberleitung oder dem eingebauten Dieselmotor.

271 links Eine Alstom-H3-Hybridlokomotive, die von der Deutschen Bahn für den Rangierdienst in den Bahnhöfen Nürnberg (im Bild) und Würzburg eingesetzt wird. Der Antrieb erfolgt über einen Dieselmotor oder über Bordbatterien.

271 rechts Die zweistufige Vectron-Lokomotive von Siemens, die in erster Linie für den Güterverkehr bestimmt ist, kann von der 15-kV-Oberleitung oder von einem 2400 kW starken MTU-Dieselmotor angetrieben werden.

DB
ECO Hybrid

SIEMENS
248 001
Vectron
Dual Mode

2
Direct
Rail Services
88008
88008

Zu den neu entwickelten Lösungen gehören bimodale Lokomotiven und Personenzüge, die sowohl mit Stromabnehmern zur Stromversorgung als auch mit einem Dieselgenerator ausgestattet sind. Zwei Beispiele sind die Personenzüge Stadler Flirt BTR813, die auf nur teilweise elektrifizierten Strecken direkte Verbindungen ohne Umsteigen ermöglichen, oder die Lokomotiven Siemens Vectron Dual Mode für den Güterverkehr. Sie bieten den Vorteil, dass die den Zug führende Lokomotive direkt auf den Gleisen des Güterbahnhofs eintreffen kann, ohne dass eine spezielle Rangierlokomotive angefordert werden muss. Andere Hersteller wie Hitachi Rail, Bombardier und Alstom bieten Fahrzeuge an, die derselben Philosophie folgen. Für Nischen- und Spezialanwendungen wurden auch Fahrzeuge entwickelt, die von Akkumulatoren, deren Effizienz dank der technologischen Entwicklung der letzten Jahre erheblich gestiegen ist, gespeist werden können. Das ist keine absolute Neuheit, denn auch im letzten Jahrhundert wurden Lokomotiven mit Akkumulatorantrieb entwickelt, aber der erreichte Stand der Technik hebt die heutigen Fahrzeuge auf ein ganz anderes Niveau: Dies ist zum Beispiel bei der neuen Rangierlokomotive NG von Stadler der Fall, die in drei Versionen erhältlich ist: eine dieselelektrische Version mit einem oder zwei Dieselmotoren, eine Dual-Mode-Version für elektrifizierte Strecken mit einer Leistung von 2000 kW und nicht elektrifizierte Strecken mit einem oder zwei Dieselmotoren sowie eine Hybridversion mit einem Dieselmotor und Traktionsakkumulatoren.

Die wirkliche Revolution ist jedoch der Wasserstoff, der die ultimative Lösung für die Erzeugung der von den elektrischen Zugmotoren benötigten Energie zu versprechen scheint. Am 17. September 2018 haben die ersten beiden ausschließlich mit Wasserstoff betriebenen Personenzüge der Welt ihren Regelbetrieb aufgenommen.

272 links oben Die zehn Lokomotiven der von Stadler für den britischen Betreiber DRS gebauten Doppellokgruppe 88 haben alle einen eigenen Namen. Hier ist der 88003 „Genesis" im Fahrgasteinsatz.

272 links unten Zwei bimodale Triebzüge der Baureihe 800 des britischen Betreibers GWR (Greta Western Railway) unter den Gewölben des Bahnhofs London Paddington.

272-273 Ein bifokaler Azuma-Zug der Baureihe 800 des britischen Betreibers LNER. Der von Hitachi gebaute Zug wird entweder über eine 25-kV-50-Hz-Wechselstrom-oberleitung oder über im Untergestell untergebrachte Dieselgeneratoren betrieben.

Dabei handelt es sich um die Coradia-iLint-Züge von Alstom, die bis Ende Februar 2020 auf der knapp 100 km langen Strecke zwischen Cuxhaven, Bremerhaven, Bremervörde und Buxtehude in Niedersachsen, die vom Regionalbetreiber EVB betrieben wird, mehr als 180 000 km ohne Probleme zurückgelegt haben. Die ersten Züge der Serie 14 sind im Jahr 2021 in den Regelbetrieb gegangen. Die Coradia-iLint-Züge sind mit Brennstoffzellen ausgestattet, die Wasserstoff und Sauerstoff in Strom umwandeln und so die mit dem Antrieb verbundenen Schadstoffemissionen eliminieren. Dieser emissionsfreie Zug hat auch einen niedrigen Geräuschpegel und die Abgase bestehen nur aus Dampf und kondensiertem Wasser. Der Zug zeichnet sich durch mehrere Innovationen aus: saubere Energieumwandlung, flexible Energiespeicherung in Batterien und intelligentes Management von Antriebskraft und verfügbarer Energie. Er ist speziell für den Einsatz auf nicht elektrifizierten Strecken konzipiert und ermöglicht einen nachhaltigen Schienenverkehr. Er wurde aus dem Lint54 entwickelt und besteht aus zwei Elementen mit einem Gewicht von etwa 120 Tonnen, verteilt auf vier Drehgestelle. Er verfügt über 150 Sitz- und ebenso viele Stehplätze, die optimale Kapazität für Verbindungen auf nicht elektrifizierten Nebenstrecken, kann 140 km/h erreichen und hat eine Reichweite von rund 1000 km. Im Coradia iLint wird der benötigte Strom durch eine direkte Verbindung des in den Tanks enthaltenen Wasserstoffs mit dem Sauerstoff der Außenluft über eine Brennstoffzelle erzeugt, wobei als einziges Abfallprodukt normales Wasser entsteht. Die Wasserstofftanks sind zentral auf dem Dach untergebracht, während im Untergestell ein Lithium-Ionen-Akkumulator eingebaut ist, der Strom speichert, wenn die von der Brennstoffzelle erzeugte Energie größer ist als die, die der Zug gerade verbraucht.

Betriebsdaten - Tankanlage
Zugnr.: 654102
4,0 °C
166,9 bar
4,2 °C
166,0 bar
4,0 °C
166,0 bar
4,1 °C
163,0 bar
4,2 °C
164,6 bar
4,3 °C
161,5 bar
3,8 °C
165,5 bar
9,7 bar
Ø: 165 bar
Ø: 4 °C
Füllstand: 52 %
zurück
Grundbild
B-Wagen

Die in der Lithium-Ionen-„Batterie" gespeicherte Energie wird dem Antriebssystem beim Anfahren oder in besonderen Beschleunigungssituationen zur Verfügung gestellt, sodass die erzeugte Energie nicht verschwendet wird, und verleiht dem Zug eine ähnliche Gesamtleistung wie die herkömmliche Dieselversion mit rund 800 kW. Der Wasserstoff, der bei Betriebsende in einem Spezialtank gespeichert wird, wird in etwa 15 Minuten in die Dachtanks umgefüllt, ähnlich wie bei der „Befüllung" eines identischen Dieselzugs. Das Interesse der Betreiber war enorm und der Zug wird in verschiedenen europäischen Ländern wie Österreich, Holland und Polen getestet. Andere Hersteller wie Siemens mit seinem Mireo und Stadler mit einem Zug, der von einer Flirt-Plattform abgeleitet ist, entwickeln ebenfalls Triebzüge mit der gleichen Technologie, die einen Wendepunkt im Angebot eines vollständig ökologischen Schienenverkehrs auf nicht elektrifizierten Strecken darzustellen verspricht.

274 links Der Coradia iLint von Alstom ist der erste wasserstoffbetriebene Personenzug im Linienverkehr. Hier wird der Zug mit Wasserstoff befüllt.

274 rechts Das Bedienfeld für die Wasserstofftanks des Coradia iLint von Alstom.

274-275 Der Coradia iLint fährt auf der Strecke Cuxhaven-Bremerhaven-Buxtehude in Niedersachsen im Linienverkehr.

Magnetschwebebahnen und der visionäre Hyperloop

Anders verhält es sich mit einer Technologie, die noch vor wenigen Jahrzehnten den Weg in eine neue Ära des Verkehrs zu ebnen schien. Die Rede ist von den Magnetschwebebahnen. Diese Züge verwenden ein Aufhängungssystem an der Einschienenbahn und einen Magnetantrieb. Das Fahrzeug bewegt sich nicht direkt auf der Schiene, sondern schwebt durch die Wirkung starker Magnete um einige Millimeter über ihr. Die einzige Reibung entsteht also durch die Luft, wodurch hohe Geschwindigkeiten und großartige Ergebnisse bei Beschleunigung und Bremsen erzielt werden können. Derartige Systeme wurden von der Central Japan Railway in Zusammenarbeit mit Kawasaki Heavy Industries unter dem Namen „Superconducting Maglev Shinkansen" und vom deutschen Transrapid-Konsortium unter Beteiligung von Siemens und Thyssenkrupp entwickelt. Weltweit gibt es nur eine einzige kommerzielle Bahn, die Magnetschwebebahn von Shanghai, die 2002 von Transrapid gebaut wurde, um den Flughafen mit dem Stadtzentrum zu verbinden: Für die 30 km lange Strecke werden 7 Minuten und 20 Sekunden benötigt. Der Zug erreicht eine Höchstgeschwindigkeit von 581 km/h, obwohl die Konstrukteure eine Geschwindigkeit von rund 650 km/h anstreben. Das Magnetschwebesystem kann auch auf städtischen Strecken eingesetzt werden, natürlich nicht bei sehr hohen Geschwindigkeiten. In diesem Bereich, der als urbane Magnetschwebebahn oder Low-Speed Maglev bekannt ist, sind zwei Projekte erwähnenswert. Im März 2005 wurde in Japan eine 9 km lange Strecke, die Linimo-Tobu-Kyuryo-Line, auch bekannt als Nagoya East Hill Line, eingeweiht. Mit einer Höchstgeschwindigkeit von nur 100 km/h wurde sie genutzt, um das Gelände der Expo 2005 zu erreichen. In Europa verband von 1984 bis 1995 eine 600 m lange Strecke den Flughafen Birmingham mit dem Bahnhof. Probleme mit der Veralterung der elektronischen Komponenten führten dazu, dass sie durch ein Seilbahnsystem ersetzt wurde. Das deutsche und das japanische Projekt beruhen teilweise auf unterschiedlichen Technologien: Das deutsche Projekt verwendet konventionelle Elektromagnete und elektromagnetische Anziehungsaufhängung, das japanische supraleitende Magnete und elektrodynamische Aufhängung. Die Forschung konzentriert sich jedoch auf drei Technologien: die elektromagnetische Aufhängung (EMS) mit

276 Die einzige kommerziell betriebene Magnetschwebebahn befindet sich in Shangai, wo das Transrapid-Konsortium eine 30 km lange Verbindung zwischen Flughafen und Stadtzentrum baute.

276-277 Die Magnetschwebebahn von Shanghai verbindet den internationalen Flughafen mit der Stadt über eine Strecke von 30 km und einer Geschwindigkeit von 431 km/h. Sie ist die älteste noch in Betrieb befindliche Magnetschwebebahn.

277 Die Ultrahochgeschwindigkeits-Magnetschwebebahn der Central Japan Railway erreichte am 2. Dezember 2003 auf der Yamanashi-Magnetschwebebahn-Teststrecke die bemerkenswerte Geschwindigkeit von 581 km/h.

herkömmlichen Elektromagneten und einer speziellen Struktur unter dem Zug; die elektrodynamische Aufhängung, bei der das Schweben durch die entgegengesetzte Polarität von am Fahrzeug angebrachten Magneten und an der Schiene angebrachten Wicklungen erreicht wird; und die Dauermagnettechnologie, auch bekannt als Inductrack, die auf der abstoßenden Wirkung von am Fahrzeug angebrachten Dauermagnetelementen beruht. Die Bewegung der Züge erfolgt durch einen Linearmotor, der sich entweder im Zug selbst oder im Gleis befindet. Die Fahrzeuge sind fahrerlos und völlig abgeschirmt von Magnetfeldern. Bislang scheiterten die Pläne für neue Strecken an den Kosten für den Bau der Magnetschwebebahn, aber auch an den zweifellos starken Umweltauswirkungen der Infrastruktur, die mehrere Meter über dem Boden gebaut werden muss. Es gibt jedoch Pläne für vereinzelte Strecken in Japan, China, Großbritannien und Deutschland.

278-279 Ein schönes Bild, das die aerodynamische Linie des Ultra High Speed Maglev der Central Japan Railway zeigt..

279 oben Der Prototyp der neuen chinesischen Magnetschwebebahn, die eine Geschwindigkeit von 600 km/h erreicht, wird nach fünfjähriger Forschung im Juli 2021 in Qingdao vorgestellt.

279 unten Testfahrt einer japanischen Magnetschwebebahn. Für 2027 ist ihre Inbetriebnahme zwischen den Bahnhöfen Tokio Shinagawa und Nagoya geplant.

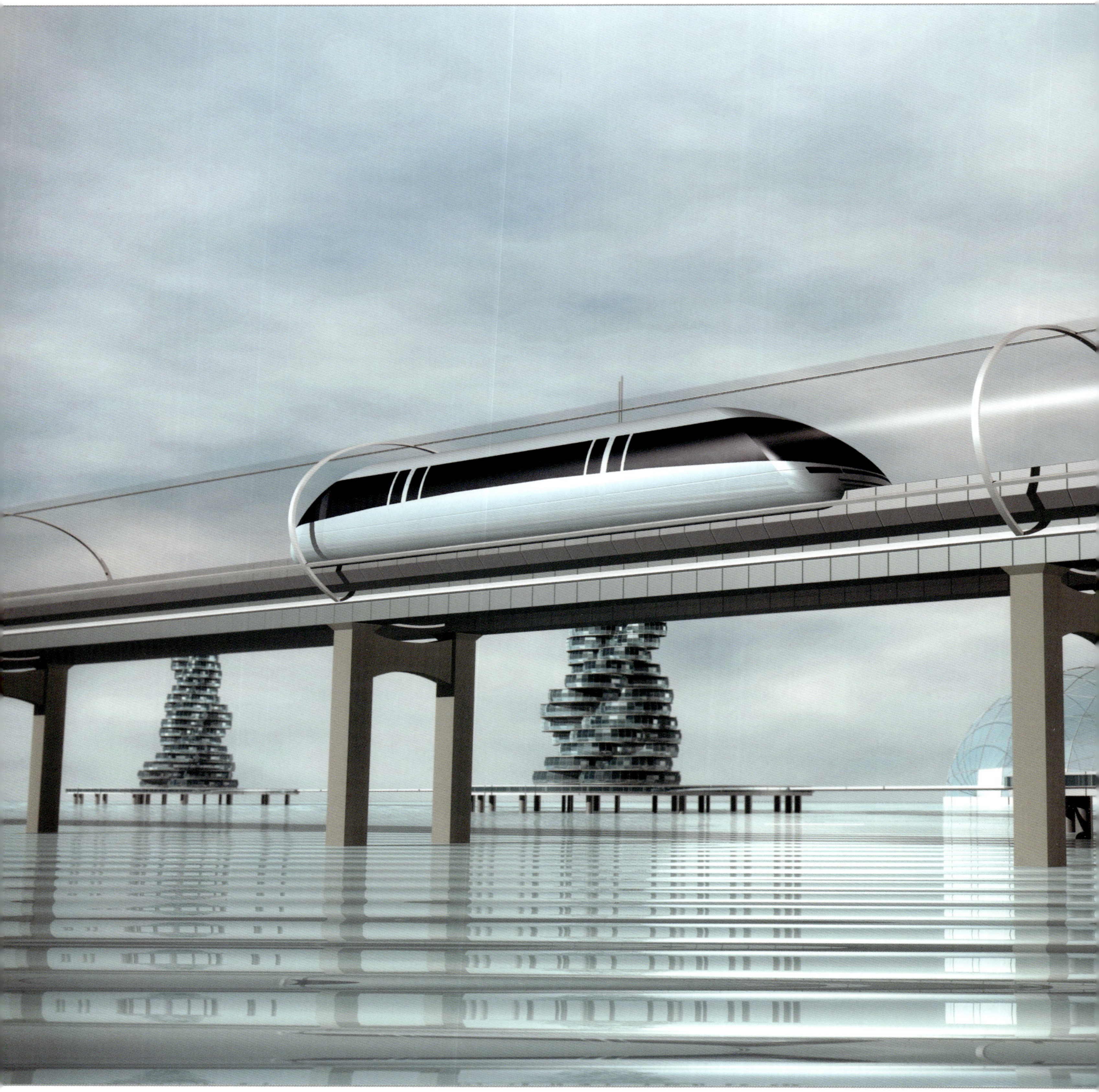

Hyperloop, ein Projekt, das parallel von drei privaten Unternehmen – Hyperloop One, Hyperloop Transportation Technologies und Transpod – entwickelt wird, ähnelt in mancher Hinsicht dem Konzept der Magnetschwebebahn. Die ursprüngliche Idee stammt aus dem Jahr 2012 und wurde von dem Erfinder und Unternehmer Elon Musk entwickelt. Die Besonderheit des Projekts liegt auch darin, dass das Projekt wunschgemäß „open source" ist, d. h. frei von geistigen und kommerziellen Eigentumsrechten und von jedem, der dazu in der Lage ist, entwickelt werden kann. Daher gibt es zurzeit auch drei große Unternehmen, die versuchen, einen echten Hyperloop und nicht nur einen Prototyp zu bauen. Das Konzept besteht darin, Kapseln für den Transport von Personen und Gütern in Röhren zu betreiben, die unter Niedrigdruck stehen und in denen die Fahrzeuge von linearen Induktionsmotoren angetrieben werden. Die Infrastruktur würde aus einer über dem Boden liegenden Doppelröhre bestehen, in der die Kapseln verkehren. Um die Reibung der Fahrzeuge in der Röhre und den Unterdruck zu minimieren, wird der Einsatz von Magnetschwebetechnik durch Permanentmagnete untersucht. Die Entwickler versprechen Geschwindigkeiten zwischen 600 und 1000 km/h, aber die Kosten, die technischen Schwierigkeiten und

280-281 *Eine Illustration zeigt, wie ein Hyperloop-Zug in naher Zukunft aussehen könnte.*

281 oben *Erprobung eines Hyperloop-Prototyps während eines Studentenwettbewerbs, der von Elon Musks Unternehmen gesponsert wurde.*

281 unten *Präsentation von Hyperloop-Transporttechnologien (Spanien, 2018).*

die enormen Auswirkungen auf die Umwelt, die diese futuristische Technologie in den Gebieten, die sie durchquert, haben würde, lassen es unwahrscheinlich erscheinen, dass sie sich wirklich durchsetzen wird. Bislang wurde im November 2020 ein erster erfolgreicher Test auf einer experimentellen 500-m-Strecke in Nevada mit zwei Personen an Bord durchgeführt. Die Strecke wurde mit einer Geschwindigkeit von 160 km/h in wenigen Sekunden zurückgelegt. In verschiedenen Ländern der Welt gibt es Ankündigungen möglicher Umsetzungen, aber bisher scheint es sich mehr um Absichtserklärungen als um konkrete Projekte zu handeln. Im Jahr 2016 kündigte die russische Eisenbahn eine Zusammenarbeit mit Hyperloop Technologies an, um eine mögliche Verbindung von Moskau nach St. Petersburg zu untersuchen, und auch China gab kürzlich eine Vereinbarung mit demselben Unternehmen bekannt, um die Stadt Tongren über eine Strecke von – nur – 10 km mit dem örtlichen Flughafen zu verbinden.
Das zumindest auf dem Papier „ausgereifteste" Projekt scheint das zu sein, das Dubai mit Abu Dhabi verbinden soll: Zwischen den beiden Städten liegt nur die Wüste, und an den finanziellen Mitteln mangelt es, zumindest im Moment, sicher nicht, ebenso wenig wie an dem Wunsch, die Welt mit spektakulären Projekten zu verblüffen.

Reisen um des Reisens willen

Fährt man mit dem Zug zur Arbeit oder zur Schule, hat man nur ein Ziel im Kopf: pünktlich anzukommen. Zugfahren ist ein notwendiges Übel, das man in Kauf nehmen muss, um eine andere Verpflichtung, ob Schule oder Beruf, erfüllen zu können.

Doch gestern wie heute kann man rein zum Vergnügen mit dem Zug fahren, nicht um von einem Ort zu einem anderen zu kommen, sondern um der Reise willen. Es kann ein Luxuszug sein, wenn man sich die Extravaganz eines ungewohnten Service gönnen will, oder ein alter Dampfzug, um mittlerweile vergessene Luft zu atmen, aber auch ein Panoramazug, der durch märchenhafte Landschaften fährt, oder ein kleiner Triebwagen mit zwei Holzachsen, aus dem man aussteigen und nebenher laufen kann, weil er so langsam den Berg hinaufkriecht.

Wir könnten Hunderte von Seiten mit Erzählungen und Beschreibungen der schönsten und kuriosesten Eisenbahnen überall auf der Welt füllen, ohne jemals allen gerecht zu werden. Etwas jedoch haben all diese Erfahrungen gemein: Endlich spielt die Zeit keine Rolle, und der Zweck besteht nicht darin, sich so schnell wie möglich fortzubewegen.

In den letzten Jahren hat sich der Bahntourismus stark entwickelt und bietet heute Angebote und Reiseziele für die verschiedensten Interessen. Auch wenn Sie noch kein Bahnfan sind, so können wir Ihnen voraussagen, dass mindestens einer dieser Züge Sie so neugierig machen wird, dass Sie beschließen, es selbst auszuprobieren.

284-285 Die 424.356, eine der schönsten Lokomotiven der ungarischen Eisenbahnen, führt den Orient-Express, eingehüllt in eine Dampfwolke. Diese Lokomotiven versahen bis 1986 ihren Dienst.

424.356

ORIENT-EXPRESS

EUROPA

Der Orient-Express ist das Synonym für den Luxuszug schlechthin, für Reisen mit allem Komfort, aber einer Prise Abenteuer. Die internationale Verbindung, die 1883 von der Compagnie Internationale des Wagons-Lits zwischen Paris Gare de l'Est und Istanbul in Betrieb genommen wurde, gibt es nicht mehr, sie fiel dem Fortschritt und dem Luftverkehr zum Opfer, aber glücklicherweise lebt der Zauber in dem Venice-Simplon-Orient-Express fort, den die 1982 von dem Hotelmagnaten James B. Sherwood gegründete und geleitete Gesellschaft Orient-Express Hotels, Trains & Cruises wieder auf die Schiene brachte. Diese Luxus-Touristenlinie wurde 1982 auf verschiedenen europäischen Routen wieder mit den herrlichen Original-Waggons der CIWL aus den Zwanziger- und Dreißigerjahren in Betrieb genommen: Die klassische Strecke führt von London via Paris, Basel, Zürich, Innsbruck, Brennerpass und Verona nach Venedig. Aber in regelmäßigen Abständen fährt der faszinierende Zug auch nach Rom, Wien, Prag, Budapest und Istanbul und seit 2007 auch nach Warschau und Krakau. Der Blick auf den blauen, aus siebzehn Wagen bestehenden Zug mit den goldenen Ornamenten der CIWL, wenn er in Venedig oder Paris hält oder die Kehren zum Brennerpass hinaufklettert, ist in der Tat ausgesprochen beeindruckend, doch das wahre Wunder des Orient-Express ist die Innenausstattung des Zuges und der Service. Die traditionelle Reise von London nach Venedig dauert zwei Tage: Zwar kommt man durch faszinierende Städte, aber das wahre Event ist das Leben im Zug. Alle Wagen sind Originale aus den Zwanziger- und Dreißigerjahren, eher restauriert als modernisiert, angesichts des schon damals erreichten Luxus. Allerdings muss auf die richtige Entscheidung der Gesellschaft hingewiesen werden, keine fremden Elemente – wie beispielsweise Duschen in den Schlafkabinen – einzuführen. Sehr wirkungsvoll auch die Broschüre, in der die – häufig abenteuerliche – Geschichte eines jeden Zugwagens erzählt wird. Lassen Sie uns nur einige betrachten: Der Schlafwagen 3309 zum Beispiel stand 1929 zehn Tage lang durch einen Schneesturm blockiert sechzig Kilometer vor Istanbul, und seine Fahrgäste überlebten dank der Hilfe der Bewohner der umliegenden Dörfer; ein anderer Schlafwagen, die Nummer 3425, war Teil des Zuges, in dem König Karl von Rumänien zu reisen pflegte, während andere wiederum während des Kriegs sowohl vom deutschen Heer als auch von den Alliierten benutzt wurden.

Heute ist das Leben an Bord geprägt von dem Luxus in den Privatkabinen und Bar- und Speisewagen. Ein Klavier sorgt für eine angenehme, entspannte Atmosphäre, während die Reisenden ihre Cocktails schlürfen. Das Vergnügen passender Kleidung für jede Gelegenheit des Tages ist eine weitere Besonderheit des Orient-Express, aus dem Jeans und Turnschuhe rigoros verbannt sind. Und in der Tat ist das Dinner im Abendkleid eine der unvergesslichsten Erfahrungen der Reise. Die Abteile der Schlafwagen sind tagsüber luxuriöse Privatsalons, deren charakteristischstes Merkmal der elegante Lampenschirm vor dem Fenster ist. Abends verwandelt das Zugpersonal das Sofa in ein richtiges, bequemes Bett mit weichen Laken. Man kann Einzel- oder Doppelkabinen buchen. Der Orient-Express verkehrt regelmäßig von März bis November.

286 und 286-287 Das höfliche und korrekte Personal des Orient-Express trägt eine elegante Livree und weiße Handschuhe, während die auf Hochglanz polierten Messingteile an den Wagen aus jener Zeit in der Sonne glänzen. Das Küchenteam (oben) besteht aus einigen der besten Köche Europas.

288 und 288-289 Die Einrichtung der Wagen wurde so originalgetreu den Zwanzigerjahren nachgebaut, dass der Zug zu einem historischen Denkmal erklärt wurde. Der Speisewagen ist in jeder Beziehung ein wahres Luxusrestaurant auf Schienen.

ENGLAND
London
DEUTSCHLAND
POLEN
Warschau
Frankfurt
Prag
Krakau
UKRAINE
TSCHECH.
REP.
SLOWAKEI
Paris
Basel
Zürich
Innsbruck
Vienna
Budapest
SCHWEIZ
FRANKREICH
UNGARN
ÖSTERREICH
RUMÄNIEN
Bukarest
Verona
Venedig
ITALIEN
BULGARIEN
Istanbul
Rom
TÜRKEI

COMP
TURE DE SER
VENICE SIMPLON ORIENT-EXPRESS LTD
SEA CONTAINERS HOUSE
20 UPPER GROUND
LONDON SE1 ENGLAND

THE ROYAL SCOTSMAN

SCHOTTLAND

290 oben Das prächtige Wappen des Royal Scotsman suggeriert die Zugehörigkeit zu einem exklusiven Club. Bei jeder Reise durch die schottischen Highlands nimmt der Zug in seinen luxuriösen Wagen nicht mehr als 36 Passagiere auf.

290 unten Der Küchenchef des Royal Scotsman hält aus dem Speisewagen Ausschau nach der Ankunft der frischen Vorräte, die er in der Küche benötigt. Der raffinierte Restaurantservice ist eines der Wunder des Zuges.

Der Royal Scotsman ist einer der exklusivsten Luxuszüge der Welt. Relativ jung – die erste Fahrt fand 1985 statt – hat er sich schon bald internationalen Ruhm erworben, völlig zu Recht angesichts des gebotenen Service. Eine Reise in diesem Zug kann sich sicher nicht jeder leisten, aber es ist eine Erfahrung, die man mindestens ein Mal im Leben machen sollte. Der Royal Scotsman fährt jedes Jahr von Mai bis Oktober durch die schottischen Highlands: Die Dauer der Reise variiert je nach Strecke zwischen zwei und sieben Tagen, die man in den luxuriösen Wagen und mit exklusiven Ausflügen zu den charakteristischsten Orten entlang der Route verbringt. Der Zug bietet nur 36 Gästen Platz, die von einem zwölfköpfigen Team, darunter zwei Chefköchen, umsorgt und verwöhnt werden. Man braucht nicht zu erwähnen, dass Champagner und Austern zur Tagesordnung an Bord gehören. Doch die Einzigartigkeit dieser Ferien im Zug beginnt bereits im Bahnhof von Edinburgh, dem Ausgangspunkt aller Touren: Beim Klang von Dudelsäcken werden die Reisenden vom Zugpersonal empfangen, das vollzählig entlang der auf Hochglanz polierten Wagen aufgereiht steht. An die fünf ehemaligen Pullman-Waggons aus den Sechzigerjahren, für diesen Luxuszug von Grund auf umgebaut, wurden zwei Mk3-Wagen angekoppelt, deren Innenausstattung ebenfalls tiefgreifend verbessert wurde.

Das älteste Fahrzeug des Zugs ist der Speisewagen Nr. 2, gebaut 1945 von der LNER und in den Achtzigerjahren auf den Namen Lochaber getauft. Alle Fahrzeuge wurden im Stil der edwardianischen Epoche von Grund auf restauriert. Die Zusammensetzung des Zugs ist bis heute dieselbe: Salon mit Aussichtsplattform an einem Ende (heute Nr. 99965, ehemals 19 SNIPE), Speisewagen 1 (Nr. 99967, ehemals 317 RAVEN), Speisewagen 2 (Nr. 1999, ehemals LNER 1513), Schlafwagen 1 (Nr. 99961, ehemals 324 AMBER), Schlafwagen 2 (Nr. 99962, ehemals 329 PEARL), Schlafwagen 3 (Nr. 99963, ehemals 324 TOPAZ), Schlafwagen 4 (Nr. 99964, ehemals 313 FINCH), Schlafwagen 5 (Nr. 99968, ehemals Mk3 10541) und der Servicewagen (Nr. 99969, ehemals Mk3 10556) für das Bordpersonal. Alle Schlafwagen verfügen über Ein- und Zweibett-Kabinen mit allem Komfort: Bad und Privat-WC, Ankleide, Betten auf einer Höhe. Zudem ist der Zug nur tagsüber unterwegs, hält über Nacht an ruhigen Nebenstationen und garantiert seinen Fahrgästen so noch bessere Erholung. Eine der schönsten Routen des Royal Scotsman ist zweifellos die West Higland Line, ausgehend von Edinburgh über Glasgow. Es ist eine schwierige, kurvenreiche Strecke, die auch heute langsam durchfahren wird (man braucht etwa fünf Stunden für ungefähr 250 km), führt aber durch eine der wildesten und malerischsten Gegenden des ganzen Landes. Gut 16 km fährt der Zug am Ufer des Loch Lomond entlang, des größten Sees Großbritanniens, um sich dann im Norden wieder bergauf zu wenden und das berühmte Horseshoe Viaduct zwischen Beinn Odhar und Beinn Dorain zu überqueren. Nach der abgelegenen Station Rannoch befährt der Zug eine der faszinierendsten Trassen des gesamten britischen Eisenbahnnetzes, die in dem Glenfinnan-Viadukt mit seinen 21 Bögen und der gleichnamigen Bahnstation gipfelt.

291 links Langsam fährt der Royal Scotsman über die 21 Bögen des imposanten Glenfinnan-Viadukts auf der Strecke nach Mallaig in Westschottland: eine der spektakulärsten Stellen des gesamten britischen Eisenbahnnetzes.

291 rechts Die Mahlzeiten für die Gäste des Royal Scotsman finden in einem eleganten Restaurantwagen statt.

BERGENSBANEN

NORWEGEN

292 oben Die schöne Landschaft bei Myrdal aus dem Zugfenster gesehen.

Die norwegische Bahnstrecke Oslo–Bergen gilt aufgrund der fantastischen Landschaften, die sie durchquert, einstimmig als eine der schönsten Bahnstrecken der Welt. Es ist eines der wichtigsten Streckennetze des Landes und verfügt über zahlreiche Personenzüge, die täglich im Linienverkehr verkehren. Damit ist sie für Reisende aller Art zugänglich, vom mittellosen jungen Globetrotter bis zum Touristen, der eine komfortable und luxuriöse Reise wünscht. Die 493 km lange, eingleisige Strecke wurde zwischen 1883 und 1909 in mehreren Etappen gebaut. 1957 wurden die Dampfloks durch Diesellokomotiven ersetzt, und einige Jahre später begannen die Elektrifizierungsarbeiten (mit Einphasen-Wechselstrom bei 15 kV und 16,7 Hz). Die Strecke verbindet zwei Städte praktisch auf Meereshöhe (Oslo liegt 23 m über dem Meeresspiegel), durchquert aber eine besonders wilde Gegend Norwegens und überwindet mehr als 1200 Höhenmeter. Sie führt durch die Hardangervidda-

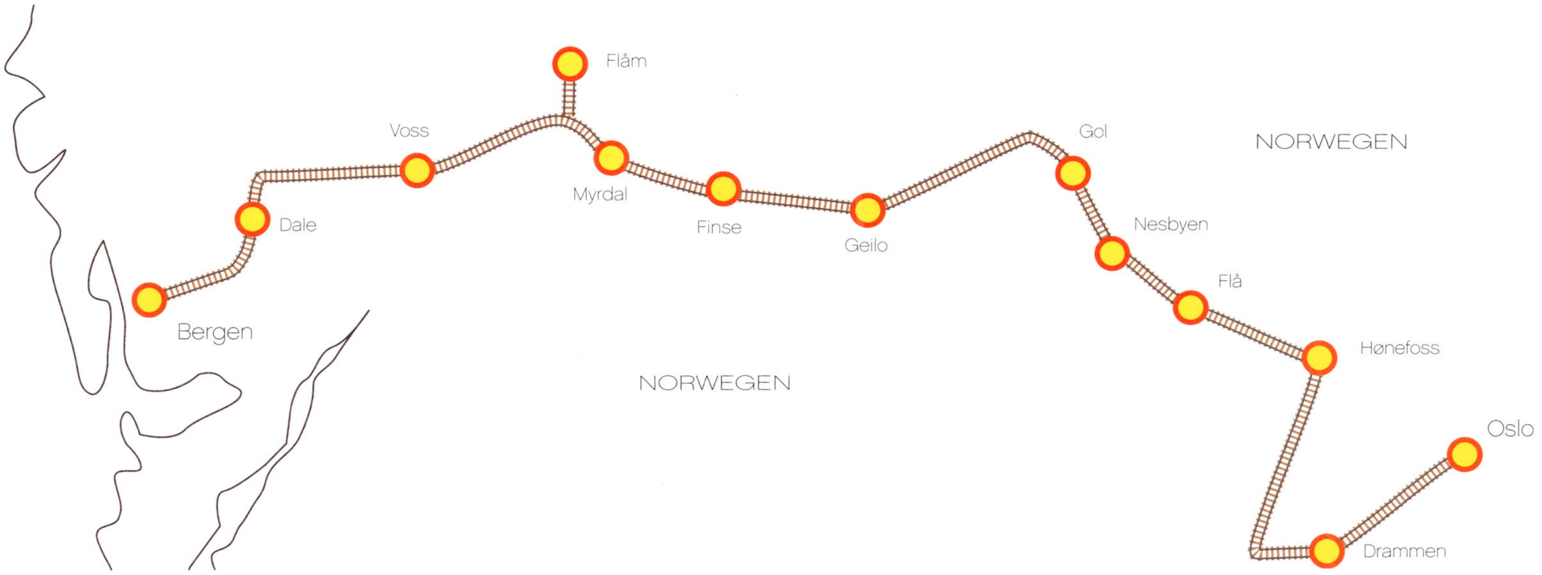

Hochebene im mittleren Südnorwegen, die größte ihrer Art in Europa, mit einem ganzjährig sehr kalten Klima und einem der größten Gletscher des Landes. Hier fährt die Bahn über mehr als 60 km durch in den nackten Fels gehauene Tunnel, durch felsiges Gelände, Wälder und Bäche, über die Baumgrenze in eine trostlose, steinige Landschaft. Außerdem gibt es entlang der Strecke zwei Angebote für Eisenbahnliebhaber. Sie können am Zwischenbahnhof in Myrdal aussteigen. Von hier aus fährt eine Bahn nach Flam, einer kleinen Küstenstadt am Ende des 204 km langen Aurlandfjords, dem längsten Fjord Norwegens. Die Strecke ist mit 20,2 km zwar kurz, verfügt aber über eine Besonderheit: Sie ist mit einem Gefälle von 55 Promille weltweit die steilste Normalspurbahn ohne Zahnstange. Sie beginnt 2 m über dem Meeresspiegel in Flam und steigt auf 865,5 m in Myrdal an, wo sie sich mit der Strecke Oslo-Bergen vereinigt. Ihre extrem kurvenreiche Strecke und die spiralförmigen Tunnel machen sie zu einem Meisterwerk norwegischer Eisenbahntechnik und zu einer Attraktion für Reisende aus aller Welt. Die zweite Möglichkeit, die in den Sommermonaten (Juni bis September) genutzt werden kann, ist ein Sonntagsausflug auf der Alten Voss-Linie, einer Museumsbahn des norwegischen Eisenbahnvereins. Er hat einen Abschnitt der ursprünglichen Strecke Oslo–Bergen bei Bergen, der bis 1964, als die Tunnel Arnanipa und Ulriken fertiggestellt wurden, genutzt wurde, restauriert und wieder in Betrieb genommen. Die 18 km lange Alte Voss-Linie verbindet die Bahnhöfe Garnes und Midttun in einer Fahrzeit von etwa einer Stunde. Die Züge werden von einer Lokomotive der Gruppe 18 der Schwedischen Eisenbahnen, Nr. 255, gezogen. Sie wurde 1913 gebaut, 1969 ausgemustert und zwischen 1981 und 1993 von Freiwilligen des Vereins restauriert. Die Waggons mit Teakholzaufbauten sind ebenfalls alt und wurden zwischen 1921 und 1938 gebaut.

292-293 Dieses Luftbild veranschaulicht die Schönheit der von den Bergensbanen durchfahrenen Regionen.

293 Der Zug der Bergensbanen bahnt sich seinen Weg durch die bewaldete Landschaft bei Flam.

HARZER SCHMALSPURBAHNEN

DEUTSCHLAND

Die Harzer Schmalspurbahn ist das größte Schmalspurnetz der ehemaligen DDR, das heute etwa 132 km lang ist. Es befindet sich im Herzen Deutschlands und verläuft südöstlich von Drei Annen Hohne. Die 61 km lange Hauptlinie verbindet Wernigerode mit Nordhausen, während zwei weitere Nebenzweige zum einen nach Gernrode, mit einem Abzweig vom Bahnhof Eisfelder Talmühle, und zum anderen, dem sicher spektakuläreren Stück, zum Brocken führen. Diese Eisenbahn wurde im Juni 1898 eröffnet, als der erste Zug von Wernigerode nach Schierke fuhr, und versah vor der Wiedervereinigung Deutschlands vortrefflich ihren Dienst für die Bewohner der Region, war aber bereits in aller Welt sowohl wegen der Schönheit der umliegenden Landschaft als auch wegen der zahlreichen außergewöhnlichen Dampflokomotiven bekannt, die hier zum Einsatz kamen. Nachdem die drohende Schließung und ein Ersatz durch anonyme Autobusse nach der Wiedervereinigung abgewendet werden konnten, wurde die Bahn dank beträchtlicher Investitionen restauriert, verstärkt und so zu einer der touristischen Hauptattraktionen Deutschlands. Allerdings ging sie nicht in die Deutsche Bundesbahn ein, sondern in eine Regionalgesellschaft der Länder Sachsen-Anhalt und Thüringen

Natürlich blieben die Dampflokomotiven in Betrieb, wenn auch fast ausschließlich an der Spitze von Touristenzügen, während der tägliche Dienst vorwiegend von moderneren Dieseltriebwagen versehen wird. Eine Ausnahme bildet die Brockenbahn, auf der fast der gesamte Regelbetrieb noch von Tenderloks der Baureihe 99 gewährleistet wird, mächtigen Maschinen mit Achsfolge 1-5-1. Diese Linie führt mit einer Steigung von fast durchgehend 3 Prozent von dem etwa 550 m hoch liegenden Drei Annen Hohne bei Wernigerode auf die in 1142 m Höhe befindliche Endstation auf dem Brocken. Eine erschöpfender Anstieg, der etwa auf halben Weg durch einen Halt an dem mitten im Wald gelegenen Bahnhof Schierke zum Wassertanken unterbrochen wird. Die Fahrt auf den anderen beiden Linien ist weniger anstrengend. Nachdem man den Bahnhof von Wernigerode und den Ort Westerntor mit den Werkstätten und dem Hauptdepot der HSB hinter sich gelassen hat, steigt die Linie bis zur Haltestelle Steinerne Renne an, wo der kurvenreichste Abschnitt des ganzen Netzes beginnt: gut und gern 72 Kurven und ein Tunnel auf den neun Kilometern bis Drei Annen Hohne. Im Bahnhof Benneckenstein kann man ein kleines Eisenbahnmuseum besichtigen, während ein weiteres Museum in der Station Netzkater den Bergwerksbahnen gewidmet ist. Sehr schön

294–295 *Eine Schmalspurlokomotive der Baureihe 99 führt einen Ausflugszug auf den Gipfel des Brocken. Auf dieser kurzen Zweiglinie wird fast der gesamte Betrieb von Dampflokomotiven versehen.*

auch die Abzweigung nach Gernrode, die am Bahnhof Eisfelder Talmühle ihren Anfang nimmt: Nach dem Anstieg bis zu dem Ort Stiege führen die Gleise durch eine Reihe wunderschöner Dörfchen inmitten von Wäldern und Wiesen. Die Harzbahn, auch die Touristenzüge, fahren regelmäßig jeden Tag, und man muss sich nicht zwangsläufig einer organisierten Tour anschließen. Einige Züge bieten in der Saison auch offene Wagen, aus denen man die Landschaft und das Schnaufen der Lokomotiven noch besser genießen kann. Dampflokfans können aber auch eines der zahlreichen Spezialarrangements buchen, bei denen sie mit Sonderzügen Depots und Werkstätten besichtigen und bei speziellen „Foto-Stopps" herrliche Foto- und Videoaufnahmen von den Zügen und „nachgestellten" Abfahrten in den Bahnhöfen machen können.

295 *Die Harzbahn ist das längste Schmalspurnetz der ehemaligen DDR und wurde in den letzten Jahren zu einer wunderbaren Touristenbahn umgewandelt, auf der auch noch einige Dampflokomotiven ihren Dienst tun.*

TRAIN DES PIGNES

FRANKREICH

In der französischen Provence ist Nizza–Digne und ihr Train des Pignes, der zwischen dem kleinen Bahnhof Puget-Théniers und Annot verkehrt, ein ganz besonderer Tipp. Von der Côte Azur, zwei Schritte von dem Fürstentum Monaco und den mondänen Stränden in Saint-Tropez entfernt, macht man sich auf zu den Alpengipfeln der Provence. Man braucht Zeit, denn auf der Schmalspurbahn Nizza–Digne fahren nur vier Züge und diese brauchen für die 166 km mehr als drei Stunden, aber das Opfer lohnt sich wegen der wunderschönen Strecke, auf der heute kleine Dieseltriebwagen eingesetzt werden. Im Sommer kann man auch den historischen Dampfzug von Puget-Théniers nach Annot besteigen, der auf den hübschen Namen Train des Pignes (Tannenzapfenzug) getauft wurde. Er bezieht sich auf die Verwendung der überall in der Gegend vorhandenen

296 oben Eine Mallet E211 führt den historischen Zug, der alljährlich auf der Schmalspurstrecke Nizza–Digne zwischen den Stationen Puget-Théniers und Annot verkehrt. Diese Lokomotive stand einst im Dienst der portugiesischen Eisenbahnen.

296-297 Der Train des Pignes (Tannenzapfenzug) überquert, von einer Mallet E211 geführt, eines der spektakulären Viadukte der Strecke. Der Zug wurde von einem Heimatverein restauriert und wird von diesem betrieben.

Tannenzapfen und auf die Nutzung von Holz als Brennstoff in den mageren Jahren anstelle von Kohle, auch wenn es eher unwahrscheinlich ist, dass tatsächlich jemals Tannenzapfen verwendet wurden. Eine andere Version der Geschichte besagt, der Spitzname käme daher, dass der Zug so langsam vorankommt, dass die Fahrgäste während der Fahrt aussteigen und Tannenzapfen sammeln können. 1951 wurden die letzten Dampfloks durch Dieseltriebwagen ersetzt, und leider wurde keine von ihnen gerettet. Auf dem historischen Zug der Schmalspurbahn werden daher zwei Lokomotiven unterschiedlicher Herkunft eingesetzt: eine Tenderlok E327 mit Achsfolge 2-3-0T, 1909 von Fives in Lille gebaut, die ursprünglich in der Bretagne lief, und eine größere Mallet E211 Achsfolge 1-2-0+0-3-0T der portugiesischen Eisenbahn. Der Zug besteht aus fünf Fahrzeugen: einem zweiachsigen Gepäckwagen, Baujahr 1912, einem wundervollen zweiachsigen Wagen mit Plattformen aus dem Jahr 1901, dem Wagen mit Drehgestell B505, gebaut 1892 von Desouches & David, und den beiden Wagen zweiter Klasse mit Drehgestell B31 und B32, Baujahr 1911. Die vier Wagen bieten insgesamt 220 Sitzplätze. Seit 1981 fährt der Zug von Mai bis Oktober jeden Sonntag. Das Teilstück, auf dem der Zug verkehrt, ist mit den beiden Backstein-Viadukten von La Donne und Gros Vallon vielleicht das spektakulärste der ganzen Strecke. Der Train des Pignes startet morgens um 10:25 Uhr Richtung Annot, wo er um die Mittagszeit einfährt, während die Rückfahrt ab 16:10 Uhr schneller geht und man bereits eine Stunde später wieder in Puget-Théniers ankommt. Restaurierung und Betrieb des Zuges sind das alleinige Werk einer ehrennamtlichen Gruppe von Eisenbahnfreunden der Provence, die unter anderem dafür kämpft, dass die Linie Nizza–Digne nicht eingestellt, sondern verbessert wird. Derzeit wird die Strecke im Regelverkehr von der CFTA (Chemin de fer et de transport automobiles) betrieben, die an der Spitze des französischen Umweltdienstleisters Veolia steht. Zusammen mit SYMA (Syndicat Mixte Méditerraneé Alpes) wurde ein umfangreicher Modernisierungsplan für die Linie auf die Beine gestellt mit dem zweifachen Ziel, den Personenverkehr wieder in Gang zu bringen und den Fremdenverkehr zu fördern, natürlich nicht zuletzt mit dem Dampfzug.

GLACIER EXPRESS
SCHWEIZ

Der Glacier Express ist zweifellos der berühmteste Zug der Schweiz und verkehrt sicher auf einer der zehn schönsten Eisenbahnstrecken der Welt. In ungefähr acht Stunden legt er die etwa 290 km von Zermatt nach St. Moritz zurück, die beide zu den bekanntesten Skiorten in den Alpen gehören, über die nicht minder bekannten Orte Brig und Andermatt. Die Schmalspurbahn, die heute aus sehr komfortablen, modernen Panoramawagen besteht, fährt durch sieben Täler, 91 Tunnel und über gut und gerne 291 Brücken, praktisch eine pro Kilometer. Durch diese Zahlen erhält man eine gute Vorstellung von den Schwierigkeiten, auf die man beim Bau dieser Strecke stieß, die seit der Einweihung (1931) bis 1982 bis zum Rodano-Gletscher auf dem Furka hinaufführte. Mit dem Bau des Basistunnels wird dieser wahrhaft spektakuläre Streckenabschnitt, der aber wegen der Höhe im Winter nicht befahrbar ist, vom Glacier Express nicht mehr benutzt. Die dreizehn Streckenkilometer wurden jedoch nicht vollständig aufgegeben, sondern von einer eigens gegründeten Gesellschaft zur Touristenattraktion Dampfbahn Furka-Bergstrecke umgewandelt und im Sommer mit den Original-Dampfloks (HG 3/4) aus den Dreißigerjahren betrieben. An dieser Stelle sei erwähnt, dass die Loks nach der Elektrifizierung der Strecke im Jahr 1947 an Vietnam verkauft und von dort Mitte der Neunzigerjahre – immer noch in Betrieb – wieder zurückgeholt wurden.

Zurück zum Glacier Express, der heute gemeinsam von den beiden Eisenbahngesellschaften Rätische Eisenbahn und Matterhorn-Gotthard-Bahn (MGB) betrieben wird: Obwohl er nicht mehr den Furka erklimmt, erreicht er auf dem Oberalp-Pass auf der Grenze zwischen den Kantonen Uri und Graubünden die beachtliche Höhe von 2033 m. Etliche Teilstücke der Trasse sind so steil, dass der Zahnstangenantrieb zugeschaltet werden muss. Von Zermatt fährt unser Zug nach Visp hinunter, wo er auf der Hauptlinie von Genf Richtung Osten nach Brig fährt. Dort steigt die Strecke wieder an bis Oberwald, durchquert den etwa 15 km langen Furka-Basistunnel, erreicht Realp und kurz darauf Andermatt. Dies ist eines der spektakulärsten Teilstücke der ganzen Linie, weil sich das Gleis, um den starken Höhenunterschied auf dem wenigen, zur Verfügung stehenden Raum zu meistern, in vier Kehren nach oben windet, von denen drei in Tunnels verlaufen. Die Fahrt geht weiter bergauf bis zum Oberalp-Pass und vor dort wieder hinunter nach Disentis mit seinem großen Benediktinerkloster. In diesem Bahnhof überlässt die Lokomotive der MGB ihren Platz der Maschine der Rätischen Eisenbahn, die den Zug bis an seinen Bestimmungsort führt. Hinter Chur wird das Tal immer wilder, und gleich hinter Alvenau überquert der Glacier Express eine der berühmtesten Eisenbahnbrücken der Welt, das Landwasser-Viadukt.

Die Reise neigt sich nun dem Ende zu, und nach dem 6 km langen Albula-Tunnel erreicht der Glacier Express schließlich St. Moritz. Im Sommer, von Mai bis Mitte Oktober, fährt der Glacier Express viermal täglich. Dank der modernen Panoramawagen, aus denen man die herrliche Landschaft aus vollen Zügen genießen kann, ist es eine komfortable Reise. Aufgrund der Fahrtdauer verfügt der Zug auch über einen Speisewagen und eine sehr gut ausgestattete Railbar mit Kellnern, die auch den Service direkt am Platz übernehmen.

298 Aus den Panoramawagen des Glacier Express kann man die herrlichen Alpenlandschaften, die der Zug durchquert, voll und ganz genießen. Die Linie gilt als ein Weltwunder der Eisenbahn.

298–299 und 299 Sommers wie winters gehören die Landschaften, durch die der Glacier Express fährt, zu den schönsten der Schweiz. Die Fahrt von Zermatt nach St. Moritz oder Davos ist etwa 290 km lang und dauert circa acht Stunden.

„TRANSIBERIANA D'ITALIA"

ITALIEN

300 Die Lokomotive 940 041, die einen historischen Zug zieht, nähert sich der Säule, um Wasser zu tanken.

301 links Der Lokführer der Dampflokomotive 940 041 liest in der engen Kabine die Fahranweisungen.

303 rechts Die mühsame Arbeit des Heizers, der den Ofen der Lokomotive anfacht.

Eine Fahrt mit der „Transiberiana d'Italia" oder „Sulmona-Carpinone" oder einer der anderen neun italienischen Eisenbahnstrecken, die die Fondazione FS restauriert und für den touristischen Verkehr wiedereröffnet hat, ist ein einzigartiges Erlebnis. Die Fondazione FS, die 2013 von FS Italiane, Trenitalia (dem Verkehrsunternehmen der FS-Gruppe) und Rete Ferroviaria Italiana (dem Betreiber des nationalen Eisenbahnnetzes) gegründet wurde und seit 2015 auch das Kulturministerium als Partner hat, ist heute eine der wichtigsten und erfolgreichsten europäischen und weltweiten Organisationen im Bereich der Erhaltung und touristischen Aufwertung von Eisenbahnstrecken und historischen Zügen. Heute bewahrt und verwaltet die Fondazione FS einen Bestand von über 400 historischen Fahrzeugen (Dampf-, Diesel- und Elektrolokomotiven, elektrische Züge und Triebwagen, Waggons und Güterwagen), von denen mehr als 200 voll funktionsfähig sind, und betreibt außerdem das Eisenbahnmuseum Pietrarsa in der Nähe von Neapel, das als eines der schönsten in Europa gilt. Dank der Fondazione FS hat der Zug eine neue Berufung für den Tourismus gefunden. Im Jahr 2014 hat sie das Projekt „Zeitlose Gleise" ins Leben gerufen: Rund 600 km stillgelegte Bahnstrecken wurden zu neuem Leben erweckt und zu zehn touristischen Strecken, die Italien von Norden nach Süden durchqueren: von Gemona in Friaul-Julisch Venetien bis Porto Empedocle auf Sizilien. Dies sind die zehn Linien, die derzeit wiederhergestellt sind: die Sebino-Eisenbahn von Palazzolo sull'Oglio nach Paratico, 10 km; die Val d'Orcia-Eisenbahn von Asciano nach Monte Antico, 51 km; die Temples-Eisenbahn von Agrigento Bassa nach Porto Empedocle Succursale, 12 km; die Valsesia-Eisenbahn von Vignale nach Varallo Sesia, 51 km; die Tanaro-Eisenbahn von Ceva nach Ormea, 35 km; die Irpinia-Eisenbahn von Avellino nach Rocchetta Sant'Antonio, 119 km; die Sannio-Eisenbahn von Benevento nach Bosco Redole, 66 km; die Pedemontana-Eisenbahn von Sacile nach Gemona del Friuli, 75 km; die Monferrato-Eisenbahn von Asti nach Castagnole delle Lanze und Nizza Monferrato, 45 km; und schließlich die spektakulärste und berühmteste von allen, die „Transiberiana d'Italia" von Sulmona nach Carpinone, 118 km. Sie ist die zweithöchste Normalspurbahn Italiens und führt über weite Strecken auf über 1000 m Höhe durch die Wälder des Majella-Nationalparks und die abbruzzische Hochebene, die im Sommer aus grünen Wiesen mit weidenden Tieren besteht, während sie im Winter wegen der extremen Kälte an Sibirien erinnert. Gerade wegen der sehr harten Winter war der Betrieb auf dieser Strecke immer besonders schwierig und erforderte den Einsatz von Schneepflügen, die früher mit Dampf betrieben wurden und heute durch moderne Dieselfräsen ersetzt wurden.

Nach schwierigen Bauarbeiten im unwegsamen Gelände, durch das zudem nur wenige Straßen für den Materialtransport führen, wurde die Strecke Sulmona–Carpinone in zwei Phasen eröffnet: 1892 der Abschnitt Sulmona-Cansano und 1897 der Abschnitt bis Carpinone. Die Strecke ist 118 km lang und führt durch eine gewundene und spektakuläre Route mit starken Steigungen von bis zu 28 Promille: von 328 m in Sulmona steigt sie bis auf 1268 m in der Station Rivisondoli-Pescocostanzo (nach dem Brennerpass mit 1372 m die zweithöchste Italiens), dann geht es hinunter auf 793 m in Castel di Sangro, wieder hinauf auf 923 m in San Pietro Avellana und schließlich hinunter auf 631 m in Carpinone. Nach Kriegsschäden wurde die Strecke erst 1960 wiederhergestellt und erlebte einen allmählichen Verkehrsrückgang bis zur Einstellung des Regelbetriebs Ende 2010. Heute wird sie, wie die anderen neun Linien der „Binari senza tempo", von Touristenzügen mit historischen Dampf- und Dieselloks befahren und hat in kurzer Zeit dank des touristischen Angebots, das zur Entdeckung eines verborgenen, aber nicht weniger schönen und faszinierenden Italiens führt, große Beliebtheit erlangt.

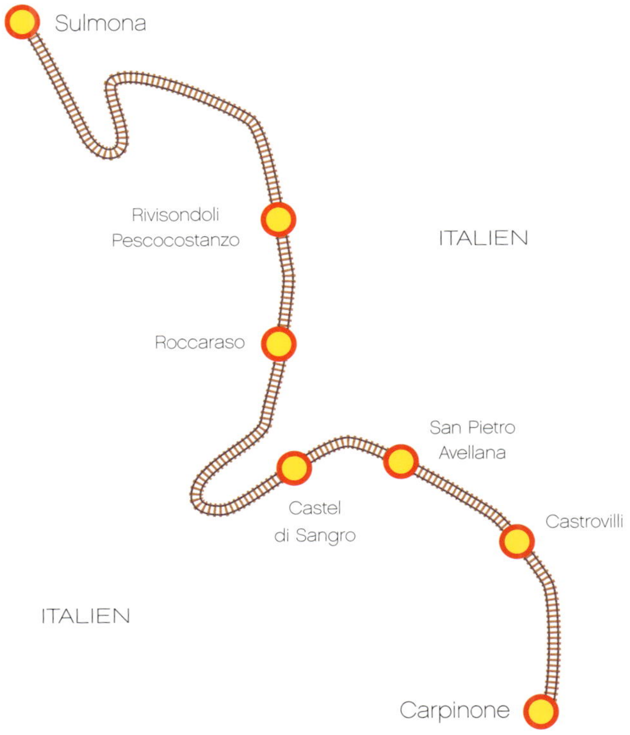

EL TRANSCANTABRICO

SPANIEN

*302 Auch El Transcantabrico hat ein raffiniertes Wappen im Stil der Wagen der Zwanzigerjahre, aus denen sich der Zug zusammensetzt.
Die Reise von León nach Santiago de Compostela dauert acht Tage. In dieser Zeit werden ungefähr 1000 km zurückgelegt.*

Acht Tage und sieben Nächte dauert die Fahrt des Luxuszuges El Transcantabrico durch Nordspanien von Léon nach Santiago de Compostela. Eine gemächliche Reise, ohne Hektik, mit langen nächtlichen Aufenthalten auf ruhigen Bahnhöfen, während der die glücklichen Fahrgäste in den herrlichen Schlafwagen schlummern, unterbrochen von entspannten Ausflügen zu den interessantesten Orten Kantabriens, Galiziens und des Baskenlands. El Transcantabrico besteht aus acht in England gebauten Wagen aus den Zwanzigerjahren – vier Schlaf- und vier Speisewagen – die komplett restauriert wurden, um den Fahrgästen ein exklusives, raffiniertes Ambiente zu bieten. Die vier Salon- und Speisewagen verfügen über Klimaanlage und sind wahre Juwelen, sowohl was ihre Innenausstattung als auch die äußere Architektur betrifft. Einer der Salonwagen wurde zur Tanzbar umfunktioniert, in der natürlich Tango und Flamenco zu Hause sind. Die Einrichtung erinnert an einen kleinen Nachtklub, und jeden Abend werden Musik und Unterhaltung bis zum Morgengrauen geboten. Im zweiten Salonwagen können sich die Reisenden mit TV und Video oder auch Gesellschaftsspielen entspannen. Im dritten Wagen befindet sich die zweite Bar des Zuges, deren luxuriöses Ambiente von Sesseln und kleinen Tischen, an denen das Zugpersonal Drinks serviert, vervollständigt wird. Der vierte Wagen ist den Fahrgästen vorbehalten, die eine geruhsamere, zurückgezogenere Art des Reisens vorziehen; er bietet eine gut ausgestattete Bibliothek sowie die wichtigsten europäischen Tageszeitungen. Ebenso luxuriös die vier Schlafwagen mit jeweils vier Zwei-Bett-Abteilen. Die Einrichtung umfasst einen Kleiderschrank, einen kleinen Tisch, Minibar und Telefon sowie wertvolle Teppiche auf dem Boden. Das private Bad ist mit Sauna, Unterwassermassage und Föhn ausgestattet. Durch ein großes, mit einem Vorhang geschütztes Fenster kann der Gast völlig entspannt die vorbeiziehende Landschaft bewundern. Der Küche kommt auf dem El Transcantabrico fundamentale Bedeutung zu, zumal er durch Regionen fährt, in denen die Küchenchefs sich etwas darauf zugutehalten, die absolut besten spanischen Gerichte zuzubereiten. Während der Reise bieten die Bordköche den Fahrgästen einen kompletten Querschnitt der typischen Gerichte der lokalen Küche.

Unvergesslich sind auch einige der im Programm vorgesehenen Ausflüge: von den neolithischen Wandmalereien in den Höhlen von Altamira über das mittelalterliche Dorf Santillana de Mar bis hin zu einem märchenhaften Dinner in der von dem berühmten Architekten Gaudi entworfenen Villa bei Comillos und dem Besuch des Santuario in Santiago de Compostela. Die etwa 1000 km lange Reise in den unverwechselbaren, weiß-blauen Waggons kann man sowohl in Santiago di Compostela als auch in Léon beginnen. Während der Fremdenverkehrssaison von April bis Oktober startet der Zug einmal wöchentlich abwechselnd von den beiden Endstationen zu seiner erholsamen Fahrt durch Nordspanien. Zudem organisiert die Gesellschaft Sonderfahrten, etwa zu Silvester oder während der Karwoche. Betreiberin des El Transcantabrico ist die FEVE (Ferrocarrillas de Via Estrecha), eine staatliche spanische Gesellschaft, die sich seit über vierzig Jahren um den Eisenbahnverkehr – und zwar sowohl die Personenbeförderung als auch den Gütertransport – auf dem Meterspurnetz in Nordspanien, dem längsten Europas, kümmert.

302-303 Der Zug setzt sich aus acht Wagen zusammen, die in Großbritannien gebaut und luxuriös ausgestattet wurden. Es gibt vier Salonwagen, die übrigen sind Schlafwagen.

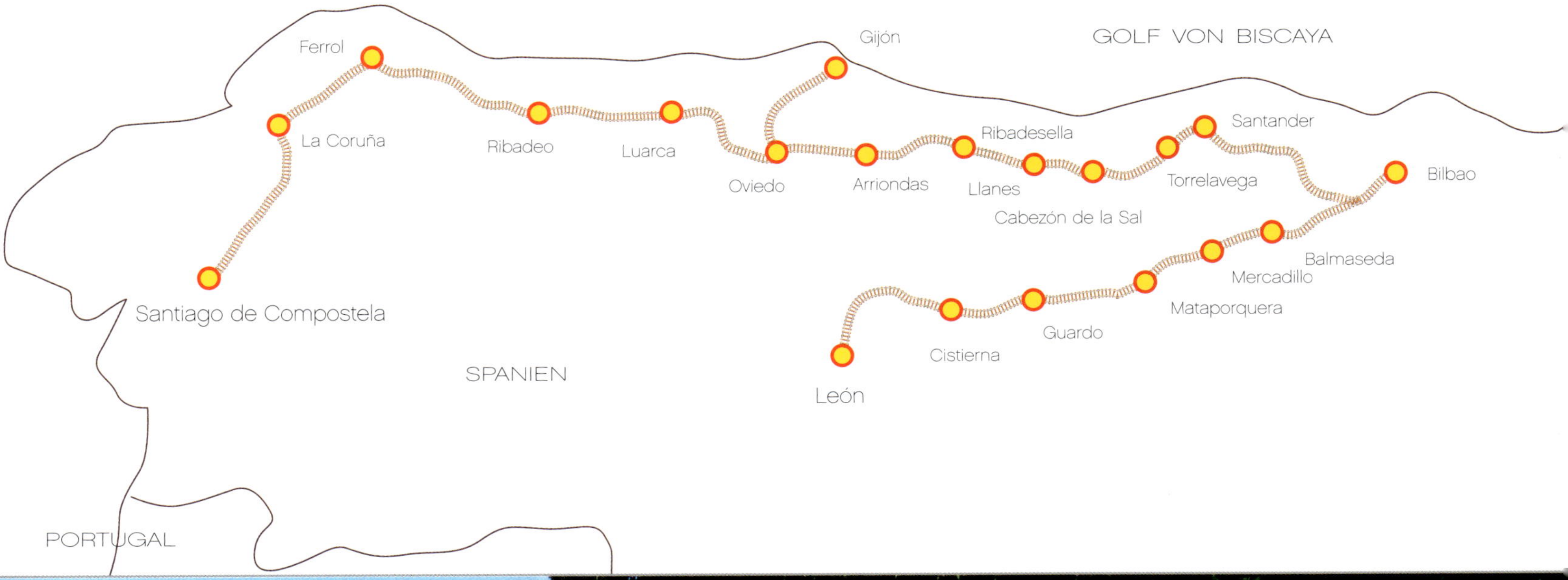
GOLF VON BISCAYA
Ferrol
Gijón
La Coruña
Ribadeo
Luarca
Oviedo
Arriondas
Ribadesella
Llanes
Cabezón de la Sal
Santander
Torrelavega
Bilbao
Balmaseda
Mercadillo
Mataporquera
Guardo
Cistierna
León
Santiago de Compostela
SPANIEN
PORTUGAL

EL TRANSCANTABRICO
FEVE
COCHE SALON

DIE TRANS-SIBIRISCHE EISENBAHN

RUSSLAND – CHINA

304 oben Der Golden Eagle Trans Siberian Express durchquert die herrlichsten sibirischen Landschaften auf elf- bis einundzwanzigtägigen Routen. Mit ihren 9000 km ist die Transsibirische Eisenbahn die längste Bahnlinie der Welt.

Die Fahrt mit der Transsibirischen Eisenbahn von Moskau nach Wladiwostok ist noch ein echtes Abenteuer, vor allem wenn man sich entschließt, die über 9000 km zwischen den beiden Städten mit dem Linienverkehr zurückzulegen und nicht in einem der Luxuscharterzüge, die seit einigen Jahren auf dieser Route fahren. In beiden Fällen ist es eine denkwürdige Erfahrung, da es auf der Welt keine andere Strecke dieser Länge gibt, die durch so faszinierende und für uns noch unbekannte Gegenden führt.

1903 offiziell eingeweiht, wurde sie so schnell zur Hauptverkehrsachse zwischen Sankt Petersburg, der damaligen Hauptstadt des Russischen Reichs, und den Pazifikhäfen im Osten, dass man schon nach wenigen Jahren beschloss, sie zweigleisig auszubauen, ein Werk, das übrigens noch immer nicht ganz vollendet ist. 2002 wurde die Linie jedenfalls komplett elektrifiziert, was sich vor allem direkt positiv auf das Gewicht der dort verkehrenden Güterzüge auswirkte. Ein Personenzug im Regelverkehr legt die 9288 km lange Fahrt in etwa einer Woche zurück. Seit einigen Jahren ist es auch möglich, über zwei Abzweigungen bis nach China und Peking zu reisen: zum einen mit der Transmongolischen Eisenbahn über Ulan Bator, zum anderen mit der Transmandschurischen Eisenbahn über Harbin.

Auf der Transsib werden natürlich viele Züge eingesetzt, die jedoch in der Regel alle ähnlich zusammengesetzt sind. In Russland gibt es drei Wagenklassen: Unserer ersten Klasse entspricht die SV, der zweiten kupeyny und der dritten, am populärsten, die sogenannte platzkartny, mit Großraumwagen statt einzelnen Abteilen, in denen die Fahrgäste alsbald wie in einem Lager kampieren. Die Waggons erster Klasse haben Zwei-Bett-Abteile, der zweiten Vier-Bett-Abteile. Duschen gibt es nicht, dafür steht in einem russischen Samowar immer heißes Wasser für den unverzichtbaren Tee zur Verfügung. Die Wagen dritter Klasse sind vom übrigen Zug getrennt, während sich zwischen der ersten und zweiten Klasse ein Speisewagen befindet. Auf jeden Fall ist es sehr einfach, an den zahlreichen Kiosks, die es in allen Bahnhöfen gibt, etwas zu essen zu kaufen. Kurioserweise zeigen die in jedem Waggon vorhandenen Uhren Moskauer Zeit, was unweigerlich zu Verwirrungen führt, wenn der Zug zwei oder drei der sieben Zeitzonen bis Wladiwostok passiert hat. Nimmt man die Hilfe eines Reisebüros für die Beschaffung der Visa und Hotelreservierungen in den Städten, in denen man länger bleiben möchte, in Anspruch, ist eine individuelle Reise mit einem täglichen Linienzug der Transsib problemlos möglich. Will man auf der langen Reise dagegen in einem Luxuszug verwöhnt werden, sollte man sich für den Golden Eagle Trans Siberian Express entscheiden: einen vor Kurzem in Betrieb genommenen Traumzug, der einen tadellosen Fünf-Sterne-Service bietet und in einem Atemzug mit dem bereits aktiven Siberian Tiger Trans Siberian Express zu nennen ist. Die Kabinen der zwölf Schlafwagen bieten Dusche, Fußbodenheizung, Stereo- und Video-Anlage mit LCD-Bildschirm und DVD-Player, während Küche und Bar an Bord den besten europäischen Restaurants in nichts nachstehen. Insgesamt besteht der Zug aus 21 Wagen. Die beiden Züge verkehren von Mai bis November auf Routen von 11 bis 21 Tagen. Auf den ersten Kilometern werden diese Züge von einer Dampflokomotive der Baureihe P36 geführt (der einzigen in Russland in Privatbesitz), die eigens in den letzten Jahren restauriert wurde.

304-305 Der von zwei großen Dieselloks geführte Trans Siberian Express fährt durch noch unverschmutzte Landschaften Richtung Wladiwostok.

305 unten In dem ungemein luxuriösen Ambiente des Golden Eagle Trans Siberian Express genießt man die lange Fahrt vollkommen entspannt.

PALACE ON WHEELS

INDIEN

Das Indien der Maharadschas kann man mit einem Luxuszug vergangener Jahre auf einer der klassischen Routen besichtigen, dem Palace on Wheels, einem wahren Palast auf Rädern, der nun allen Reisenden zur Verfügung steht. Dieser Zug und seine Zielorte gehören ohne Zweifel zu den schönsten der Welt; er ist jedenfalls der einzige, in dem man die Atmosphäre Indiens zur Zeit des britischen Kolonialreichs atmen kann. Der Zug besteht aus vierzehn Wagen, natürlich mit Klimaanlage und jedem möglichen Komfort, doch das wahre Wunder ist die Innenausstattung und Einrichtung: Jeder einzelne Wagen unterscheidet sich von den anderen, aber durch alle zieht sich ein gemeinsames Leitmotiv, das die Geschichte Indiens durch Bilder, Wandteppiche, Intarsien und Seidenstoffe erzählt. Jeder Wagen trägt den Namen eines der alten Fürstentümer Rajasthans, auf das sich auch die gesamte Innendekoration bezieht. Das Mittagessen wird in den beiden Speisewagen The Maharaja und The Maharani in landestypischem Stil serviert: Der Gast kann unter verschiedenen, von den hervorragenden Küchenchefs frisch zubereiteten Gerichten der kontinentalen, chinesischen, indischen, aber auch typisch radjasthanischen Küche wählen. Alles in allem stellt der Zug eine Hymne auf die indische Tradition dar, ohne die Ansprüche eines modernen Reisenden wie Radio, Farb-TV, DVD-Player bis hin zum Satellitentelefon außer Acht zu lassen. Ein raffiniertes Detail in der großen Tradition englischer Reisender des vergangenen Jahrhunderts ist die kleine, in jedem Wagen vorhandene Bibliothek, aus der man abends ein gutes Buch wählen und vielleicht einen Drink an der Bar nehmen kann. Die Betreibergesellschaft des Zuges bietet verschiedene Reisen an, ungefähr wie der Orient-Express in Europa, aber die einwöchige Rundreise mit Abfahrt und Ankunft in Neu-Delhi ist die klassische Route des Palace on Wheels, wie London–Venedig für den Orient-Express. Die Tour beginnt auf dem Bahnhof Safdarjung in Neu-Delhi, wo die Reisenden im Zug vom Personal empfangen werden, das sich auf der ganzen Fahrt gewissenhaft um sie kümmern wird, und führt nach Jaipur, seinerzeit eine der

berühmtesten Städte der Welt. Die Hauptstadt Rajasthans, die „rosarote Stadt", wurde 1727 von Maharadscha Swai Jai Singh gegründet. Natürlich beinhaltet das Programm Besichtigungen der an der Strecke liegenden Städte in bequemen Reisebussen mit Klimaanlage und Bar. Am dritten Tag hält der Palace on Wheels in Jaisalmer, mitten in der Wüste Thar, berühmt wegen des ganz aus Sandstein erbauten Forts, das die Stadt überragt. Hier kann man auch ausprobieren, wie man sich bei einem Ausritt auf dem Rücken eines Kamels fühlt. Weiter geht es nach Jodhpur, das am nächsten Morgen nach einer Nacht im Zug erreicht wird. Es ist die zweite Stadt Radjasthans, neben ihren feinen Manufakturen auch wegen des Felsenforts von Meherangarh bekannt. Während des kurzen Aufenthalts in Sawai Madhopur ist am frühen Morgen ein Besuch des Ranthambor-Nationalparks geplant, wo man mit etwas Glück noch Tiger beobachten kann. Dann fährt der Palace on Wheels über Chittaurgarh nach Udaipur. Die Reise nähert sich ihrem Ende, doch zuvor kommt der Zug noch in zwei wichtige Städte: Bharatpur und vor allem Agra, wo der Besuch des weltberühmten Taj Mahals obligatorisch ist, das als eines der sieben Weltwunder gilt. Nach einer unvergesslichen Woche läuft der Palace on Wheels wieder in den Bahnhof von Neu-Delhi ein.

306 Mit dem Palace on Wheels kann man Rajasthan wie in einem Traum aus Tausendundeiner Nacht besichtigen. Es werden zahlreiche Strecken angeboten, aber die klassische Rundreise dauert eine Woche mit Start und Ziel in Neu-Delhi.

307 Von außen sehen die Wagen des Palace on Wheels ziemlich normal aus, aber ihre Innenausstattung ist absolut einzigartig – mit Wandteppichen und Bildern, die Szenen aus der indischen Geschichte erzählen.

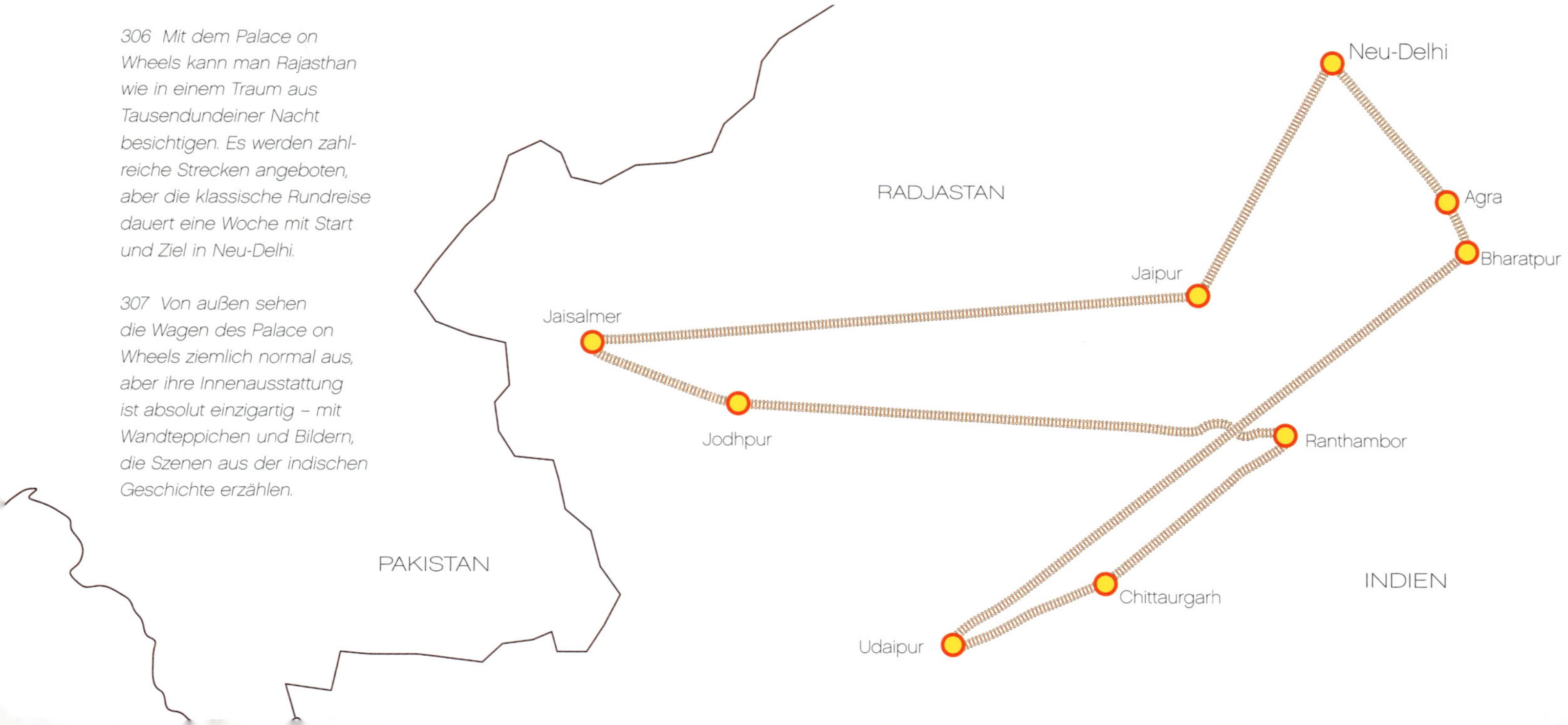

Darjeeling Himalayan Railway

Indien

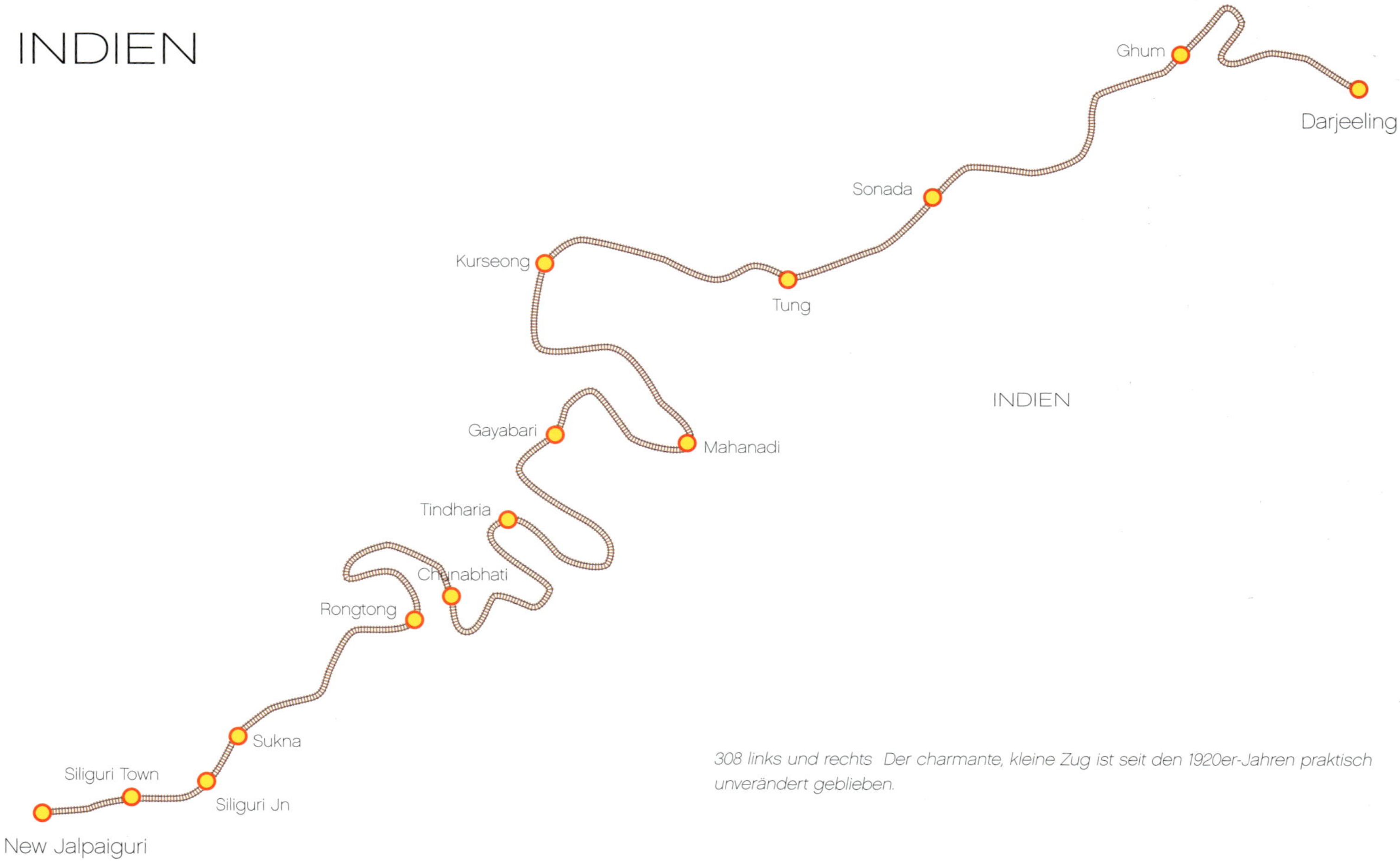

308 links und rechts Der charmante, kleine Zug ist seit den 1920er-Jahren praktisch unverändert geblieben.

Die Darjeeling Himalayan Railway, wegen ihrer geringen Größe auch als „Toy Train" bezeichnet, steht seit 1999 auf der UNESCO-Liste des Weltkulturerbes und ist eine der berühmtesten Eisenbahnen der Welt. Die 610-mm-Schmalspurbahn verbindet New Jalpaiguri mit Darjeeling im indischen Bundesstaat Westbengalen und ist rund 88 km lang. Die Strecke wurde zwischen 1879 und 1881 erbaut und steigt von etwa 100 m über dem Meeresspiegel in New Jalpaiguri bis auf 2200 m in Darjeeling an. Ihre Berühmtheit verdankt sie nicht nur der Schönheit der Landschaft und dem Charme der alten, blau lackierten Dampflokomotiven (heute teilweise durch Diesellokomotiven ersetzt), sondern auch der besonderen Streckenführung, mit der die 2100 m Höhenunterschied überwunden werden. An den steilsten Stellen wendet die Bahn zwei ungewöhnliche Konstruktionsstrategien an, um an Höhe zu gewinnen: sehr enge 180°-Kurven und, wo nicht einmal dafür Platz ist, nicht weniger als sechs „Zickzack"-Linien, in denen der Zug vor- und zurück- über Gleisabschnitte mit entgegengesetzten Steigungen fährt. Auf der gesamten Strecke nimmt der kleine Zug 872 Kurven, überquert 456 Brücken und 153 unbewachte Bahnübergänge, vorbei an vielen kleinen Bahnhöfen und Haltestellen, kleinen Dörfern inmitten endloser Teeplantagen. Im Hintergrund sind die schneebedeckten Gipfel des Himalaya zu sehen, die auch die Grenzen zu Nepal und China markieren. Es ist eine faszinierende Reise für alle, aber für diejenigen, die sich für die

Geschichte der Eisenbahn interessieren, sind die 0-4-0ST-Lokomotiven der B-Klasse, die zunächst von Sharp, Stewart and Company und dann von der North British Locomotive Company zwischen 1889 und 1925 gebaut wurden, am interessantesten. Von den ursprünglich 34 Lokomotiven sind nur noch zwölf aktiv. Es handelt sich um kleine zweiachsige Lokomotiven mit Rädern von 660 mm Durchmesser und einem Achsgewicht von nur 7,75 Tonnen, die für die prekären Streckenverhältnisse geeignet sind und sich durch die besondere Anordnung des Wassertanks über dem Kessel auszeichnen. Für den Fall, dass Ihre Neugier auf Indiens Gebirgsbahnen nach der Fahrt mit der Darjeeling Himalayan Railway noch nicht ganz befriedigt ist, hat die UNESCO zwei weitere Strecken in die Liste des Weltkulturerbes aufgenommen. Die erste ist die Nilgiri Mountain Railway, eine 46 km lange, eingleisige Meterspurbahn im Bundesstaat Tamil Nadu. Ihr Bau wurde bereits 1854 geplant, aber wegen des gebirgigen Geländes erst 1908 abgeschlossen. Diese Bahn, die von 326 m auf 2203 m hinaufführt, galt damals als technologische Meisterleistung. Die zweite ist die Kalka-Shimla-Eisenbahn, eine 96 km lange, eingleisige Eisenbahnverbindung, die Mitte des 19. Jahrhunderts gebaut wurde, um die Stadt Shimla auf der Hochebene zu erreichen. Diese Eisenbahn gilt noch heute als Symbol für die technischen und materiellen Anstrengungen, die unternommen wurden, um die Isolation der Bergbewohner zu durchbrechen. Beide Bahnen sind, ebenso wie die Darjeeling Himalayan Railway, noch voll in Betrieb und faszinierend zu entdecken.

309 Der „Toy Train" zwischen Ghum und Darjeeling steht vor einer der „Windungen", mit denen man an Höhe gewinnt. Oben ist das Gleis zu sehen, auf dem er nach der Windung fahren wird.

EASTERN & ORIENTAL EXPRESS

THAILAND - SINGAPUR

Die Brücke am Kwai ist nicht mehr dieselbe wie in dem berühmten Film, aber sie mit dem Eastern & Oriental Express zu überqueren, ist immer ein besonderes Erlebnis. Der luxuriöse Zug, der asiatische Bruder des zum Mythos gewordenen Venice-Simplon-Orient-Express, bietet ein ganzes Spektrum von Traumrouten in Thailand, Malaysia und Singapur. Von Bangkok aus geht die Fahrt nach Chiang Mai und Vientiane im Norden und Kuala Lumpur und Singapur im Süden.

Malaysia und Thailand hielten ihre Eisenbahnnetze schon immer getrennt, und so waren die Reisenden gezwungen, im Bahnhof Penang umzusteigen. Der Eastern & Oriental Express ist der erste Zug, der dank eines speziellen Abkommens die ganze Strecke zwischen Kuala Lumpur und Bangkok zurücklegen darf.

Die Wagen des Zuges wurden ursprünglich 1971 von Mitsubishi Shoji-Kaisha in Japan gebaut und auf dem Silver Star in Neuseeland eingesetzt, dem Luxuszug, der von 1971 bis 1979 nachts zwischen Auckland und Wellington verkehrte, ehe er durch den Night Limited Express ersetzt wurde. Für ihren Umbau war der Ingenieur Gerard Gallet zuständig, unter dessen Leitung bereits die Wagen des Venice-Simplon-Orient-Express restauriert wurden. Nach erfolgter Generalüberholung wurden die Waggons dem neuen Betrieb angepasst: Klimaanlage, unabdingbar in diesem Teil Asiens, aber auch größere Fenster im Speisewagen, damit die Fahrgäste die vorbeiziehende Landschaft besser genießen können. Die gesamte Innenausstattung ist orientalisch inspiriert und soweit wie möglich mit landestypischen Materialien eingerichtet. Ergebnis: ein Zug, der die Reisenden in die Atmosphäre der Kolonialzeit entführt. Der Eastern & Oriental Express bietet drei Unterbringungsstandards an Bord: zwei Presidential Suites mit jeweils über 11 m² und 28 State Compartments, deren Sitzgelegenheiten nachts in zwei Betten umgewandelt werden, sowie 36 kleinere Pullman Compartments mit Etagenbetten.

Eine der Hauptattraktionen des Zuges ist das Observation Car mit seiner großen, überdachten, aber an den Seiten offenen Veranda, von der aus man nicht nur die Aussicht, sondern auch den Duft und die Geräusche der vorbeiziehenden tropischen Landschaft genießen kann. Die Innenräume sind vollständig mit Holz vertäfelt und mit gemütlichen Sesseln

310 Der Eastern & Oriental Express versetzt die Reisenden in die geheimnisvolle Atmosphäre des Fernen Ostens. Der Zug fährt von Singapur aus in Richtung Norden nach Malaysia und Thailand, wo er auch die Tha Chomphu Bridge überquert.

311 In der Gegend von Butterworth führt die Route mitten durch den malaysischen Tropenwald. Weiter nördlich, in Thailand, quert der Zug auch die berühmte Brücke über den River Kwai, die durch den gleichnamigen Film bekannt wurde.

und Sofas ausgestattet. Abends kann man bei einem Drink und dem ein oder anderen Gespräch an der Bar gepflegter Klaviermusik lauschen. Die Hauptroute führt in drei Tagen von Singapur nach Bangkok. Der Zug fährt morgens im Bahnhof Keppel Road in Singapur ab und ist den ganzen Tag unterwegs, bis er gegen Abend Kuala Lumpur erreicht. Während des Aufenthalts kann man den herrlichen, ganz in maurischem Stil erbauten Bahnhof bewundern. Am zweiten Tag fährt der Eastern & Oriental Express bis Butterworth, wo Ausflüge in die umliegenden Orte vorgesehen sind. Weiter geht es nach Thailand und am darauffolgenden Morgen zu der Begegnung mit der berühmten Brücke am Kwai: Im April 1943 wurde der Originalbau aus Holz zweihundert Meter flussabwärts durch eine Metallkonstruktion ersetzt. Der Kurventeil der jetzigen Brücke stammt noch vom Original. Die Fahrgäste haben die Möglichkeit, den Zug zu fotografieren, wie er langsam die Brücke überquert, und dann ein paar Minuten zu warten, bis er gemächlich zurückkommt, um sie wieder an Bord zu nehmen. Nach einem Besuch der nahe gelegenen Tempel und der Kriegsgräber führt die Reise weiter nach Bangkok.

312-313 Die Waggons waren ursprünglich Teil des neuseeländischen Luxusexpress Silver Star. Sie wurden von demselben Ingenieur restauriert, der auch die Wagen der CIWL für den Venice-Simplon-Orient-Express wieder instand setzte.

313 oben und unten Eines der Wunder des Eastern & Oriental Express ist sicher der offene Aussichtswagen am Ende des Zugs. Im gleichen Atemzug zu nennen ist die Presidential Suite, die allein eine Fläche von mehr als 11 m² hat.

PRIDE OF AFRICA

SÜDAFRIKA

Durchquert man Südafrika von Pretoria nach Kapstadt, kann man die vielen verschiedenen Aspekte dieses Landes kennenlernen: die modernen Städte Pretoria und Johannesburg, die Savanne im Norden, die Wüstenlandschaft des Great Karoo zwischen Kimberley und De Aar, die alpin anmutenden Berge und schließlich die von Weinreben bedeckten Hügel der Kap-Provinz. Auf dieser wunderbaren Strecke verkehrt einer der schönsten Touristenzüge der Welt, The Pride of Africa, der Stolz Afrikas, und nie war ein Name passender in einem Land, das in den letzten Jahren zu einem Symbol für seinen Kontinent geworden ist.

In komfortablen Doppelkabinen kann der Pride of Africa bis zu 72 Fahrgästen Platz bieten. Auf der 1600 km langen Reise wird er von Elektro-

314 oben Zu der Faszination des Pride of Africa trägt nicht zuletzt die Tatsache bei, dass der Zug von Lokomotiven der Baureihe 19D der südafrikanischen Eisenbahnen geführt wird, die eigens von der Gesellschaft Rovos, der Eigentümerin des Zuges, gekauft wurden.

Dieselloks geführt, aber auch von einigen der berühmtesten südafrikanischen Dampflokomotiven. Es handelt sich um Originalzüge aus jener Zeit, wenngleich sie zum Teil umgebaut wurden, um den Komfort an Bord zu erhöhen. Einige gehen sogar auf das Jahr 1911 zurück und konnten wieder in Betrieb genommen werden, nachdem man sie in den hintersten Winkeln des südafrikanischen Eisernbahnnetzes aufgespürt hatte. So wurde zum Beispiel der Speisewagen Nr. 195 Shangani, Baujahr 1924, in bedauernswerter Verfassung in einem Eisenbahndepot in Alberton entdeckt, aufgekauft und komplett restauriert. Drei der Original-Teaksäulen wurden entfernt und nachgebaut und der Karosserie Schritt für Schritt wieder die Pracht der viktorianischen Ära verliehen.
Außer den Schlafwagen umfasst der Zug noch zwei Speisewagen mit 42 Plätzen, einen Salonwagen und einen Aussichtswagen am Zugende mit einer großen, offenen Veranda. Selbstverständlich gibt es im Pride Of Africa weder Fernsehen noch Radio, um die authentische Atmosphäre des Zugs nicht zu zerstören. Die Reise beginnt in der Capital Park Station, wo sich auch die operative Basis der Betreibergesellschaft Rovos befindet. Capital Park ist ein kleiner Bahnhof mit angrenzendem Lokdepot, das zu Dampfzeiten bis zu 140 Maschinen zählte. Die Gesellschaft hat ihn nun restauriert und beabsichtigt, ihn ebenfalls in ein Eisenbahnmuseum umzuwandeln, und zwar zum Teil in ein Live-Museum, weil es sich um die Basisstation der sechs Dampflokomotiven handelt, die abwechselnd den Pride of Africa führen. Die älteste und kleinste ist die Nr. 439 Tiffany der Baureihe 6, Baujahr 1893. Bei drei weiteren handelt es sich um modernere Maschinen der Baureihe 19D aus den Dreißigerjahren, die man vor dem Verschrotten retten konnte. Sie wurden restauriert und 1989 wieder in Betrieb genommen. Die beiden Schlachtschiffe der Flotte sind die 3484 Marjorie und eine Garrat GMAM: Erstere, eine große Maschine der Baureihe 25NC, ist sehr wertvoll für die Durchquerung der Great Karoo, da sie dank ihres Zusatztenders über 700 km zurücklegen kann, ohne Wasser nachtanken zu müssen. Für die klassische Strecke von Pretoria nach Kapstadt benötigt der Pride of Africa 48 Stunden, bei drei Abfahrten pro Woche in beide Richtungen. Am ersten Tag: Treffpunkt in der Capital Park Station, Abfahrt am Nachmittag, Abendessen an Bord, am nächsten Morgen Aufenthalt in der Stadt Kimberley mit Besichtigung des Big Hole, einer ehemaligen Diamantenmine unter freiem Himmel; ein senkrechtes Loch von 215 m Tiefe, das als die größte von Menschenhand geschaffene Grabung der Welt gilt. Nachdem der Zug in der Nacht De Aar passiert hat, erreicht er am darauffolgenden Morgen Matjiesfontein, wo er für den Besuch des historischen Dorfes Station macht. Weiter geht es gegen Mittag, bis er in den Nachmittagsstunden auf Bahnsteig 24 im Bahnhof von Kapstadt einläuft.

314 unten Der traditionelle Kurs des Pride of Africa ist Pretoria–Kapstadt, doch häufig geht die Tour auch bis zu den Victoriafällen in Zimbabwe, wo man ein Flugzeug chartern kann, um Fotos wie dieses zu schießen.

315 In Südafrika wechseln sich wüstenähnliche Landschaften mit Gegenden ab, die an die Alpen erinnern: Während der 1600 km langen Reise an Bord des Pride of Africa lernt man diese unglaubliche Vielfalt schätzen.

THE GHAN
AUSTRALIEN

Der Personenzug, der in 48 Stunden den ganzen australischen Kontinent von Norden nach Süden durchquert heißt The Ghan. Eine 2979 km lange Reise von Darwin über Alice Springs nach Adelaide. Der Name des Zuges, der von der Central Australian Railway betrieben wird, ist die Kurzform für die alte Bezeichnung The Afghan Express, der von den Kamelkarawanen herrührt (die Mitte Australiens ist Wüste), die vor dem Bau der Eisenbahn derselben Strecke folgten. Jetzt ist The Ghan ein komfortabler Luxusreisezug mit allem Komfort, der vorwiegend im Dienst der Touristen den Kontinent durchquert. Für Geschäftsreisen bedient man sich in Australien bei diesen Entfernungen, aber auch bei sehr viel kürzeren, des Flugzeugs und häufig auch des Hubschraubers, eines häufig benutzten Transportmittels, um zu den entlegenen Orten im Landesinnern zu gelangen.

Zurück zu unserem Zug und der Transkontinentalstrecke: Hierzu ist zu sagen, dass es den jetzigen Ghan erst seit dem 4. Februar 2004 gibt, als der erste Reisezug auf der neuen Normalspurstrecke von Adelaide nach Darwin fuhr, die als Ersatz für die ursprüngliche Schmalspurlinie gebaut worden war. Am 18. Januar 1878 hatten in Port Augusta, im Nordteil der Linie, die Arbeiten für die alte Streckenführung begonnen, aber erst am 6. August 1929 wurde das Werk mit der Ankunft in Alice Springs vollendet. In Wirklichkeit waren die beiden Teilstücke Adelaide–Alice Springs und Alice Springs–Darwin nicht miteinander verbunden, aber der alte Ghan nahm den Betrieb trotzdem auf, wenn auch natürlich mit einem Zugwechsel auf halber Strecke. Von der alten Linie ist heute nur ein kurzer Abschnitt von Quorn nach Port Augusta geblieben, und ein Stück weit laufen die beiden Linien parallel, wenn auch in einem gewissen Abstand.

316 oben Der Name The Ghan ist die Kurzform von The Afghan, in Erinnerung an die Kamelkarawanen, die in der Vergangenheit durch das Land zogen und auch zu dem Symbol des australischen Zuges inspirierten.

316-317 Auf seiner transkontinentalen Reise von Norden nach Süden durchquert The Ghan auch die große australische Wüste.

317 oben The Ghan startet im Bahnhof von Darwin an der Nordküste des australischen Kontinents und erreicht sein Ziel 2979 km weiter südlich in Adelaide. Diese Reise steht erst seit Februar 2004 auf dem Programm.

Die sogenannte Pichi Richi Railway (der Name stammt von einer lokalen Pflanze, dem Pituri-Strauch) läuft seit 2002 als Museumsbahn, nachdem man viel rollendes Material aus jener Zeit restauriert hat. Hat man den Kontinent einmal mit The Ghan durchquert, macht eine Fahrt mit einem dieser Züge deutlich, wie hart das Reisen in der Vergangenheit war. Heute verkehrt The Ghan zweimal wöchentlich über die gesamte Strecke, mit zwei Aufenthalten von jeweils etwa vier Stunden in Katherine und Alice Springs, wo die Fahrgäste die Gelegenheit zu touristischen Ausflügen wahrnehmen können. In Darwin kann man die Reise mit zwei weiteren Luxuszügen fortsetzen und mit dem Indian Pacific oder dem Overland nach Sydney beziehungsweise Melbourne weiterfahren.

Wie in allen Zügen dieser Klasse sind auch die Fahrgäste des Ghan in komfortablen Wagen untergebracht, jedoch im Unterschied zu den anderen Zügen kann man hier zwischen zwei Service-Angeboten wählen, dem Gold Kangaroo Service mit richtigen Ein- oder Zwei-Bett-Abteilen, und dem günstigeren Red Kangaroo Service, bei dem die Abteile nachts zum Schlafen umgewandelt werden oder Liegesofas haben. Auch die Bordverpflegung ist in der Luxus- und Economy-Class erhältlich. The Ghan verfügt außerdem über vier Spezialwaggons, die man auf Wunsch mieten kann: den Vorstandswagen (The Chairman Carriage), der bis zu acht Personen Platz bietet und zwei Schlafzimmer, Salon und private Küche umfasst, den Prince of Wales, einen Salonwagen, der 1919 eigens für den Besuch des Prinzen von Wales gebaut und wieder in Originalzustand versetzt wurde, den Governor's Lounge, 1917 anlässlich der Eröffnung der Trans Australian Railway gebaut, und Sir John Forrest, aus der gleichen Zeit, der für Meetings und Tagungen genutzt wird.

THE CANADIAN

KANADA

Die kanadische Transkontinentallinie, die Toronto im Gebiet der Großen Seen mit Vancouver am Pazifik verbindet, ist eine der faszinierendsten Eisenbahnstrecken der Welt: Sie wurde zwischen 1881 und 1885 gebaut und führt durch wundervolle, wilde Landschaften, die noch heute den Zauber von vor hundert Jahren bewahrt haben, eine Strecke, die man heute wieder mit The Canadian befahren kann, dem Prestige-Zug der VIA Rail, eines staatlichen Unternehmens, das seit 1978 für den Intercity-Reiseverkehr in Kanada zuständig ist. Anfänglich wurde der Zug von der Canadian Pacific Railway betrieben, die in den Jahren direkt nach dem Zweiten Weltkrieg beschloss, die traditionellen Wagen durch für die damalige Zeit hochmoderne aerodynamische Edelstahlwaggons zu ersetzen, die eigens von der Budd Company in Philadelphia in mehreren Auflagen gebaut wurden. Der Auftrag über insgesamt 173 Fahrzeuge beinhaltete auch Aussichtswagen für das Zugende und Panoramawagen mit erhöhtem Mittelteil und völlig transparentem Kuppeldach. Der Zug bestand aus insgesamt etwa dreißig Wagen, einschließlich luxuriös ausgestatteter Schlaf-, Speise- und Salonwagen sowie einiger Gepäck- und Servicewagen. VIA Rail verwendet für The Canadian immer noch das historische Material, das ihn auf der ganzen Welt berühmt gemacht hat, natürlich im Innern an die aktuellen Komfortstandards angepasst. Heute ist der Zug eher für Touristen als für Geschäftsreisende bestimmt und verkehrt noch an drei Tagen der Woche. Die gesamte Reise von der Union Station in Toronto zur Pacific Central Station in Vancouver dauert drei Tage, aber da The Canadian ein Linien-Personenzug und kein Charterzug ist, kann man Fahrkarten für alle Zwischenstationen kaufen oder auch nur Teilstrecken befahren. Beim Erwerb der Fahrkarte kann man zwischen zwei Service-Kategorien wählen, der günstigeren Comfort Class (Toronto–Vancouver kostet nur 428 Dollar), die Liegesitze wie im Flugzeug bietet, allerdings mit bedeutend größeren Abständen zwischen den Sitzreihen, und der Silver & Blue Class, in der die Unterbringung in Schlafwagen und Verpflegung (im Fahrkartenpreis enthalten) in den Park-Speisewagen der ersten Klasse vorgesehen sind. Außerdem gibt es den sogenannten Romance By Rail Service für Paare, der eine Suite mit Doppelbett, Wein, Blumen und einen besonderen Service beinhaltet. Das Schönste an der ganzen Reise ist natürlich, die herrliche kanadische Landschaft und insbesondere die Rocky Mountains von der Aussichtskuppel der Dome Cars zu genießen. Neben der reinen Fahrt im Canadian bietet VIA Rail auch interessante Touristenpakete zu den Hauptzielen der Reise an, aber man hat auch an die Backpacker gedacht, die Rucksacktouristen, und ganz allgemein an die abenteuerlustigeren und sportlicheren Reisenden: So gibt es zwischen Sudbury Junction und Winnipeg außerdem den Special Stop Service, das heißt, man kann sich an jeder beliebigen Stelle der Strecke, mitten in der Wildnis, absetzen lassen, indem man einfach nur rechtzeitig den Streckenkilometer angibt, an dem The Canadian halten soll.

318 The Canadian verfügt über einen kleinen Panoramawagen mit Glasdach am Ende des Zuges.

319 The Canadian auf der Fahrt durch die glitzernde Seenlandschaft mit den Rocky Mountains im Hintergrund.

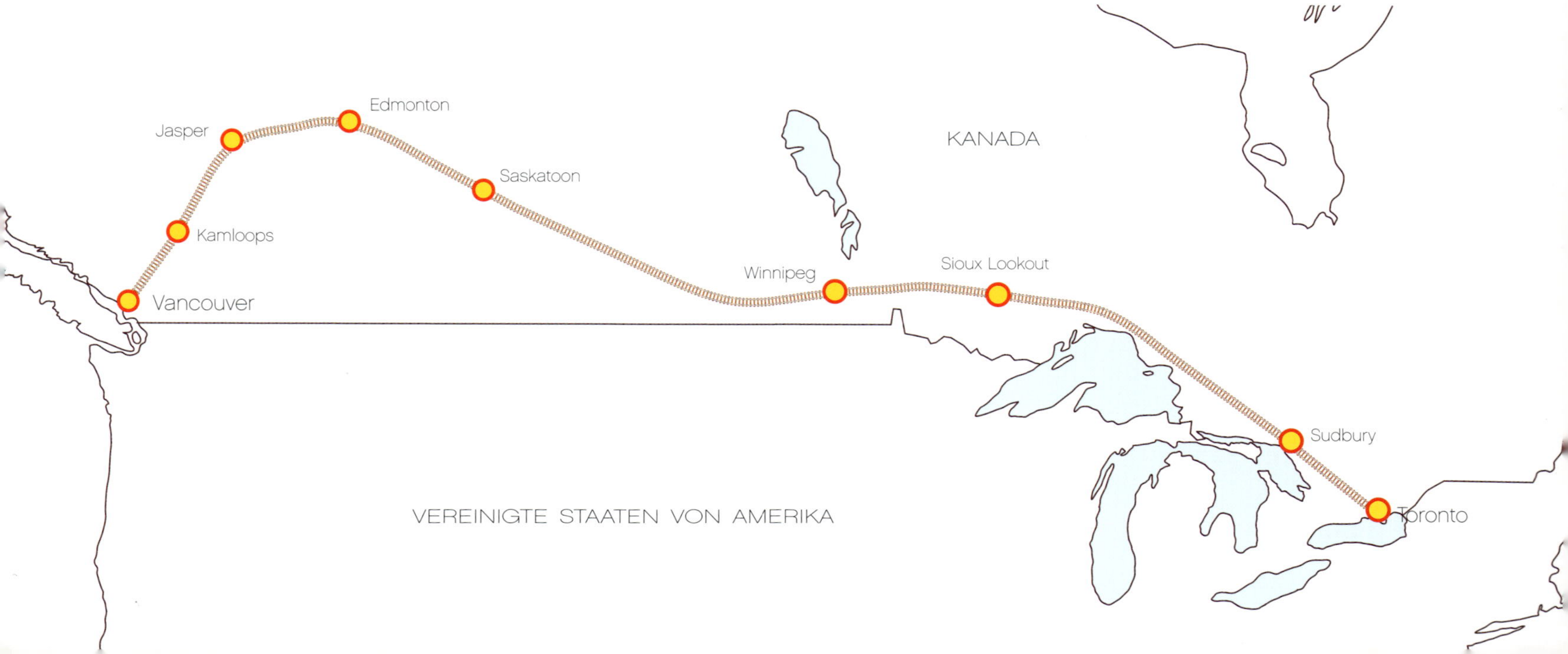

DURANGO & SILVERTON NARROW GAUGE RAILROAD

USA

Die Durango & Silverton Narrow Gauge Railroad ist eine der berühmtesten und bekanntesten Museumsbahnen der USA, ein Verdienst der wunderschönen Gebirgslandschaft Südcolorados, aber auch der wertvollen Instandsetzungs- und Restaurierungsarbeiten, dank derer die original Dampflokomotiven, Waggons und Anhänger jener Zeit vor der Verschrottung gerettet werden konnten und noch heute den Betrieb versehen.

Die Stadt Durango wurde 1879 von der Eisenbahngesellschaft Denver & Rio Grande Railway gegründet. Die Eisenbahn kam am 5. August 1881 dorthin, und bereits am Jahresende begannen die Arbeiten für die Fortführung der Linie nach Silverton. Im Juli des darauffolgenden Jahres war die Strecke fertig. Wie man aus dem Namen Silverton, wahrscheinlich einer Kurzform von Silvertown (Silberstadt), ableiten kann, diente die Eisenbahn den Gold- und Silberbergwerken der Gegend. Die etwa 45 Meilen (ca. 72 km) lange Strecke ist so spektakulär, dass sie bereits nach wenigen Jahren als Touristenattraktion bekannt wurde und sich 1951, als der Güterver-

320-321 Die Durango & Silverton Railroad ist eine der berühmtesten Schmalspur-Museumsbahnen der Welt. Auf einer etwa 70 km langen Strecke fährt sie durch die spektakulären Berglandschaften Colorados.

321 oben Die Wagen und Lokomotiven der Bahn stammen noch original aus jener Zeit und werden soweit möglich im Originalzustand gehalten. Nicht zuletzt aus diesem Grund wurden schon achtzehn Filme auf der Linie gedreht.

kehr komplett eingestellt wurde, nur noch dem Personenverkehr widmete. Auf ihren Gleisen wurden im Lauf der Jahre nicht weniger als achtzehn Filme gedreht, unter anderem *Viva Zapata* und *In achtzig Tagen um die Welt*. In den Sechzigerjahren wurde die Eisenbahnlinie als historisches Nationaldenkmal anerkannt, was ihr aber eine schwierige Zeit nicht ersparte. 1969 beschloss die Denver & Rio Grande Railway, den Betrieb südlich von Durango einzustellen, und der Fortbestand der Linie war ernsthaft gefährdet. Glücklicherweise wurde sie von Charles Bradshow jr. gekauft, der lange, kostspielige Instandsetzungsarbeiten in Angriff nahm. Neben der Überholung der Dampflokomotiven wurden die Gleise instand gesetzt und über zehntausend Bahnschwellen ausgetauscht. 1985 kaufte die Gesellschaft auch das Lokdepot in Silverton und nahm es wieder in Betrieb. Schon im darauffolgenden Jahr verkehrten vier Züge täglich nach Silverton und ein fünfter nach Cascade Canyon.
Heute ist die Eisenbahn Eigentum der American Heritage Railways und versieht das ganze Jahr über mit den Dampfloks und Wagen der Originalausstattung ihren Dienst für die Touristen. Als einziges Zugeständnis an den Fortschritt wurden in die Wagen ein Bad sowie eine Heizung für den Winterbetrieb eingebaut, während man im Sommer auch in offenen „Gondeln" Platz nehmen kann. Wer exklusiv reisen möchte, kann dies in einem der Sonderwagen tun, die an einige Züge angehängt werden, unter anderem auch zwei luxuriöse Presidential Carriages in viktorianischem Stil.

480
D&SNG
K-36
DURANGO

Die Trasse folgt zum Großteil dem Lauf des Animas River, führt durch sanft ansteigende Waldgebiete, aber auch durch steile Felsschluchten mit den charakteristischen Holzbrücken (englisch trestle), die für die nordamerikanische Eisenbahn typisch sind.

Der ganze Ausflug dauert einen Tag, mit einer Mittagspause und dem Besuch der Stadt Silverton, bevor der Zug wieder nach Durango zurückfährt. Drängt die Zeit, kann man auch mit einem Bus zurückkehren, den die Eisenbahngesellschaft zur Verfügung stellt. Beeindruckend ist die Zahl der auf der Linie eingesetzten Fahrzeuge: Die Durango & Silverton Narrow Gauge Railroad verfügt insgesamt über sieben Dampfloks, drei der Baureihe K28, gebaut 1923 von den American Locomotive Works, und vier der Baureihe K36 von Baldwin, Baujahr 1925. Hinzu kommen noch fünf Dieselloks, davon drei aus den Fünfzigerjahren, und gut fünfzig Wagen, von denen einige, wie der Almosa und General Palmer, von 1880 stammen.

322–323 Ein Lokführer der Durango & Silverton Railroad besprengt vor der Abfahrt die Kohle im Tender, um zu verhindern, dass die Fahrgäste an den Zugfenstern durch den Staub gestört werden.

PERURAIL

PERU

Hiram Bingham hieß der amerikanische Forscher – er war Professor in Yale, der am 23. Juli 1911 gegen Mittag nach einem steilen Aufstieg in 2700 m Höhe als erster Machu Picchu, die verlorene Stadt der Inkas, im Urubambatal in Peru entdeckte. Heute ist Hiram Bingham auch der Name des Luxuszugs der PeruRail, mit dem man seit August 2003 diese faszinierenden Stätten bequem besichtigen kann. Der Zug startet um neun Uhr morgens im Bahnhof Poroyn, etwa zwanzig Minuten vom Zentrum Cuzcos entfernt, die Rückfahrt erfolgt am späten Nachmittag. Im Unterschied zu den anderen peruanischen Linien handelt es sich bei der Verbindung Cuzco–Machu Picchu um eine Schmalspurstrecke und zudem um die einzige Möglichkeit, zu den archäologischen Stätten zu gelangen. In dem Gebiet gibt es überhaupt keine Straßen, und seit einiger Zeit ist es auch verboten, Helikopterflüge für touristische Zwecke einzusetzen.

Die Bahn ist für ihr geniales System bekannt, mit dem sie den großen Höhenunterschied ohne Zahnstangen und lange Kurven überwindet. Die Lösung besteht in der sogenannten „Regression“: Der Zug nutzt das gleiche Konzept wie bei Treppen: eine Stufe in die eine Richtung, ein Absatz,

324 oben Eine Gruppe traditioneller peruanischer Musiker unterhält die Reisenden an Bord des Panoramawagens des Luxuszugs Hiram Bingham, der Cuzco und Machu Picchu miteinander verbindet. Der Zug bietet nur 84 Fahrgästen Platz.

324-325 Eine typische peruanische Szene: Der Hiram Bingham fährt langsam über den Markt von Aguas Calientes, nur 2 km von Machu Picchu entfernt. Der Zug besteht nur aus vier Wagen.

325 Ein Zug der PeruRail überquert den Pass Abra La Raya auf der Linie, die Cuzco mit dem Titicacasee verbindet. Der Bahnhof von La Raya unweit des Passes liegt 4313 m hoch und ist einer der höchstgelegenen der Welt.

eine Stufe in die entgegengesetzte Richtung, bis der Gipfel erreicht ist. Die Stufe ist ein steiler Anstieg des Gleises, ein kurzes totes Gleis, nur wenig länger als der Zug, ersetzt den Treppenabsatz. Und von dort aus führt das nächste Gleis wieder in die entgegengesetzte Richtung, und zwar ständig ansteigend zum nächsten Richtungswechsel. Ein wirtschaftliches, aber langsames System, bei dem der Zugführer jedes Mal das Führerhaus wechseln muss. Die Einheimischen nennen ihn einfach El Zig-Zag.

Der Hiram Bingham besteht nur aus vier Wagen, alle in elegantem Blau-Gold, in denen er 84 Fahrgäste aufnehmen kann. Neben einem Küchen-

wagen umfasst er zwei Speisewagen und einen Aussichtswagen mit Bar. Die Ausstattung versetzt die Fahrgäste in den Luxus der Züge in den Zwanzigerahren, auch wenn man der Wahrheit halber sagen muss, dass auf diesen Strecken in Wirklichkeit wohl nie solche Züge verkehrten. Die Hin- und Rückreise dauert jeweils drei Stunden, an Bord werden Frühstück, diverse Cocktails und vor der abendlichen Rückkehr nach Cuzco auch Abendessen serviert, natürlich typische regionale Gerichte. Wer nicht mit dem Hiram Bingham reisen kann oder will, hat jedoch eine sehr gute Alternative, denn PeruRail bietet auf derselben Strecke zur verlorenen Stadt der Inkas noch einen anderen, sehr viel populäreren, aber genauso interessanten Zug an. Er verfügt über einen fast ganz mit Glas überdachten Panoramawagen, den Vistadome, sowie den urigen Backpacker-Wagen für Rucksackreisende mit der spartanischen Innenausstattung der normalen peruanischen Wagenklasse. Hier können sich die neugierigeren Fahrgäste ein Bild davon machen, was Reisen in Peru bedeutet, ohne wirkliche Unannehmlichkeiten in Kauf nehmen zu müssen. PeruRail setzt diese Wagen auch auf zwei weiteren Touristenlinien ein: Valle Sacra–Machu Picchu und Cuzco–Titicacasee. Außerdem hat sie einen weiteren Luxuszug im Programm, den Andean Explorer von Cuzco zum Titicacasee, mit Speise-, Salon- und Aussichtswagen im Stil der europäischen Pullman-Waggons zu Anfang des Jahrhunderts. Neben der chinesischen Bahnlinie, die Peking mit Lhasa in Tibet verbindet, ist die Strecke zum Titicacasee die höchste der Welt mit einem regelmäßigen Personenverkehr. Der höchste Bahnhof, La Raya, liegt auf 4313 m Höhe.

AUTOREN

FRANCO TANEL, Journalist und Fotograf, begann seine berufliche Laufbahn 1979 bei der D-Day Photo Agency. Er hat mit den wichtigsten italienischen Fotojournalismus-Agenturen zusammengearbeitet, darunter Contrasto und Grazia Neri. Sein besonderes Augenmerk gilt den Themen Verkehr und Infrastruktur, nachhaltiger Tourismus, Umwelt und Einwanderung. Neben seiner Arbeit als Fotograf war er immer auch Journalist. Seit vielen Jahren schreibt er für die Fachzeitschriften von *Il Sole 24 Ore* über Verkehr und Stadtplanung und arbeitet seit der Gründung von *Tuttotreno*, Italiens führender Eisenbahnzeitschrift, für sie. Er war Mitglied der Arbeitsgruppe, die die Green Logistics Expo, die erste italienische Messe für nachhaltigen Transport und Logistik, ins Leben gerufen hat, und verfolgt die Entwicklung einiger Unternehmen des Sektors.

BIBLIOGRAFIE

Hamilton Ellis, *The pictorial encyclopedia of railways*, Hamlyn, 1968

Peter Lorie & Colin Garrat, *Iron Horse*, 1987

W.J.K. Davies, *Diesel Rail Traction*, Almark, 1973

Dee Brown, *Un fischio nella prateria*, Mondadori, 2000

Wassily Leontief und Paolo Costa, *Il trasporto merci e l'economia italiana*, Marsilio, 1996

Dino Salomone, *La trazione elettrica trifase*, Edizioni Graf, 1976

Fabio Maria Ciuffini, *Sul filo del binario*, Edizioni CAFI, 1988

Dino Salomone, *L'evoluzione della carrozza ferroviaria*, Grafiche Gioos, 1980

Remo Cesarano, *Treni di carta*, Mariotti, 1993

Filippo Tajani, *Storia delle ferrovie italiane*, Garzanti, 1944

Kalla-Bishop, *Italian State Railways Steam Locomotives*, Tourret Publishing, 1986

Carlo Marco, *Locomotive*, Roux Editori, 1890

Verschiedene Autoren, *Ferrovie dello Stato 1900–1940*, Rassegna, 1980

Giovanni Tey, *La locomotiva a vapore*, Duegi Editrice, 2003

Pierangelo Caiti, *Artiglieria ferroviaria e Treni blindati*, Albertelli, 1981

Verschiedene Autoren, La *ferrovia nel 2000*, Duegi Editrice, 1991

BILDNACHWEIS

S. 2-3 Milepost 92 1/2/Corbis
S. 4-5 Steve McCurry/Magnum Photos/Contrasto
S. 7 Scott T. Smith/Corbis
S. 8-9 Union Pacific Museum
S. 10-11 José Fuste Raga/zefa/Corbis
S. 12-13 Science Museum/Science & Society Picture Library
S. 14-15 Roger Viollet/Archivio Alinari
S. 15 Rue des Archives
S. 16-17 oben und unten Roger Viollet/Archivio Alinari
S. 16-17 Mitte Bridgeman Art Library/Archivio Alinari
S. 18 Bridgeman Art Library/Archivio Alinari
S. 18-19 The Art Archive
S. 20-21 DK Limited/Corbis
S. 21 oben Roger Viollet/Archivio Alinari
S. 21 Mitte Bridgeman Art Library/Archivio Alinari
S. 22 Roger Viollet/Archivio Alinari
S. 22-23 Photoservice Electa/AKG Images
S. 24 oben Science Museum/Science & Society Picture Library
S. 24 unten Mary Evans Picture Library
S. 25 oben NRM/Science & Society Picture Library
S. 25 unten Roger Viollet/Archivio Alinari
S. 26 oben und unten NRM/Science & Society Picture Library
S. 26-27 NRM/Science & Society Picture Library
S. 27 oben NRM/Science & Society Picture Library
S. 28 Bettman/Corbis
S. 28-29 Mary Evans Picture Library
S. 29 oben The Art Archive
S. 29 unten NRM/Science & Society Picture Library
S. 30 NRM/Science & Society Picture Library
S. 31 Science Museum/Science & Society Picture Library
S. 32 Mary Evans Picture Library
S. 32-33 Hulton-Deutsch Collection/Corbis
S. 34-35 NRM/Science & Society Picture Library
S. 36-37 NRM/Science & Society Picture Library
S. 37 Marc Charmet/The Art Archive
S. 38 NRM/Science & Society Picture Library
S. 38-39 NRM/Science & Society Picture Library
S. 39 Science Museum/Science & Society Picture Library
S. 40 oben Austrian Archives/Corbis
S. 40 unten NRM/Science & Society Picture Library
S. 41 NRM/Science & Society Picture Library
S. 42-43 NRM/Science & Society Picture Library
S. 43 NRM/Science & Society Picture Library
S. 44-45 NRM/Science & Society Picture Library
S. 45 NRM/Science & Society Picture Library
S. 46-47 Mary Evans Picture Library
S. 47 Roger Viollet/Archivio Alinari
S. 48 oben Milepost 92 1/2
S. 48 Mitte Milepost 92 1/2
S. 48 unten Time Life Pictures/Mansell/Getty Images
S. 48-49 Collection J. M. Combe
S. 49 Milepost 92 1/2
S. 50 Giovanni Dagli Orti/The Art Archive
S. 50-51 Giovanni Dagli Orti/The Art Archive
S. 52 Photoservice Electa/AKG Images
S. 52-53 AISA
S. 54-55 oben Henry Guttmann/Getty Images
S. 54-55 unten Corbis
S. 56 oben und unten Corbis
S. 57 Hulton Archive/Getty Images
S. 58 Corbis Sygma/Corbis
S. 59 oben Hulton-Deutsch Collection/Corbis
S. 59 unten Collection Cinéma/Photo12.com
S. 60-61 Corbis
S. 62 Canadian Pacific Railway Archives NS.12576
S. 62-63 Canadian Pacific Railway Archives A.30651
S. 64-65 Canadian Pacific Railway Archives NS.4811
S. 66 Mary Evans Picture Library
S. 66-67 Mary Evans Picture Library
S. 67 Corbis
S. 70-71 Archivio Scala
S. 71 Archivio Scala
S. 72 oben und unten Archivio Alinari
S. 73 Swim Ink 2, LLC/Corbis
S. 74-75 Archivio Alinari
S. 75 oben Bettman/Corbis
S. 75 unten Archivio Alinari
S. 76-77 Chris Hellier/Corbis
S. 77 oben Library Of Congress/Getty Images
S. 77 unten Bettmann/Corbis
S. 78-79 Corbis
S. 79 oben Rue Des Archives
S. 79 unten Roger Viollet/Archivio Alinari
S. 80 Bridgeman Art Library/Archivio Alinari
S. 81 Hulton Archive/Getty Images
S. 82 Bettmann/Corbis
S. 83 oben Hulton-Deutsch Collection/Corbis
S. 83 unten Corbis
S. 84 Archivio Scala
S. 85 Hulton Archive/Getty Images
S. 86 oben Colin Garratt; Milepost 92 1/2/Corbis
S. 86 unten Rue Des Archives
S. 87 Roger Viollet/Archivio Alinari
S. 88 Giovanni Dagli Orti/The Art Archive
S. 89 oben Rue Des Archives
S. 89 unten Bridgeman Art Library/Archivio Alinari
S. 90 Rue Des Archives
S. 91 Swim Ink 2, LLC/Corbis
S. 92 links und rechts Swim Ink 2, LLC/Corbis
S. 93 Swim Ink 2, LLC/Corbis
S. 94 Hulton-Deutsch Collection/Corbis
S. 95 Hulton-Deutsch Collection/Corbis
S. 96 oben Rue Des Archives
S. 96 unten Roger Viollet/Archivio Alinari
S. 97 Rue Des Archives
S. 98 Rue Des Archives
S. 98-99 Bettmann/Corbis
S. 99 oben und unten Roger Viollet/Archivio Alinari
S. 100-101 Bettmann/Corbis
S. 101 Bettmann/Corbis
S. 102 Wallace Kirkland/Time & Life Pictures/Getty Images
S. 102-103 Bettmann/Corbis
S. 106 Franco Tanel/Duegi Editrice
S. 106-107 Colin Garratt; Milepost 92 1/2/Corbis
S. 107 Colin Garratt; Milepost 92 1/2/Corbis
S. 108 oben Colin Garratt; Milepost 92 1/2/Corbis
S. 108 links Franco Tanel/Duegi Editrice
S. 108-109 Franco Tanel/Duegi Editrice
S. 110-111 Milepost 92 1/2/Corbis
S. 111 Colin Garratt; Milepost 92 1/2/Corbis
S. 112 Paul A. Souders/Corbis
S. 112-113 Jim Sugar/Corbis
S. 114 Union Pacific Museum
S. 115 Union Pacific Museum
S. 116 Collection J.M. Combe
S. 117 oben Collection J.M. Combe
S. 117 unten Malcom Collop
S. 118-119 Photo Archive SBB Historic, Berna
S. 119 links NRM/Science & Society Picture Library
S. 119 rechts Francesco Pozzato/Collezione F. Tanel
S. 120 Stefano Paolini
S. 121 Franco Tanel/Duegi Editrice
S. 122-123 W.A. Sharman; Milepost 92 1/2/Corbis
S. 123 Milepost 92 1/2
S. 124 Malcom Collop
S. 125 Swim Ink 2, LLC/Corbis
S. 126 Malcom Collop
S. 126-127 Franco Tanel
S. 128 Hulton-Deutsch Collection/Corbis
S. 128-129 Hulton-Deutsch Collection/Corbis
S. 130-131 NRM/Science & Society Picture Library
S. 131 oben NRM/Science & Society Picture Library
S. 131 Mitte Enrico Ceron/Duegi Editrice
S. 132-133 Milepost 92 1/2
S. 133 oben und unten Malcom Collop
S. 134 Hulton-Deutsch Collection/Corbis
S. 134-135 Bettman/Corbis
S. 135 Malcom Collop
S. 136 Malcom Collop
S. 137 Union Pacific Museum
S. 138-139 Vince Streano/Corbis
S. 139 Malcom Collop
S. 140-141 Milepost 92 1/2
S. 141 links Minnesota Historical Society/Corbis
S. 141 rechts Malcom Collop
S. 142 Swim Ink 2, LLC/Corbis
S. 143 oben Condé Nast Archive/Corbis
S. 143 unten UPPA/Photoshot
S. 144 Malcom Collop
S. 145 Franco Tanel/Duegi Editrice
S. 146 Marco Bruzzo/Collezione F. Tanel
S. 147 Milepost 92 1/2
S. 148 PEMCO - Webster & Stevens Collection; Museum of History and Industry, Seattle/Corbis
S. 148-149 Corbis
S. 149 Corbis
S. 150-151 Hulton-Deutsch Collection/Corbis
S. 151 Collezione Franco Tanel

S. 152-153 Schenectady Museum; Hall of Electrical History Foundation/Corbis
S. 154 Photo Archive SBB Historic, Berna
S. 154-155 Photo Archive SBB Historic, Berna
S. 156 oben Malcom Collop
S. 156 unten links Malcom Collop
S. 156 unten rechts Stefano Paolini
S. 157 Stefano Paolini
S. 158-159 Stefano Paolini
S. 161 K. J. Historical/Corbis
S. 162 oben Maurice Branger/Roger Viollet/Archivio Alinari
S. 162 unten Corbis
S. 163 Swim Ink 2, LLC/Corbis
S. 164-165 Bettmann/Corbis
S. 165 oben Lake Country Museum/Corbis
S. 165 unten Jacques Boyer/Roger Viollet/Archivio Alinari
S. 166 Malcom Collop
S. 167 Milepost 92 1/2
S. 168-169 Milepost 92 1/2
S. 170 Imagno/Getty Images
S. 170-171 Bilderwelt/Roger Viollet/Archivio Alinari
S. 171 Bettmann/Corbis
S. 172 Fox Photos/Getty Images
S. 172-173 Bettmann/Corbis
S. 173 Fox Photos/Getty Images
S. 174 links und rechts Pierre Jahan/Roger Viollet/Archivio Alinari
S. 175 LAPI/Roger Viollet/Archivio Alinari
S. 178 oben Archivio Alinari
S. 178 unten Rue Des Archives
S. 179 Rue Des Archives
S. 180 NRM/Science & Society Picture Library
S. 181 links und rechts Topical Press Agency/Getty Images
S. 182-183 NRM/Science & Society Picture Library
S. 183 oben und Mitte Jacques Boyer/Roger Viollet/Archivio Alinari
S. 183 unten Time & Life Pictures/Getty Images
S. 184 Hulton Archive/Getty Images
S. 185 oben Arthur Jones/Evening Standard/Getty Images
S. 185 unten Hulton Archive/Getty Images
S. 186 Swim Ink 2, LLC/Corbis
S. 187 NRM/Science & Society Picture Library
S. 188 oben und unten Milepost 92 1/2
S. 189 Phil Schermeister/Corbis
S. 190-191 Phil Schermeister/Corbis
S. 191 oben Phil Schermeister/Corbis
S. 191 unten Mark AND. Gibson/Corbis
S. 192 Francesco Pozzato/Collezione F. Tanel
S. 192-193 W.A. Sharman; Milepost 92 1/2/Corbis
S. 193 NRM/Science & Society Picture Library
S. 194 Franco Tanel/Duegi Editrice
S. 194-195 Gianfranco Berto/Duegi Editrice
S. 195 Milepost 92 1/2
S. 196 oben Francesco Pozzato/Duegi Editrice
S. 196 unten Marco Bruzzo/Duegi Editrice
S. 196-197 Marco Bruzzo/Duegi Editrice
S. 197 links Marco Bruzzo/Duegi Editrice
S. 197 rechts Marco Bruzzo/Duegi Editrice
S. 198-199 Giuseppe Preianò
S. 199 oben, Mitte und unten Stefano Paolini
S. 200 Deutsche Bahn AG
S. 201 Swim Ink 2, LLC/Corbis
S. 202 Swim Ink 2, LLC/Corbis
S. 203 oben Milepost 92 1/2
S. 203 unten Bettmann/Corbis
S. 204 oben Charles E. Rotkin/Corbis
S. 204 Mitte Union Pacific Museum
S. 204 unten Charles E. Rotkin/Corbis
S. 205 Richard T. Nowitz/Corbis
S. 206 oben und unten Milepost 92 1/2
S. 206-207 Milepost 92 1/2
S. 208 und 209 NRM/Science & Society Picture Library
S. 210 Milepost 92 1/2
S. 210-211 Milepost 92 1/2
S. 211 oben Marco Bruzzo/Duegi Editrice
S. 211 unten Milepost 92 1/2
S. 212 Stefano Paolini
S. 213 oben und unten Malcom Collop
S. 214 Swim Ink 2, LLC/Corbis
S. 215 K. J. Historical/Corbis
S. 216-217 Marco Bruzzo/Collezione F. Tanel
S. 217 Photo Archive SBB Historic, Berna
S. 218-219 Stefano Paolini
S. 219 oben Xavier Subias/Agefotostock/Marka
S. 219 unten Milepost 92 1/2
S. 222-223 Wes Thompson/Corbis
S. 223 Richard Hamilton Smith/Corbis
S. 224 Stefano Paolini
S. 224-225 Rail Traction Company
S. 226 Milepost 92 1/2
S. 227 oben, Mitte und unten Milepost 92 1/2
S. 228-229 Chee-Onn Leong/123RF
S. 229 oben Piti Sirisriro/Shutterstock
S. 229 unten tackune/Shutterstock
S. 230-231 Morton Beebe/Corbis
S. 231 Alexandre Marchi/Gamma/Contrasto
S. 232 Sebastien Bczon/Getty Images
S. 232-233 Sébastien Bonaimé/iStockphoto
S. 233 oben links Dave Burtruff/Corbis
S. 233 oben rechts Leonid Andronov/Shutterstock
S. 234-235 G. Bowater/Corbis
S. 236 Per gentile concessione della NTV
S. 237 oben Mit freundlicher Genehmigung von Trenitalia
S. 237 unten Mit freundlicher Genehmigung von Trenitalia
S. 238-239 Viacheslav Lopatin/Shutterstock
S. 239 oben Aleksandravicius/Shutterstock
S. 239 unten bellena/Shutterstock
S. 240 Régis Bossu/Sygma/Corbis
S. 240-241 Eric Hafele/Getty Images
S. 241 links Régis Bossu/Sygma/Corbis
S. 241 rechts Milepost 92 1/2
S. 242-243 Markus Mainka/Shutterstock
S. 243 oben Michele Tantussi/Anadolu Agency/Getty Images
S. 243 unten Wolfgang Kumm/picture alliance/Getty Images
S. 244-245 Milepost 92 1/2
S. 245 Carlos Alvarez/Getty Images
S. 246-247 David Herraez Calzada/Shutterstock
S. 247 oben V_E/Shutterstock
S. 247 unten Jesus Hellin/Europa Press News/Getty Images
S. 248 NRM/Science & Society Picture Library
S. 249 oben und unten Milepost 92 1/2
S. 250 Milepost 92 1/2
S. 250-251 Milepost 92 1/2
S. 252-253 Colin Garratt; Milepost 92 1/2/Corbis
S. 253 oben Andrew Errington/Getty Images
S. 253 unten Marco Bruzzo/Duegi Editrice
S. 254 oben links www.hollandfoto.net/Shutterstock
S. 254 oben rechts Thierry Monasse/Getty Images
S. 254-255 Markus Mainka/Shutterstock
S. 255 Bilal Kocabas/Shutterstock
S. 256-257 Rusheng Yao/iStockphoto
S. 257 oben links Ping Han/123RF
S. 257 oben rechts Ping Han/123RF
S. 258 Jiaye Liu/Shutterstock
S. 258-259 Chuyu/123RF
S. 260-261 Eric Gregory Powell/The Image Bank/Getty Images
S. 262 Topic Photo Agency/Corbis
S. 262-263 Topic Photo Agency/Corbis
S. 264-265 ortodoxfoto/123RF
S. 265 AFP/Getty Images
S. 266-267 Pejo/123RF
S. 267 oben Vacclav/123RF
S. 267 Mitte Christian Science Monitor/Getty Images
S. 267 unten Alstom Group
S. 268 CatwalkPhotos/Shutterstock
S. 268-269 AHMAD FAIZAL YAHYA/Shutterstock
S. 270-271 John Morris/Alamy Stock Photo
S. 271 oben links Timm Schamberger/picture alliance/Getty Images
S. 271 oben rechts Mit freundlicher Genehmigung von Siemens Press
S. 272 oben Colin Underhill/Alamy Stock Photo
S. 272 unten Ceri Breeze/Alamy Stock Photo
S. 272-273 Robert Lazenby/Alamy Stock Photo
S. 274 oben links Krisztian Bocsi/Bloomberg/Getty Images
S. 274 oben rechts Bernd Settnik/picture alliance/Getty Images
S. 274-275 Michael Reiche/picture alliance/Getty Images
S. 276 James Leynse/Corbis
S. 276-277 Kevin Lee/Stringer/Getty Images
S. 277 James Leynse/Corbis
S. 278-279 Everett Kennedy Brown/epa/Corbis
S. 279 oben Hu Yaojie/China News Service/Getty Images
S. 279 unten Kyodo News/Getty Images
S. 280-281: andrey_l/Shutterstock
S. 281 oben: Kate Allen/Getty Images
S. 281 unten: Cristina Quicler/Getty Images
S. 282 Milepost 92 1/2
S. 284-285 Michael Yamashita/Corbis
S. 286 Robert Haidinger/Anzenberger/Contrasto
S. 286-287 Robert Haidinger/Anzenberger/Contrasto
S. 287 Angelo Colombo/Archivio White Star
S. 288 oben CuboImages srl/Alamy
S. 288 Mitte Maurice Joseph/Alamy
S. 288 unten Olycom
S. 288-289 Robert Haidinger/Anzenberger/Contrasto
S. 290 oben Patrick Ward/Corbis
S. 290 unten Jay Dickman/Corbis
S. 291 oben links Patrick Ward/Corbis
S. 291 oben rechts David Lefranc/Gamma/Contrasto
S. 291 unten Angelo Colombo/Archivio White Star
S. 292 INTREEGUE Photography/Shutterstock
S. 292-293 Marius Dobilas/Shutterstock
S. 293 KrishnaWu/Shutterstock
S. 294-295 Blickwinkel/Alamy
S. 295 oben Angelo Colombo/Archivio White Star
S. 295 unten Martin Rugner/Agefotostock/Marka
S. 296 Olycom
S. 296-297 Olycom
S. 297 Angelo Colombo/Archivio White Star
S. 298 oben Angelo Colombo/Archivio White Star
S. 298 unten Toni Anzenberger/Anzenberger/Contrasto
S. 299 oben Rhaetian Railway
S. 299 unten Peter marlow/Magnum Photos/Contrasto
S. 300 und 301 Mit freundlicher Genehmigung von Umberto D'Eramo per Archivio Fondazione FS
S. 302 oben und unten El Transcantabrico Feve
S. 302-303 Hubert Stadler/Corbis
S. 303 Angelo Colombo/Archivio White Star
S. 304 GW Travel Limited
S. 304-305 Wolfgang Kaehler/Corbis
S. 305 oben Angelo Colombo/Archivio White Star
S. 305 unten GW Travel Limited
S. 306 oben Lindsay Hebberd/Corbis
S. 306 unten Angelo Colombo/Archivio White Star
S. 307 Lindsay Hebberd/Corbis
S. 308 links T photography/Shutterstock
S. 308 rechts Zoonar GmbH/Alamy Stock Photo
S. 309 David Sutton/Alamy Stock Photo
S. 310 Orient Express Hotels, Trains & Cruises
S. 311 oben Angelo Colombo/Archivio White Star
S. 311 unten Ian Lloyd/Orient Express Hotels, Trains & Cruises
S. 312-313 Maurice Joseph/Alamy
S. 313 oben und unten Orient Express Hotels, Trains & Cruises
S. 314 oben Alain Proust/Rovos Rail
S. 314 unten Richard Dobson/Rovos Rail
S. 315 oben Angelo Colombo/Archivio White Star
S. 315 unten Peter Rudi-Meyer/Rovos Rail
S. 316 oben und unten Angelo Colombo/Archivio White Star
S. 316-317 David Hancock/Anzenberger/Contrasto
S. 317 Sylvain Grandadam/Agefotostock/Marka
S. 318 oben Photo High Martel/Via Rail
S. 318 unten Angelo Colombo/Archivio White Star
S. 319 Matthew G. Wheeler
S. 320 Angelo Colombo/Archivio White Star
S. 320-321 Chuck Haney/DanitaDelimont.com
S. 321 Lowell Georgia/Corbis
S. 322-323 Lowell Georgia/Corbis
S. 324 Mel Longhurst/Photoshot
S. 324-325 Tony Waltham/Robert Harding World Imagery/Corbis
S. 325 oben Angelo Colombo/Archivio White Star
S. 325 unten Stockfolio/Alamy

Titelbil: Peter Newark Pictures/Bridgeman Images

Umschlagrückseite: David Carillet/Shutterstock

Dank

Der Autor möchte dieses Buch seinem Grossvater Giorgio widmen,
der bei der Erfüllung seiner Arbeit als Eisenbahner sein Leben opferte.

Der Verfasser bedankt sich bei Gianfranco Berto für seine Unterstützung beim Gesamtentwurf des Werks und Marco Bruzzo, dessen ausserordentliches Gedächtnis mir half, bestimmte Ereignisse wieder vor Augen zu führen.

Der Dank des Herausgebers gilt folgenden Personen und Unternehmen:
Heritage Foundation SBB, Bern, Thomas Koeppel
Jean-Marc Combe, Konservator des Französischen Eisenbahnmuseums in Mulhouse
Colin Nash, Milepost 92 1/2, Newton Harcourt Malcom Collop
Stefano Paolini Giuseppe Preianò
Rhaetischen Bahn AG, Chur, Sandra Beeli
Rail Traction Company SpA, Rom, Miriam Mascolo
El Transcantabrico Feve, Oviedo, Naira Pedregal Marcos GW Travel Limited, Altrincham, Nichola Absalom Canadian Pacific Railway, Montreal, R.C. Kennell
Union Pacific Railroad Museum, Council Bluffs (Iowa), John Bromley Deutsche Bahn AG DBMuseum Fotosammlung, Nürnberg Orient Express Hotels, Trains & Cruises Rovos Rail, Pretoria, Garyth Den
VIA Rail Canada Inc., Montreal
GrandLuxe Rail Journeys, Evergreen (Colorado), Tamra L. Hoppes Chemins de Fer de Provence, Nizza, Mylène Bénichou
Patentes Talgo S.A., Madrid, Loreto Almodovar Matthew G. Wheeler
Durango & Silverton Narrow Gauge RR, Durango, Yvonne Lashmett und Andrea Seid
Palace On Wheels Inc., Princeton (New Jersey) TransEurop-Eisenbahn AG, Basel